STUDY ON INSTITUTIONAL GUARANTEE OF
RAISING LABOR INCOME SHARE IN PRIVATE ECONOMY

民营经济提高劳动收入份额的制度保障研究

姜　伟／著

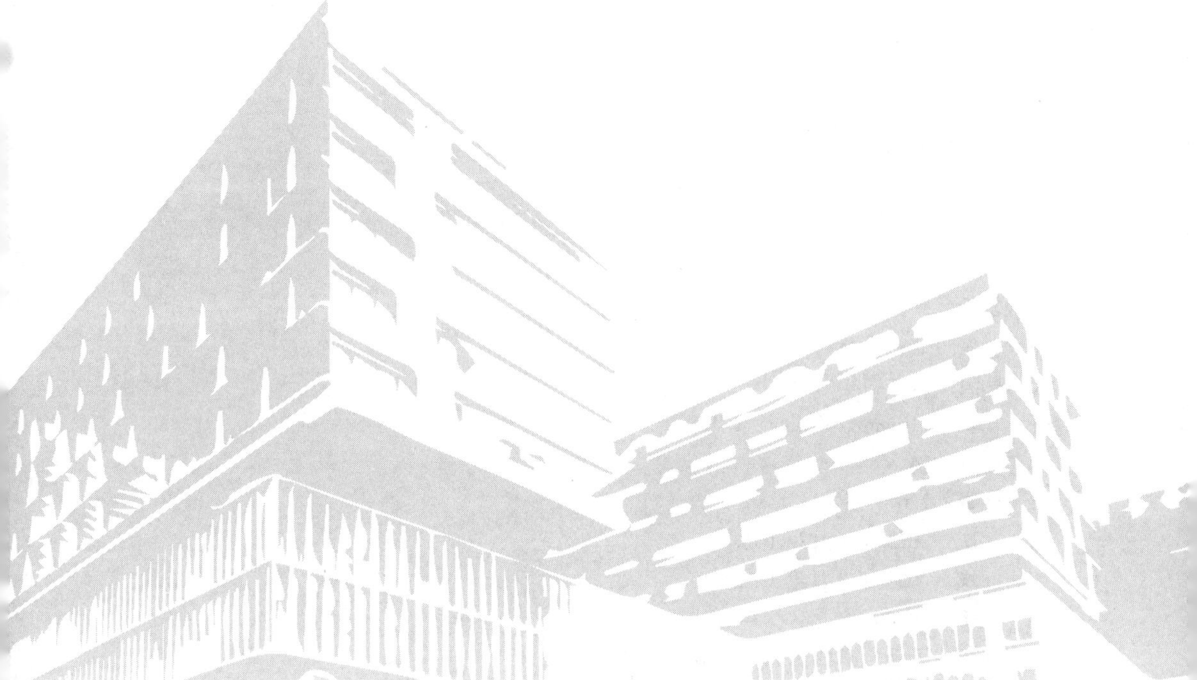

中国经济出版社
CHINA ECONOMIC PUBLISHING HOUSE
北　京

图书在版编目（CIP）数据

民营经济提高劳动收入份额的制度保障研究 / 姜伟著. —北京：中国经济出版社，2023.8
ISBN 978-7-5136-7413-3

Ⅰ.①民… Ⅱ.①姜… Ⅲ.①劳动报酬-研究-中国 Ⅳ.①F249.24

中国国家版本馆 CIP 数据核字（2023）第 153590 号

责任编辑 耿 园
责任印制 马小宾
封面设计 华子图文

出版发行 中国经济出版社
印 刷 者 北京富泰印刷有限责任公司
经 销 者 各地新华书店
开 本 710mm×1000mm 1/16
印 张 14
字 数 220 千字
版 次 2023 年 8 月第 1 版
印 次 2023 年 8 月第 1 次
定 价 79.00 元
广告经营许可证 京西工商广字第 8179 号

中国经济出版社 网址 www.economyph.com 社址 北京市东城区安定门外大街 58 号 邮编 100011
本版图书如存在印装质量问题，请与本社销售中心联系调换（联系电话：010-57512564）

前　言

经济学中有所谓的“蛋糕”理论，要求处理好做大“蛋糕”和分好“蛋糕”的关系。“蛋糕”比喻经济总量。做大“蛋糕”即要求不断发展经济、做大经济总量。分好“蛋糕”则要求实现经济发展成果的合理分配。在做大“蛋糕”的同时分好“蛋糕”便是推进了共同富裕。改革开放以来，中国共产党立足于我国处于社会主义初级阶段的基本国情，从生产关系适应生产力发展需要的基本原理出发，在坚持公有制主体地位和国有经济主导地位的同时，大力支持个体经济、私营经济、外贸经济等非公有制经济发展，有效激活了市场活力，推动了我国经济高速发展，“蛋糕”不断做大。与此同时，消灭剥削、消除两极分化、最终达到共同富裕也是我国经济发展长期追求的目标，这就要求我们努力分好“蛋糕”。

随着民营经济逐渐成为我国社会主义市场经济的重要组成部分，民营经济为做大“蛋糕”发挥了重要作用。与此同时，我国初次分配环节中劳动收入份额呈现阶段性下降趋势。大量学者的研究认为民营经济的发展是导致我国劳动收入份额下降的原因之一。这是否意味着我国可能存在做大“蛋糕”（发展民营经济）和分好“蛋糕”（提高劳动收入份额）的矛盾？既然民营经济发展不利于提高劳动收入份额，若要提高我国劳动收入份额，是否意味着需要降低民营经济在国民经济中的比重？这与我国社会主义初级阶段的基本经济制度相矛盾，不利于做大“蛋糕”。相反，若要继续鼓励、支持民营经济发展，发挥民营经济做大“蛋糕”的作用，则意味着要寻求化解发展民营经济与提高劳动收入份额这一矛盾的路径。这也是本书的研究主题。

本书试图将提高民营经济劳动收入份额的制度因素纳入劳动收入份额的分析框架，在对我国劳动收入份额变化趋势进行合理性判断的基础上，全面分析和评估劳动保护制度对民营经济劳动收入份额的影响，提出化解发展民营经济与提高劳动收入份额矛盾的有效路径，为推动我国基本经济制度建设、实现共同富裕找到双赢之道。

2020 年，我国已经基本实现了工业化目标，但提高劳动收入份额仍是当前我国优化收入分配结构、实现共同富裕的重要任务。正如本书第一章指出的，工业化后期劳动收入份额一般呈现大幅上升趋势，但现阶段我国劳动收入份额存在水平偏低、涨幅偏小等问题。这就要求我们继续讨论劳动收入份额的影响因素。在第二章，本书从所有制结构的角度，通过实证检验民营经济发展对劳动收入份额的影响，发现：第一，国有经济发展有利于提高劳动收入份额；第二，外资经济发展与劳动收入份额之间存在“U”形关系，初期不利于提高劳动收入份额，后期与劳动收入份额之间存在正相关关系；第三，民营经济的回归系数显著为负，表明民营经济发展确实不利于提高劳动收入份额。

一方面，现阶段我国需要提高劳动收入份额；另一方面，数据分析结果显示民营经济发展不利于提高劳动收入份额。这是否意味着我们需要降低国民经济中民营经济的比重呢？我国仍处于并将长期处于社会主义初级阶段，这就要求我们必须继续坚持和完善我国社会主义基本经济制度，即毫不动摇巩固和发展公有制经济，毫不动摇鼓励、支持、引导非公有制经济发展。民营经济作为我国国民经济的重要组成部分，为我国经济发展作出了巨大贡献。发展民营经济是我国基本经济制度的重要要求，因此民营经济比重降不得。

民营经济比重越大，整体劳动收入份额越低，表明民营经济自身劳动收入份额偏低。正如本书第三章的分析结果所示，民营经济在执行劳动保护制度方面存在缺陷：一是民营经济存在最低工资制度的“软约束”；二是民营经济业主法治观念薄弱、员工维权意识不强；三是相比国有企业，民营经济劳动者缺少维权机构。因此，在民营经济内部贯彻落实最低工资制度、劳动法律制度，完善民营经济工会建设，可能是化解发展民营经济与提高劳动收入份额矛盾的出路。本书在第四章、第五章、第六章分别检验了最低工资制度、2008 年《中华人民共和国劳动合同法》（简称《劳动合同法》）的实施、设立工会对民营经济劳动收入份额的影响，发现最低工资制度和《劳动合同法》

的实施提高了民营经济的劳动收入份额，而设立工会无助于提高民营经济劳动收入份额。

在实证检验各类劳动保护制度对民营经济劳动收入份额的影响的基础上，本书在第七章总结了现阶段我国劳动保护制度存在的问题。最后，本书第八章提出了完善劳动保护制度、提高民营经济劳动收入份额的政策建议。

在做大“蛋糕”的同时分好“蛋糕”是我国实现共同富裕的本质要求。本书尝试找出化解发展民营经济与提高劳动收入份额矛盾的路径。由于本人的水平有限，本书在理论构建和数据分析过程中可能存在一些不足，敬请各位专家、学者批评指正。

本书得到了国家社科基金青年项目“发展数字经济与缩小收入差距的矛盾与化解路径研究”（21CJL027）的资助。

姜 伟

2022 年 7 月于中央民族大学

目　录

第一章　中国劳动收入份额变动的合理性判断

改革开放以来，中国经济增长取得了举世瞩目的成就，经济实力大幅上升，于 2010 年超过日本成为世界第二大经济体。与此同时，经济结构失衡、收入差距扩大等问题也逼迫中国经济加快转型发展。在此背景下，劳动收入份额的研究受到学术界越来越多的关注，相当一部分学者针对中国劳动收入份额的变化及其影响因素，以及如何提高中国劳动收入份额进行了研究，得出了中国长时间以来劳动收入份额偏低等结论，并在此基础上提出要通过提高最低工资、完善工会制度与社会保障制度，以及调整税收机制等措施提高中国劳动收入份额。然而，对于中国劳动收入份额变动的合理性，即国民收入分配格局中劳动收入份额的合理区间以及调整目标却缺乏深入研究。理论研究的这种缺失导致国民收入分配格局调整缺乏明确目标。因此，提高劳动收入份额的研究首先需要判断中国劳动收入份额变动的合理性。

本章将国民收入分配格局与经济发展阶段，尤其是工业化阶段进行关联，选取日本、韩国与中国台湾地区作为参照对象，在测算不同国家或地区工业化水平的基础上，运用经验分析等方法，总结工业化阶段劳动收入份额变动的一般规律，以此判断中国劳动收入份额变动的合理性。

一、中国劳动收入份额的变动趋势

早期，中国劳动收入份额持续下降受到学者们的普遍关注。现阶段，劳动收入份额呈“U”形变动趋势已成为学者们的共识。

(一) 早期中国劳动收入份额持续下降

Kaldor（1961）认为，经济体的要素收入分配份额在长期内保持稳定①。但中国劳动收入份额的变动趋势不符合“卡尔多事实”。国家统计局数据显示，中国劳动收入份额从 1998 年的 51.39%持续下降至 2007 年的 44.84%。劳动收入份额的持续下降引起了学者的普遍关注，采取不同的测算方法对其进行了研究。白重恩等（2009）用全国劳动报酬与净 GDP（总 GDP 扣除净间接税）的比例来表示劳动收入份额，认为劳动收入份额从 1995 年的 59.7%下降至 2006 年的 47.3%②；而李稻葵等（2009）则采用劳动者报酬除以总 GDP 的方式表示劳动收入份额，发现劳动收入份额与经济发展水平之间存在“U”形关系，中国劳动收入份额从 1990 年的 53%下降到 2006 年的 40%左右，正处在“U”形曲线的下行区间，这意味着中国劳动收入份额还将继续降低③。张车伟等（2010）将城乡自雇佣的经营收入的 2/3 归于劳动者报酬，1/3 归于资本收益，发现 1990—2002 年中国劳动收入份额维持在 43.72%～45.69%，变化趋势基本稳定，而从 2002 年开始，中国劳动收入份额下降比较明显，从 2002 年的 44.08%下降至 2007 年的 39.16%④。罗长远等（2009）则认为我国劳动收入份额从 1995 年的 51.4%下降到 2003 年的 46.2%，在 2004 年后加速

① KALDOR N. The Theory of Capital [M]. London: Palgrave Macmillan, 1961: 177-222.

② 白重恩，钱震杰. 谁在挤占居民的收入——中国国民收入分配格局分析 [J]. 中国社会科学，2009 (5).

③ 李稻葵，刘霖林，王红领. GDP 中劳动份额演变的 U 型规律 [J]. 经济研究，2009 (1).

④ 张车伟，张士斌. 中国初次收入分配格局的变动与问题——以劳动报酬占 GDP 份额为视角 [J]. 中国人口科学，2010 (5).

下降，到 2007 年达到 41.6%，远低于多数国家 55%~65%的水平①。其他发展中国家在处于赶超阶段时也有劳动收入份额下降的经验。Hofman（2001）通过研究 20 世纪后半叶拉丁美洲国家工资性收入占国民收入的比例发现，这些处于赶超阶段的拉丁美洲国家，工资性收入占国民收入的比例也呈下降趋势②。

针对我国劳动收入份额不断下降的现象，学者们从多个角度分析了其原因：

第一，鼓励资本密集型产业发展的政策选择。林毅夫等（2013）认为，旨在鼓励资本密集型工业部门（特别是重工业部门）发展的各种政策导致中国经济部门资本密集度过高，资本收入增长快于劳动收入，是国民收入分配结构不断向企业和政府倾斜而劳动收入份额不断下降的根本原因③。陈宇峰等（2013）认为，中国劳动收入份额长期运行于低位的主要原因是占有大量资源的国有企业选择了资本偏向性技术，并且在二元经济结构转型的背景下，“逆资源禀赋”的技术偏向降低了经济增长吸纳就业的能力，使劳动力工资处于低增长状态，恶化了劳动收入份额状况。④

除政策选择外，政府干预、较差的制度环境也会对劳动收入份额产生负面影响。首先，政府干预通过三种机制影响劳动收入份额：一是以“政策优惠”的方式开展招商引资，弱化劳动保护；二是以经济赶超和经济增长为目标，扶持、发展资本密集型产业，导致产业扭曲和资本深化；三是对资本的偏好行为，促使对资本课征的税收向劳动转嫁⑤。其次，制度环境越差的地

---

① 罗长远，张军. 经济发展中的劳动收入占比：基于中国产业数据的实证研究［J］. 中国社会科学，2009（4）.

② HOFMAN A A. Economic Growth, Factor Shares and Income Distribution in Latin American in Twentieth Century［R］. Modern Economic Growth and Distribution in Asia, Latin American and the European Periphery: A Historical National Accounts Approach, 2001.

③ 林毅夫，陈斌开. 发展战略、产业结构与收入分配［J］. 经济学（季刊），2013（4）.

④ 陈宇峰，贵斌威，陈启清. 技术偏向与中国劳动收入份额的再考察［J］. 经济研究，2013（6）.

⑤ 赵秋运，李成明，胡巧玉. 地方政府干预与劳动收入份额：基于分税制的视角［J］. 经济理论与经济管理，2017（12）.

区，要素市场分割越严重，资本无法从高集约度地区向低集约度地区转移，导致地区资本集约度差距。资本集约度越高的地区，资本越充裕，企业会用越多的资本来替代劳动。当资本—劳动替代弹性大于1时，劳动收入份额会下降①。

第二，产业结构转型。白重恩等（2010）的研究表明，中国产业结构转型、国有经济所占比重以及赋税水平对劳动收入份额具有显著影响。他们认为，1985—1995年，中国产业结构转型使得劳动收入份额不断下降，而国有经济比重的下降与技术进步则使劳动收入份额上升，两者作用相互抵消，使得总体劳动收入份额无显著变化；而1996—2003年，国有经济比重的下降、银行的扩张以及税负水平的上升使劳动收入份额下降，再加上产业结构的转型，使整体劳动收入份额不断下降②。

第三，劳动力无限供给。龚刚等（2010）认为，现阶段中国二元经济结构下劳动力的无限供给是劳动收入占国民收入初次分配的比重不断下降的主要原因。劳动力的无限供给使工资无法对劳动力市场的供求状况作出及时反映，也使得劳动生产率和物价变化对工资水平的影响不敏感③。田雪原（2011）认为中国现在处于劳动力市场由供大于求转向供求平衡的阶段，因此存在一定程度的劳动力供大于求，导致现阶段劳动收入份额偏低④。

第四，劳动保护制度。魏下海等（2013）认为，工会制度使得企业降低雇佣规模、用资本替代劳动，从而使中国劳动收入份额不断下降⑤。赵秋运等（2013）指出，国际贸易背景下最低工资的扭曲使得资本和劳动要素在部门间再分配，导致中国资本密集型部门不断发展而劳动密集型部门渐趋萎缩，最

① 王宋涛，朱腾腾，燕波．制度环境、市场分割与劳动收入份额——理论分析与基于中国工业企业的实证研究［J］．南开经济研究，2017（3）．

② 白重恩，钱震杰．劳动收入份额决定因素：来自中国省级面板数据的证据［J］．世界经济，2010（12）．

③ 龚刚，杨光．从功能性收入看中国收入分配的不平等［J］．中国社会科学，2010（2）．

④ 田雪原．通货膨胀、劳动力市场与工资率走势［J］．财贸经济，2011（7）．

⑤ 魏下海，董志强，黄玖立．工会是否改善劳动收入份额？——理论分析与来自中国民营企业的经验证据［J］．经济研究，2013（8）．

终导致中国劳动收入份额的持续下降①。杜鹏程等（2022）发现，最低工资标准的上涨提高了劳动力成本，降低了中间品投入的相对价格。要素间的替代关系会使企业减少劳动力投入而增加中间品投入，劳动收入份额随之降低。基于2001—2007年中国工业企业数据库和各县最低工资标准数据的实证研究发现，最低工资标准的提高显著降低了企业劳动收入份额②。

第五，劳动收入份额变动的“逆周期”现象。20世纪90年代后，由于工资黏性以及中国劳动力市场中劳动力过度供给、工会组织实际缺位、劳动者谈判力量薄弱等因素，劳动报酬增长率显著落后于经济增长率，经济上升期高速增长的产出大部分转化为企业利润，最终造成了劳动收入份额变动趋势不同于经济增长趋势，呈现出“逆周期”现象③。

第六，性别失衡。魏下海等（2017）基于中国2000年人口普查和2005—2007年工业企业调查数据，分析了地区性别失衡的收入分配效应。研究发现，男女性别比过高的性别失衡加剧了婚配竞争压力，男性为获得婚配竞争优势而增加储蓄，提高了地区储蓄率，更高的储蓄率使得企业的融资成本下降，企业获得投资的成本降低，资本集约度提高。由于在企业层面，资本和劳动是替代关系，资本集约度增加导致了企业劳动收入份额的下降。城市人口的性别比每增加1个单位，该城市中企业的劳动收入份额平均会下降0.043个单位④。

第七，资方更强的议价能力。资方更强的议价能力导致劳动收入份额下降，也是国有企业转制导致劳动收入份额下降的重要机制。劳资双方的议价能力具有不对称性，劳动者凭借其议价能力能使劳动收入份额提高3.14个百分点，资本方具有更强的议价能力，能使劳动收入份额下降4.92个百分点，

① 赵秋运，张建武. 中国劳动收入份额的变动趋势及其驱动机制新解——基于国际贸易和最低工资的视角［J］. 金融研究，2013（12）.

② 杜鹏程，刘睿雯，张烁珣. 要素成本与劳动收入份额：来自最低工资与进口关税的证据［J］. 世界经济，2022（2）.

③ 马草原，王美花. 经济波动与劳动收入份额——基于省际面板数据的分析［J］. 财贸经济，2015（9）.

④ 魏下海，董志强，蓝嘉俊. 地区性别失衡对企业劳动收入份额的影响：理论与经验研究［J］. 世界经济，2017（4）.

从而整体降低劳动收入份额 1.78 个百分点。国有企业转制后，企业的目标由原来的利润最大化和实现充分就业转变为利润最大化的单一目标，导致企业减少雇佣人数，使工人难以联合起来，工人相对企业的重要性也会下降，导致劳动者议价能力减弱，进而导致我国劳动收入份额下降①。

第八，资本劳动相对价格下降。要素相对价格是影响劳动收入份额的直接因素。当资本劳动替代弹性取值大于 1 时，资本劳动相对价格越低，企业越倾向于以资本替代劳动，导致劳动收入份额下降；而当资本劳动替代弹性取值小于 1 时，劳动收入份额与资本劳动相对价格反向变动。陈登科和陈诗一（2018）研究发现，我国资本劳动替代弹性显著大于 1，资本劳动相对价格下降是我国劳动收入份额下降的重要驱动因素，导致我国劳动收入份额在 1998—2007 年累计下降 0.16②。

第九，企业市场能力。市场力量更强的企业，拥有更强的定价能力，能够将成本（包括工资支出）以更高的加成系数转化为销售价格，因而利润份额更高，劳动收入份额更低。虽然工人的平均工资有所提高，但企业的增加值增长得更快，导致劳动收入份额降低。申广军等（2018）研究发现，市场力量越强的企业，劳动收入份额越低。1998—2007 年，逐步增强的市场力量可以解释劳动收入份额下降的 10%。对于连续存在的企业，解释力上升至 30%。进一步研究发现，市场力量降低劳动收入份额的作用在私营企业、内销企业、市场经济发达的地区更为显著③。

第十，融资约束。文雁兵和陆雪琴（2018）认为，面临融资约束的企业通过信贷获得流动资本的能力受限，为应对融资困境，大量中小（民营）企业被迫通过利润留成方式进行内源融资，倾向于减少劳动雇佣或降低工资水平，对劳动收入份额产生负面影响。基于中国工业企业数据的研究发现，我

① 王展翔，龚广祥. 劳动报酬份额偏离程度分析——基于劳资议价能力的视角［J］. 经济评论，2017（1）.

② 陈登科，陈诗一. 资本劳动相对价格、替代弹性与劳动收入份额［J］. 世界经济，2018（12）.

③ 申广军，周广肃，贾珅. 市场力量与劳动收入份额：理论和来自中国工业部门的证据［J］. 南开经济研究，2018（4）.

国民营企业融资成本显著高于国有企业。企业面临的融资约束越强，融资成本越高，企业劳动收入份额越低。

第十一，资本市场配置效率。施新政等（2019）以股权分置改革为自然实验，研究资本市场配置效率对中国上市公司劳动收入份额的影响。股权分置改革有利于纠正要素市场扭曲，提高资本市场配置效率，其对劳动收入份额的影响存在两种机制：一方面，股权分置改革后，公司内部控制机制和外部控制权市场趋于完善，管理者经营压力增大，为了提高公司绩效，将利用高薪激励员工和吸引高素质人才，使劳动收入份额提高；另一方面，股权分置改革后，资本流通性增强，强化了企业利润最大化目标，工资侵蚀利润的现象减少，劳动收入份额下降。基于沪深两市 A 股上市公司 1998—2016 年数据的实证结果表明，增强资本流通性的负向影响超过了激励员工、吸引高素质人才的正向影响，股权分置改革显著降低了上市公司的劳动收入份额①。

此外，由于资本市场的利率管制压低了资本价格，而劳动力市场本身存在的大量低技能劳动力导致劳动边际产出较低，产生资本实际价格低于资本边际产出，而劳动实际价格高于劳动边际产出的要素市场扭曲现象，激励企业以资本替代劳动，导致资本深化，劳动收入份额随之下降②。

第十二，企业负债。董丰等（2020）认为企业持有大量现金会鼓励工人要求更高的工资，而较高的债务水平可以提高企业与劳动者谈判时的议价筹码，因为偿还债务需要资金支出，让企业面临削减成本的压力。因此，企业家能够将负债作为策略性议价工具，改变自身在劳资谈判中的地位，抑制工人的利益诉求，压低劳动收入份额。企业使用负债作为谈判工具时，短期负债效果最好，因为短期负债一旦违约，可能面临破产风险，因而更容易成为可置信的威胁。基于中国工业企业数据库的实证研究发现，企业负债显著降低了劳动收入份额。相比非国有企业，国有企业更加注重公平而非效率，因此国有企业负债对劳动收入份额的抑制作用并不显著。由于劳动是劳动密集

---

① 施新政，高文静，陆瑶，等. 资本市场配置效应与劳动收入份额——来自股权分置改革的证据［J］. 经济研究，2019（6）.

② 袁鹏，朱进金. 要素市场扭曲、技术进步偏向与劳动份额变化［J］. 经济评论，2019（2）.

型企业最重要的生产要素，企业难以承受工人消极怠工、大量流动等事件带来的经济后果，使得企业负债和劳动收入份额的负相关关系在劳动密集型产业中较弱①。

基于早期中国劳动收入份额持续下降的影响因素，学者们从不同方面提出了提高劳动收入份额的政策建议：一是出台国民收入倍增计划。张车伟等（2010）认为，日本在20世纪六七十年代实施的“国民收入倍增计划”改善了其收入分配状况，奠定了此后日本经济快速发展的基础，中国可以尝试借鉴日本的国民收入倍增计划②。二是严格实施最低工资制度。程恩富等（2010）认为，必须发挥政府和工会两大机构的作用，严格实施最低工资制度，并且建立合理的工资增长机制③。蔡继明（2010）也强调了提高最低工资水平对于改善财富收入不公的意义④。三是完善工会制度。冯同庆（2010）通过考察工资协商制度在欧美的起源和发展历史，发现该制度能够化解劳资对立而实现协调，而参照日本、中国台湾和中国香港等地区的经验，工资协商制度也适用于政府规范性制度的调整⑤。顾乃华（2010）认为应尽快疏通工会机构行使职能的障碍，从根本上改变劳资双方力量对比的失衡状况，切实有效地维护职工的权益⑥。四是推动产业集聚。产业集聚可通过提高产业多样化和专业化水平，给工资带来正向效应。一方面，地区集聚产业的多样性越强，劳动力跨行业流动性越高，有利于新知识和新技能的创造和获取。企业依靠劳动力流动形成的劳动力市场，占有一定的雇佣租金，可以激励企业员工进行培训，员工学习动力也随之增强。新知识和新技能持续提高劳动生

---

① 董丰，申广军，焦阳．去杠杆地分配效应——来自中国工业部门的证据［J］．经济学（季刊），2020（1）．

② 张车伟，蔡翼飞，董倩倩．日本“国民收入倍增计划”及其对中国的启示［J］．经济学动态，2010（10）．

③ 程恩富，胡靖春．论我国劳动收入份额提升的可能性、迫切性与途径［J］．经济学动态，2010（11）．

④ 蔡继明．论财富创造与财富分配的关系［J］．经济学动态，2010（4）．

⑤ 冯同庆．工资协商的源流、适用、条件诸问题——化解劳资对立而实现协调的制度［J］．经济社会体制比较，2010（5）．

⑥ 顾乃华．我国劳动收入占比时空特征研究：基于结构分析的角度［J］．经济学家，2010（2）．

产率，从而形成工资增长的长效机制①。另一方面，产业集聚带来的专业化水平提升有利于当地制造业的工资上升，形成工资溢价②。

（二）中国劳动收入份额的“U”形变化趋势

利用国家统计局从收入角度计算的地区生产总值数据，以劳动者报酬占地区生产总值的比重衡量劳动收入份额，1998—2017年中国劳动收入份额变化趋势如图1-1所示。由图1-1可见，中国劳动收入份额基本呈现“U”形变化趋势。1998年之后，中国劳动收入份额由51.39%持续下降至2007年的44.84%，之后逐渐上升至2017年的49.96%。

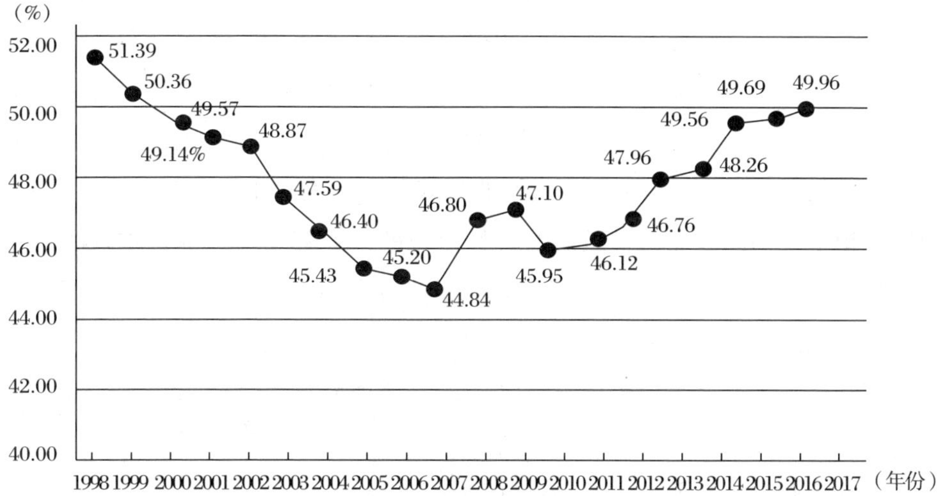

图1-1　1998—2017年中国劳动收入份额变化趋势

资料来源：根据国家统计局网站数据整理所得。

对于劳动收入份额的“U”形变化趋势，学者们从不同角度进行了解释。

第一，产业结构转型。白重恩和钱震杰（2009）研究发现，农业劳动收入份额最高，工业最低。因此，随着产业结构继续从农业部门转向非农业部

① 赵伟，隋月红．集聚类型、劳动力市场特征与工资—生产率差异［J］．经济研究，2015（6）．

② 谢露露．产业集聚和工资“俱乐部”：来自地级市制造业的经验研究［J］．世界经济，2015（10）．

门，劳动收入份额会持续降低。但由于第三产业劳动收入份额高于工业部门，随着产业结构向第三产业转变，全国劳动收入份额会随之提高①。

第二，劳动力转移。李稻葵等（2015）从劳动力由农业部门向农民工部门转移的角度分析我国劳动收入份额的“U”形变化趋势。模型推导结果显示，剩余劳动力转移导致劳动收入份额变化存在3个阶段：在劳动力转移初期，剩余劳动力从农业部门进入农民工部门，由于农业部门收入水平较低，很低的工资水平就可以吸引农民工进城打工，劳动收入份额以较快速度下降；在劳动力转移中期，农业边际生产率上升，为吸引农民工进城，需要提供较高的工资水平，劳动收入份额下降速度开始减缓；在劳动力转移后期，剩余劳动力转移基本完成，农民工部门的平均工资率和城镇部门工资率基本相同。企业为扩大生产只能继续提高劳动者报酬在边际产出中的比重，劳动收入份额上升，出现“U”形反弹②。蓝家俊等（2019）从城乡劳动力市场分割与劳动力跨部门流动的角度解释中国劳动收入份额的“U”形变化趋势。中国的劳动力市场存在城镇正规部门、城镇非正规部门和农村生产部门之间的分割。由于城镇正规部门就业门槛较高，转移出来的农业劳动力大部分进入了城镇非正规部门，即个体私营部门。在刘易斯转折点到来之前，农村生产部门为个体私营部门提供剩余劳动力。由于个体私营部门支付的工资仅为生存工资，低于劳动边际生产水平，个体私营部门的扩张将降低劳动收入份额；在刘易斯转折点到来之后，个体私营部门的工资将等于农村生产部门的劳动边际生产水平并不断上升，劳动收入份额随之提升。城乡劳动力市场分割是中国劳动收入份额呈先下降后上升的“U”形变化趋势的主要原因③。

第三，企业规模分化效应和企业内效应。陆雪琴等（2020）利用企业规模分化效应和企业内效应解释我国劳动收入份额的“U”形变化趋势。大规模企业由于能够获得更大的市场势力，拥有税收、融资、土地价格等优惠便

---

① 白重恩，钱震杰．国民收入的要素分配：统计数据背后的故事［J］．经济研究，2009（3）．

② 李稻葵，徐翔．二元经济中宏观经济结构与劳动收入份额研究［J］．经济理论与经济管理，2015（6）．

③ 蓝家俊，方颖，马天平．就业结构、刘易斯转折点与劳动收入份额：理论与经验研究［J］．世界经济，2019（6）．

利条件，因此利润份额较高，劳动收入份额较低；小规模企业则相反。若劳动收入份额较低的大企业规模变大，会导致劳动收入份额下降，产生规模分化效应。单个企业内劳动收入份额的变化产生了企业内效应。基于中国工业企业数据库的实证研究发现，2010 年之前企业内劳动收入份额变化不大而企业规模变得更加两极分化，规模分化效应占主导地位，导致劳动收入份额下降；2010 年之后企业规模分布变化不大，而企业内劳动收入份额的上升较为明显，企业内效应占主导地位，使得劳动收入份额上升①。

第四，城市化进程的不断推进。张松林（2015）利用门槛效应模型，利用我国 2000—2009 年省级面板数据，发现城市化过程中市场化对劳动收入份额产生了负效应，其中，“不完全城市化”向“完全城市化”转变可以削弱这种负效应，从而使市场化对劳动收入份额演变的影响呈现出门槛特征：当城市化处于“不完全城市化”阶段时，市场化对劳动收入份额产生了相对较大的负效应；当城市化跨过“不完全城市化”阶段，转向“完全城市化”阶段后，市场化对劳动收入份额产生的负效应将减小②。

第五，要素禀赋结构。王林辉等（2015）研究发现，要素禀赋结构对技术进步方向的影响存在门限效应，决定了劳动收入份额的“U”形变化规律。在门限值之前，要素禀赋结构通过促进技术进步的资本偏向性而降低劳动收入份额；在达到门限值之后，要素禀赋结构则通过促进技术进步的劳动偏向性而提升劳动收入份额。因此，劳动收入份额随劳均资本的增加呈先下降后上升的趋势，转折阈值约为 6.381 万元③。

第六，金融危机。刘亚琳等（2018）利用计量回归和模型拟合的方法发现，我国总体劳动收入份额的“U”形拐点应该出现在 2030 年前后，但 2008 年全球金融危机限制了第二、第三产业的发展，劳动收入份额占比最大的第一产业重新获得了相对优势。第二产业就业占比不变以及第一产业就业占比上

---

① 陆雪琴，田磊．企业规模分化与劳动收入份额［J］．世界经济，2020（9）．

② 张松林．城市化进程中市场化对劳动收入占比演变的影响［J］．中国农村经济，2015（1）．

③ 王林辉，赵景，李金城．劳动收入份额“U 型”演变规律的新解释：要素禀赋结构与技术进步方向的视角［J］．财贸经济，2015（10）．

升均使得经济总体劳动收入份额增加，导致“U”形拐点提前至 2007 年。①

已有研究针对我国劳动收入份额的变化趋势，从多个角度分析了劳动收入份额的变化成因、影响因素和调整建议，但是对于我国劳动收入份额的调整目标尚缺乏研究。由图 1-1 可见，我国劳动收入份额在经历了持续下降阶段后，在 2007 年开始回升，到 2017 年已回升至 49.96%。那么，这一水平是否表明中国劳动收入份额已经回归合理水平？如果尚未达到合理水平，我国劳动收入份额的调整目标是多少？回答这一问题需要首先总结劳动收入份额的变动规律，同时确定中国目前所处的发展阶段，以判断我国劳动收入份额的合理性。

二、工业化阶段的划分与评测

为总结劳动收入份额变动的一般规律，明确中国劳动收入份额的合理区间，本节通过构建工业化水平评价指标体系，确定中国当前的工业化发展阶段。

（一）工业化阶段评价指标

针对工业化阶段，不同学者提出了不同的划分方法。

第一，人均收入。钱纳里等（1989）运用多国模型的标准模型，以人均收入为标准将工业化过程划分为 6 个阶段，其中第二至第五阶段对应工业化初期、中期与后期②。

第二，产业结构。一些学者发现，一国的工业化时期也是其产业结构迅速发生变化的时期，因此根据实证研究得出了一国工业化进程中三次产业产值比重的一般变化模型。在工业化初始阶段，第一产业比重大于第二产业比

① 刘亚琳，茅锐，姚洋. 结构转型、金融危机与中国劳动收入份额的变化［J］. 经济学（季刊），2018（1）.

② 钱纳里，等. 工业化和经济增长的比较研究［M］. 上海：三联书店，1989：71.

重；随着工业化的发展，第一产业比重下降而第二产业比重迅速上升；当第一产业比重低于20%且第二产业比重大于第三产业比重时，工业化进入中期；随着工业化的继续推进，第一产业比重下降至10%以下，而第二产业比重达到最高，此时工业化进入后期阶段①。

第三，制造业增加值比重。科迪等（1990）认为制造业增加值在全部商品生产部门增加值中的比重可以用来衡量一国的工业化水平，并以此为标准将工业化过程划分为4个阶段：非工业化（20%以下）、正在工业化（20%~40%）、半工业化（40%~60%）以及工业化（60%以上）。其中全部商品生产部门增加值大致相当于第一产业增加值与第二产业增加值之和②。

第四，主导产业。一些学者根据工业化阶段中主导产业的变化将工业化过程分为3个阶段：轻纺工业主导的工业化初期、重化工业主导的工业化中期以及高加工工业化的工业化后期，并以此判断我国现阶段处于重化工业化阶段③。

第五，综合指标。许多学者综合多种指标对我国现在所处的工业化阶段进行分析，如许君如等（2011）根据人均GDP、三次产业的产值结构与就业结构分析，认为我国的工业化进程在当时处于中期向中后期过渡的阶段④；王岳平（2001）依据钱纳里等（1989）的标准，使用人均收入、制造业所占比重与发展过程作为指标，认为中国当时已经进入工业化中期阶段⑤；武义青等（2002）参考了各种标准和研究成果，选择了16项指标来测算分析，认为我国经济当时处于完成传统工业化与发展工业现代化两个阶段的过渡时期⑥。

陈佳贵等（2007）综合钱纳里等（1989）的多国模型与产业结构变化模型，将科迪等（1990）依据制造业增加值比重划分的工业化过程的4个阶段

---

① 郭克莎．中国工业化的进程、问题与出路［J］．中国社会科学，2004（1）．

② 科迪，休斯，沃尔．发展中国家的工业发展政策［M］．张虹，等，译．北京：经济科学出版社，1990：17-18．

③ 张燕．开放条件下后发大国的工业化模式研究［J］．兰州学刊，2011（9）．

④ 许君如，牛文涛．改革开放三十年我国工业化阶段演进分析［J］．电子科技大学学报（社会科学版），2011（1）．

⑤ 王岳平．中国工业结构调整与升级：理论、实证和政策［M］．北京：中国计划出版社，2001．

⑥ 武义青，高钟庭．中国区域工业化研究［M］．北京：经济管理出版社，2002．

扩充至5个阶段，将半工业化阶段分成工业化中期（40%~50%）与工业化后期（50%~60%）。在此基础上，陈佳贵等（2007）又添加了城市化率与第一产业就业比重两项工业化指标。城市化率的衡量标准为：前工业化阶段（30%以下）、工业化初期（30%~50%）、工业化中期（50%~60%）、工业化后期（60%~75%）以及后工业化阶段（75%以上）。而第一产业就业比重的划分标准为：前工业化阶段（60%以上）、工业化初期（45%~60%）、工业化中期（30%~45%）、工业化后期（10%~30%）以及后工业化阶段（10%以下）。陈佳贵等（2007）综合这5个衡量标准，构建工业化水平综合指数，提出一种比较系统地衡量一国工业化水平的方法①。黄群慧（2021）基于工业化水平综合指数，研究发现中国于2011年进入工业化后期；2015年中国工业化水平指数达到84，表明中国工业化水平已进入工业化后期的后半阶段；2020年中国工业化水平指数达到93，意味着中国工业化进程即将进入实现工业化后的后工业化阶段，并据此判断中国已基本实现了工业化②。

本节参考陈佳贵等（2007）的方法，具体使用5项指标衡量工业化阶段：人均GDP、三次产业产值结构、制造业增加值占总商品生产部门增加值的比重、人口城市化率、第一产业就业人员占比，各阶段标准值见表1-1。

表1-1　工业化不同阶段的标准值

基本指标		前工业化阶段	工业化实现阶段			后工业化阶段
			工业化初期	工业化中期	工业化后期	
1. 人均GDP（经济发展水平）/美元	1970年美元	140~280	280~560	560~1120	1120~2100	>2100
	2015年美元	676~1352	1352~2705	2705~5409	5409~10142	>10142
2. 三次产业产值结构（产业结构）		A>I	A>20% 且A<I	A<20% 且I>S	A<10% 且I>S	A<10% 且I<S

① 陈佳贵，等. 中国工业化进程报告——1995~2005年中国省域工业化水平评价与研究［M］. 北京：社会科学文献出版社，2007：24-27.

② 黄群慧. 2020年我国已经基本实现了工业化——中国共产党百年奋斗重大成就［J］. 经济学动态，2021（11）.

续表

基本指标	前工业化阶段	工业化实现阶段			后工业化阶段
		工业化初期	工业化中期	工业化后期	
3. 制造业增加值占总商品生产部门增加值的比重（工业结构）	20%以下	20%~40%	40%~50%	50%~60%	60%以上
4. 人口城市化率（空间结构）	30%以下	30%~50%	50%~60%	60%~75%	75%以上
5. 第一产业就业人员占比（就业结构）	60%以上	45%~60%	30%~45%	10%~30%	10%以下

注：A 为第一产业，I 为第二产业，S 为第三产业。人均 GDP（经济发展水平）2015 年美元按照世界银行 WDI 数据，根据现价美元和 2015 年美元衡量的美国 GDP 计算而得。

资料来源：陈佳贵，等. 中国工业化进程报告——1995~2005 年中国省域工业化水平评价与研究［M］. 北京：社会科学文献出版社，2007：21，27.

在计算各指标对应的工业化水平综合指数值时，先根据指标的实际值来划分工业化阶段，然后采用阶段阈值法对指标进行无量纲化。具体公式为：

$$\lambda_{ik}=(j_{ik}-2)\times 33+\frac{(X_{ik}-\min_{kj})}{(\max_{kj}-\min_{kj})}\times 33 \quad (j_{ik}=2,3,4) \tag{1-1}$$

$$\lambda_{ik}=0,(j_{ik}=1) \tag{1-2}$$

$$\lambda_{ik}=100,(j_{ik}=5) \tag{1-3}$$

其中，i 代表第 i 个地区，k 代表第 k 项指标，λ_{ik} 代表指标的评测值，j_{ik} 代表 k 指标所处的阶段，X_{ik} 代表 i 地区 k 指标的实际值。具体指标计算过程为：

第一，判断地区某一指标所处的工业化阶段。

第二，如果该指标实际值处于第一阶段，则得分为 0，说明以该指标衡量该地区还未进入工业化阶段；如果实际值处于第五阶段，说明该地区已进入后工业化阶段，得分为 100。

第三，如果指标处于第二、第三、第四阶段，则应用式（1-1）计算。

第四，对 5 项指标分别进行计算，得出各时期每一项指标的值。

工业化阶段综合评价指标体系的参考值见表 1-2。

表 1-2 工业化阶段综合评价指标体系的参考值

基本指标	基本指标	工业化阶段		
		工业化初期（$j=2$）	工业化中期（$j=3$）	工业化后期（$j=4$）
$k=1$	人均 GDP（1970 年美元）	min=280 max=560	min=560 max=1120	min=1120 max=2100
	人均 GDP（2015 年美元）	min=1352 max=2705	min=2705 max=5409	min=5409 max=10142
$k=2$	三次产业产值结构	min=33 max=20	min=20 max=10	赋值公式为 $\lambda=66+S/(S+I)\times33$
$k=3$	制造业增加值占总商品生产部门增加值的比重	min=20 max=40	min=40 max=50	min=50 max=60
$k=4$	人口城市化率	min=30 max=50	min=50 max=60	min=60 max=75
$k=5$	第一产业就业人员占比	min=60 max=45	min=45 max=30	min=30 max=10

资料来源：陈佳贵，等. 中国工业化进程报告——1995~2005 年中国省域工业化水平评价与研究［M］. 北京：社会科学文献出版社，2007：29.

而一个地区工业化水平综合指数为 5 项指标的加权平均，指标的权重见表 1-3。

表 1-3 工业化阶段评价指标权重

指标	人均 GDP	三次产业产值结构	制造业增加值占总商品生产部门增加值的比重	人口城市化率	第一产业就业人员占比
权重	36	22	22	12	8

资料来源：陈佳贵，等. 中国工业化进程报告——1995~2005 年中国省域工业化水平评价与研究［M］. 北京：社会科学文献出版社，2007：30.

运用计算得出的工业化水平综合指数来判断一个国家或地区总体所处的工业化阶段，从数值上讲，用上述方法可将工业化分为 5 个阶段。

第一，前工业化阶段（$\lambda=0$）。

第二，工业化初期（$0<\lambda<33$）。其中工业化水平综合指数处于 0~16 时为

工业化初期的前半阶段，工业化水平综合指数处于 17~33 时为工业化初期的后半阶段。

第三，工业化中期（$33<\lambda<66$）。其中工业化水平综合指数处于 33~50 时为工业化中期的前半阶段，工业化水平综合指数处于 50~66 时为工业化中期的后半阶段。

第四，工业化后期（$66<\lambda<100$）。其中工业化水平综合指数处于 66~83 时为工业化后期的前半阶段，工业化水平综合指数处于 83~99 时为工业化后期的后半阶段。

第五，后工业化阶段（$\lambda=100$）。

考虑到不同国家或地区进行比较时时间跨度较大，本节统一将日本、韩国与中国台湾的人均生产总值折算为 1970 年美元，而将中国人均 GDP 折算为 2015 年美元。此外，考虑日本、韩国与中国台湾产业结构中第三产业比重在大多数年份中都高于第二产业，无法直接运用陈佳贵等（2007）的划分标准，本节综合陈佳贵等（2007）的方法与工业化阶段三次产业比重的变化趋势，对工业化阶段进行划分。

（二）日本工业化阶段分析

日本于 1955 年启动工业化，并进入近 20 年的经济高速增长期，直至 1973 年。一般认为，日本工业化也在这一年基本结束。1955—1973 年，日本平均经济增长率为 9.15%，其中有 7 年实际经济增长率达到 10%以上。1973 年日本名义 GDP 为 4153.91 亿美元，是 1955 年名义 GDP 的 17.86 倍。人均名义 GDP 由 1955 年的 259 美元上升至 1973 年的 3822 美元，上升了 13.8 倍。受石油危机影响，1974 年经济增长率首次出现负值，为-1.59%。此后日本经济进入低速增长阶段，1975—1991 年日本经济平均增长率为 4.54%，而 1992 年之后由于泡沫经济崩溃，日本经济更是陷入长期停滞，1992—2013 年实际 GDP 增长率仅为 0.85%。1955—2013 年日本经济增长率变化趋势见图1-2。

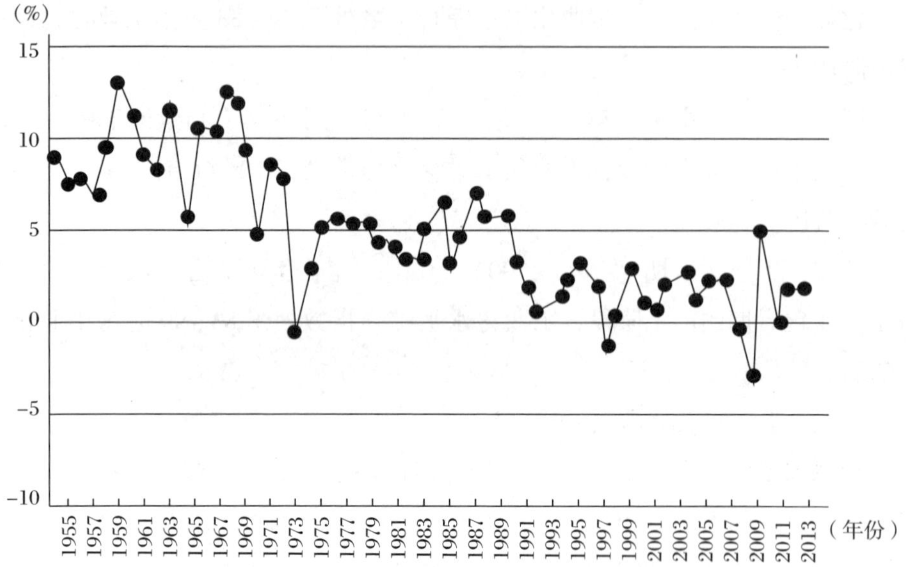

图 1-2　1955—2013 年日本经济增长率变化趋势

资料来源：根据日本统计局网站数据计算所得。

陈佳贵等（2007）在利用产业结构指标划分工业化进程时主要考虑了第一产业比重，以及工业和服务业比重的相对大小。这种方法在判断中国工业化进程时比较合适。但由于日本产业结构特点与中国不同，其整个工业化阶段第三产业比重均高于第二产业（见表 1-4）。因此，若直接运用陈佳贵等（2007）的工业化水平综合指数来测算产业结构，那么日本在 1964 年第一产业比重下降至 10%之后便进入了工业化后期，与其他指标显示的阶段明显不符。

表 1-4　1955—1973 年日本工业化时期产业结构变化　　（%）

年份	第一产业比重	第二产业比重	第三产业比重
1955	19. 22	36. 14	44. 64
1956	16. 40	38. 98	44. 61
1957	15. 66	39. 85	44. 49
1958	15. 07	39. 03	45. 91

续表

年份	第一产业比重	第二产业比重	第三产业比重
1959	14.26	40.65	45.09
1960	12.83	43.35	43.82
1961	12.00	44.12	43.88
1962	11.40	43.48	45.13
1963	10.62	43.79	45.59
1964	9.55	44.20	46.25
1965	9.55	42.88	47.58
1966	9.17	42.06	48.77
1967	8.95	42.62	48.43
1968	7.90	43.31	48.79
1969	6.96	44.28	48.77
1970	5.92	45.33	48.74
1971	5.13	44.89	49.98
1972	5.25	44.00	50.74
1973	5.65	44.39	49.96

资料来源：根据日本统计局网站数据计算所得。

为此，本节根据工业化发展过程中三次产业比重升降的趋势来判断工业化阶段。工业化阶段产业结构的变化规律是：前工业化阶段，第一产业比重大于第二产业比重；进入工业化阶段之后，第一产业比重一直下降，第二产业比重迅速提高；工业化后期，第一产业比重下降至10%以下，而第二产业比重达到最高点，工业化进入结束阶段①；后工业化阶段，第二产业比重开始下降，第三产业比重开始上升。按照工业化阶段产业结构的变化规律，1955—1963年日本第一产业比重高于10%低于20%，因此归类到工业化中期。就日本整个工业化进程而言，工业化初期第三产业比重一直很高，而第二产业比重在1961年之后基本平稳。1964年之后，日本第一产业比重下降到10%

① 郭克莎. 中国工业化的进程、问题与出路［J］. 中国社会科学，2004（1）.

以下，第三产业比重超过第二产业，且基本处于上升趋势。因此本节将日本1964—1973年这一特殊阶段划分至工业化后期。此外，由于未能查到1956—1959年日本的城市化率数据，本文运用1955—1960年城市化率年均上升3.696个百分点的速度，来推算1956—1959年日本的城市化率。

1955—1973年日本工业化时期工业化水平综合指数见表1-5。

表1-5　1955—1973年日本工业化时期工业化水平综合指数

年份	1955	1956	1957	1958	1959	1960	1961	1962	1963	1964
工业化指数	35	43	47	48	52	58	62	63	66	74
年份	1965	1966	1967	1968	1969	1970	1971	1972	1973	
工业化指数	74	75	79	81	84	87	88	90	90	

资料来源：世界银行数据库、日本统计局网站数据计算所得，其中1956—1959年城市化率根据其他年份的城市化率估计所得。

从表1-5中可以看出，日本在20世纪的经济高速增长时期，其工业化具体阶段可划分为：

第一，1955—1963年工业化中期。日本在1955年工业化水平综合指数达到35，进入工业化中期，1963年达到66，进入工业化后期。工业化中期可以划分为两个阶段：工业化中期的前半阶段（1955—1958年）与后半阶段（1959—1963年）。

第二，1963—1973年工业化后期。日本在1963年工业化水平综合指数达到66，进入工业化后期，1972年工业化水平综合指数提高至90，基本完成工业化。工业化后期也可以细分为两个阶段：工业化后期的前半阶段（1963—1968年）与后半阶段（1969—1973年）。

（三）韩国工业化阶段分析

韩国1962年开始实施第一个经济开发五年计划，从此工业化开始起步，此后又陆续实施了5个经济开发五年计划。历经近30年的高速增长，1991年韩国的高速增长结束。一般认为，韩国的工业化也是在这一年基本完成。1963—1991年韩国平均经济增长率达9.5%，中间仅由于1979年朴正熙总统遇刺以及之后发生的“光州事件”，1980 年的经济增长率罕见地出现-1.5%的负增长。此后尽管经历了 20 世纪 70 年代两次石油危机，韩国经济仍然保持了高速增长。到 1991 年，韩国名义 GDP 已达 3155.51 亿美元，是 1962 年的 137 倍。韩国在工业化初期人均名义 GDP 仅为 87 美元，而到 1991 年已经达到 7294 美元，增加了近 83 倍。此后韩国经济增速开始放缓。1996 年韩国成为 OECD 成员国，标志着韩国已经从一个落后的农业国进入中等发达国家的行列。

韩国工业化时期国民生产总值（GNP）与国内生产总值（GDP）各行业的增长率见表 1-6。

表 1-6　韩国工业化时期各行业增长率　（%）

时间	国民生产总值	国内生产总值						
		总额	农林渔业	矿工业		建筑及水电煤气业	服务产业	
				整体	制造业		整体	政府及民间非营利服务
1961—1970 年	7.6	7.6	4.6	14.6	15.2	17.1	8.5	3.6
1970—1980 年	7.3	7.6	1.1	14.8	15.9	11.3	9.5	4.2
1981—1990 年	9.0	9.1	3.2	11.6	12.1	11.4	10.5	3.2

资料来源：张东明．韩国产业政策研究［M］．北京：经济日报出版社，2002：10.

与日本类似，韩国在工业化时期第三产业比重也比较高，基本没有出现第二产业比重高于第三产业比重的情况，因此也无法直接运用陈佳贵等（2007）的方法进行划分。1965—1992 年韩国工业化时期产业结构变化见表 1-7。

表 1-7　1965—1992 年韩国工业化时期产业结构变化　（%）

年份	农业增加值	工业增加值	服务业增加值
1965	39.36	21.31	39.33
1966	36.53	22.07	41.40
1967	32.37	22.97	44.66
1968	30.68	24.48	44.84

续表

年份	农业增加值	工业增加值	服务业增加值
1969	29.95	25.47	44.58
1970	29.25	26.02	44.72
1971	29.60	25.04	45.36
1972	28.74	26.20	45.06
1973	26.74	29.21	44.04
1974	26.63	28.40	44.96
1975	27.13	29.27	43.60
1976	25.74	31.06	43.20
1977	24.39	32.36	43.25
1978	22.40	34.61	42.98
1979	20.93	36.03	43.03
1980	16.17	36.55	47.28
1981	16.98	36.37	46.65
1982	15.95	37.01	47.04
1983	14.59	38.50	46.92
1984	13.68	39.75	46.56
1985	13.54	39.08	47.38
1986	11.99	40.40	47.61
1987	10.76	41.48	47.76
1988	10.72	41.82	47.46
1989	9.94	40.99	49.07
1990	8.94	41.57	49.49
1991	7.94	42.62	49.43
1992	7.73	41.27	51.00

资料来源：世界银行数据库。

针对韩国第三产业比重一直较高的情况，本节采用与日本类似的方法进行划分。由于1965—1972年韩国农业增加值比重一直高于工业增加值比重，因此这段时期韩国处于前工业化阶段；1973—1979 年韩国农业增加值比重低于工业增加值比重且大于 20%，因此归于工业化初期；1980—1988 年韩国农业增加值比重为 10%~20%，服务业增加值比重较为稳定，工业增加值比重不断增加，因此归到工业化中期；1989—1991 年韩国农业增加值比重下降至 10%以下，而工业增加值比重进一步上升，因此韩国在此阶段处于工业化后期；1991 年之后工业增加值比重开始下降而服务业增加值比重大幅上升，韩国进入后工业化阶段。1972—1992 年韩国工业化时期工业化水平综合指数见表 1-8。

表 1-8　1972—1992 年韩国工业化时期工业化水平综合指数

年份	1972	1973	1974	1975	1976	1977	1978
指数	12	20	23	24	31	34	39
年份	1979	1980	1981	1982	1983	1984	1985
指数	43	49	49	52	58	61	64
年份	1986	1987	1988	1989	1990	1991	1992
指数	68	71	74	80	82	85	90

资料来源：人均 GDP 数据来自韩国银行数据库，产业结构、城市化率与制造业比重数据根据世界银行数据库数据计算而得，第一产业就业比重数据引自《国际统计年鉴（1995）》。

从表 1-8 中可以看出，韩国在 20 世纪的高速发展时期可分为 3 个阶段：

第一，1972—1976 年工业化初期。韩国在这一阶段工业化水平综合指数低于 33，处于工业化初期。

第二，1977—1985 年工业化中期。韩国工业化水平综合指数在 1977 年超过 33，进入工业化中期，1985 年工业化水平综合指数达到 64。这一阶段可以细分为工业化中期的前半阶段（1977—1981 年）与后半阶段（1982—1985 年）。

第三，1986—1992 年工业化后期。韩国工业化水平综合指数在 1986 年超过 66，进入工业化后期，并于 1992 年达到 90，基本完成工业化。这一时期也可以细分为工业化后期的前半阶段（1986—1990 年）与后半阶段（1991—1992 年）。

(四)中国台湾地区工业化阶段分析

中国台湾地区于1963年前后进入高速发展阶段，在1989年结束经济高速增长。一般认为，中国台湾地区也在这一年前后完成工业化与现代化。1963—1989年，中国台湾实际地区生产总值年平均增速达9.15%，其中有13年达到10%以上，而1971年、1972年、1976年、1978年4年的经济增长率更是达到12%以上。中国台湾1963年名义地区生产总值为22.18亿美元，而至工业化完成的1989年，中国台湾名义地区生产总值已提高至1515.8亿美元，提高了67.3倍。同年人均名义地区生产总值达到7558美元，为1963年的40倍。之后中国台湾地区经济进入低速增长时期，1990—2013年年平均增速只有4.84%。

中国台湾地区工业化时期产业结构的变化也出现了与日本、韩国类似的情况：第三产业比重在大多数时期一直高于第二产业比重，仅有1978年第二产业比重高于第三产业。1963—1989年中国台湾地区工业化时期产业结构变化见表1-9。

表1-9　1963—1989年中国台湾地区工业化时期产业结构变化　(%)

年份	第一产业占比	第二产业占比	第三产业占比
1963	26.42	27.73	45.85
1964	27.58	27.99	44.43
1965	26.83	28.07	45.10
1966	25.54	28.38	46.08
1967	23.21	30.35	46.44
1968	21.49	31.93	46.58
1969	18.49	33.77	47.73
1970	17.64	34.09	48.27
1971	15.26	36.58	48.16
1972	14.87	38.96	46.17
1973	15.06	40.07	44.87

续表

年份	第一产业占比	第二产业占比	第三产业占比
1974	15. 66	38. 43	45. 90
1975	15. 87	36. 49	47. 65
1976	14. 24	38. 04	47. 72
1977	13. 39	38. 75	47. 87
1978	11. 24	45. 06	43. 74
1979	10. 33	45. 32	44. 36
1980	9. 20	44. 95	45. 85
1981	7. 33	43. 86	48. 81
1982	7. 68	43. 05	49. 28
1983	7. 26	44. 00	48. 74
1984	6. 27	45. 06	48. 67
1985	5. 73	44. 57	49. 70
1986	5. 43	45. 83	48. 75
1987	5. 27	45. 04	49. 70
1988	4. 99	42. 90	52. 11
1989	4. 81	40. 39	54. 80

资料来源：根据历年台湾经济年鉴数据计算而得。

1963—1968 年，中国台湾地区第一产业比重低于第二产业比重，且高于 20%，处于工业化初期；1969—1979 年，中国台湾地区第一产业比重降至 20%以下，但是高于 10%，而中国台湾地区第二产业比重基本处于上升状态，第三产业比重相对比较稳定，因此将此阶段归为工业化中期；1980—1987 年中国台湾地区第一产业比重下降至 10%以下，第二产业比重基本稳定在 44%～45%，此阶段中国台湾地区处于工业化后期；1988 年之后中国台湾地区第二产业比重开始下降而第三产业比重持续上升，此时中国台湾地区进入后工业化阶段。1965—1991 年中国台湾地区工业化时期工业化水平综合指数见表 1-10。

表 1-10　1965—1991 年中国台湾地区工业化时期工业化水平综合指数

年份	1965	1966	1967	1968	1969	1970	1971	1972	1973
指数	9	11	15	19	24	27	34	38	43
年份	1974	1975	1976	1977	1978	1979	1980	1981	1982
指数	39	39	44	47	52	55	61	62	64
年份	1983	1984	1985	1986	1987	1988	1989	1990	1991
指数	66	70	72	76	78	84	86	87	89

资料来源：人均地区生产总值数据来自中国台湾行政当局主计处报告，产业结构、制造业比重数据来自历年台湾经济年鉴，城市化率数据根据联合国粮食及农业组织数据库数据计算而得，第一产业就业比重数据引自台湾统计资讯网。

从表 1-10 中可以看出，中国台湾地区在 20 世纪的高速发展时期可将其工业化各阶段划分为：

第一，1965—1970 年工业化初期。中国台湾地区在这一时期工业化水平综合指数一直低于 33，处于工业化初期。

第二，1971—1982 年工业化中期。中国台湾地区在 1971 年工业化水平综合指数达到 34，进入工业化中期；1982 年工业化水平指数达到 64。这一阶段可以划分成工业化中期的前半阶段（1971—1977 年）与后半阶段（1978—1982 年）。

第三，1983—1991 年工业化后期。中国台湾地区在 1983 年前后工业化水平综合指数达到 66，进入工业化后期；在 20 世纪 90 年代初期工业化水平综合指数达到 90 左右，已基本完成工业化。这一时期可以划分为工业化后期的前半阶段（1983—1987 年）与后半阶段（1988—1991 年）。

（五）中国工业化阶段分析

由于日本、韩国与中国台湾地区工业化时期基本处于 20 世纪六七十年代，年代跨度较大，购买力平价的方法难以运用。本节将中国人均 GDP 使用 2015 年不变价美元计算。2004—2020 年中国工业化水平综合指数见表 1-11。

表 1-11　2004—2020 年中国工业化水平综合指数

年份	2004	2005	2006	2007	2008	2009	2010	2011	2012
总指数	48	51	55	59	61	68	70	73	79
年份	2013	2014	2015	2016	2017	2018	2019	2020	
总指数	81	84	86	88	90	92	93	93	

资料来源：世界银行数据库、国家统计局网站。由于世界银行数据库公布的中国制造业增加值数据时限为 2004—2020 年，因此本节仅计算 2004—2020 年中国工业化指数。

由表 1-11 可见，中国工业化阶段大致分为 3 个阶段：

第一，2004—2008 年工业化中期。此阶段中国工业化水平综合指数高于 33，低于 66，处于工业化中期。

第二，2009 年之后工业化后期。此阶段中国工业化水平综合指数由 2009 年的 68 逐步持续上升至 2017 年的 90；2020 年工业化指数达到 93，表明中国已基本实现工业化，这与黄群慧（2021）① 的研究结论保持一致。

结合中国、日本、韩国和中国台湾地区的工业化水平综合指数，可以判断：2017 年中国工业化指数达到 90，工业化程度大致相当于 1972—1973 年的日本、1992 年前后的韩国和 1991 年前后的中国台湾地区。

三、工业化阶段劳动收入份额变动的一般规律

本节通过对比分析日本、韩国和中国台湾地区工业化阶段劳动收入份额的变动趋势，总结工业化阶段劳动收入份额变动的一般规律，为判断中国劳动收入份额变动的合理性提供经验参考。

（一）日本工业化阶段劳动收入份额的变动情况

本节以日本雇佣者所得比重作为劳动收入份额的衡量指标。1955—1998

① 黄群慧．2020 年我国已经基本实现了工业化——中国共产党百年奋斗重大成就［J］．经济学动态，2021（11）．

年日本劳动收入份额变化情况如图 1-3 所示。

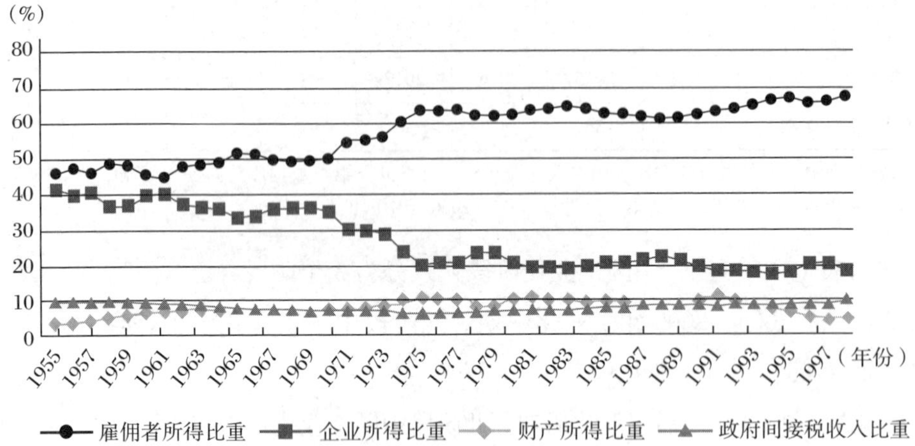

图 1-3　1955—1998 年日本国民收入分配比重变化趋势

资料来源：根据日本统计局网站数据计算所得。

从图 1-3 中可以看出，日本劳动收入份额从 1955 年的 46.2%上升至 1973 年的 56.1%，最低为 1961 年的 44.6%，此后仍继续增长至 1975 年的 63.5%，1975 年之后趋于稳定。日本在工业化时期劳动收入份额的变化大致可以分为 3 个阶段：

第一阶段：1955—1970 年，劳动收入份额在波动中略有上升，仅从 46.2%上升到 50.3%，上升了 4.1 个百分点，上升幅度不大。

第二阶段：1971—1975 年，日本劳动收入份额大幅上升，从 1970 年的 50.5%上升至 1975 年的 63.5%，相应地，企业所得比重大幅下降，由 1970 年的 35.5%下降到 1975 年的 20.3%。

第三阶段：1976 年以后，劳动收入份额基本维持在 60%以上，企业所得比重在波动中略有下降。1976—1998 年劳动收入份额平均为 63.7%，而企业所得比重平均为 20.3%。

分工业化阶段来看，日本劳动收入份额变化表现为以下特征：

第一，工业化中期（1955—1963 年）劳动收入份额基本保持平稳。从 1955 年（工业化水平综合指数=35）的 46.2%波动变化至 1963 年（工业化水平综合指数=66）的 48.5%，中间最低降至 44.9%（1961 年，工业化水平综合指数=62)，平均占比 47.1%。进一步细分阶段而言，在工业化中期的前半阶段（1955—1958 年），日本劳动收入份额波动上升至 48.7%。在工业化中期的后半阶段，日本劳动收入份额则开始波动，呈现先下降后上升的变化趋势，最低下降至 1961 年的 44.9%，此后又上升至 1963 年的 48.5%，劳动收入份额平均为 47.0%，变化范围基本处于 45.0%~48.5%。

第二，工业化后期（1964—1973 年）劳动收入份额大幅上升。从 1964 年（工业化水平综合指数=74）的 49.1%上升至 1973 年（工业化水平综合指数=90）的 56.1%，上升了 7 个百分点，此后更进一步上升至 1975 年的 63.5%，之后趋于平稳。日本劳动收入份额大幅上升基本发生在工业化后期的后半阶段，即 1971—1975 年工业化水平综合指数接近 90 的这一阶段。在工业化后期的前半阶段（1964—1968 年），劳动收入份额变化较小。

（二）韩国工业化阶段劳动收入份额的变动情况

本节以韩国劳动所得占比作为劳动收入份额的衡量指标。韩国工业化过程中国民收入初次分配中各部分的变化趋势如图 1-4 所示。

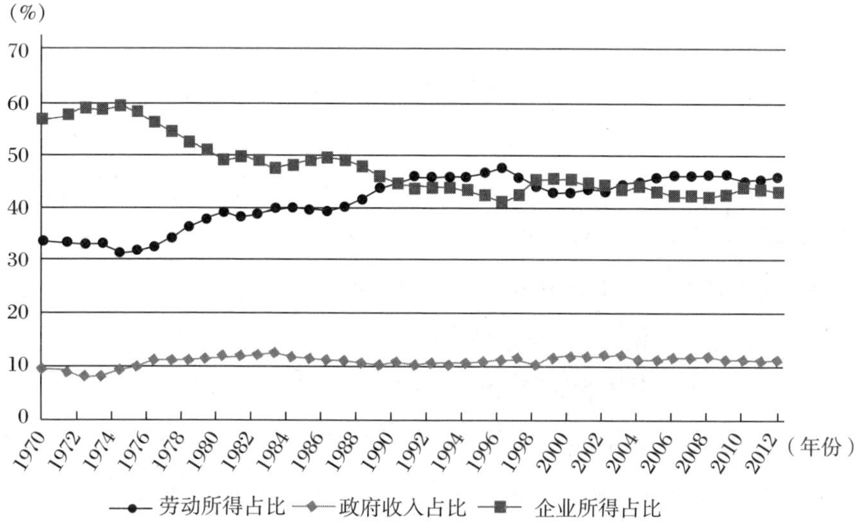

图 1-4　1970—2012 年韩国国民收入分配比例趋势

资料来源：根据韩国银行统计数据计算而得。

从图 1-4 来看，韩国劳动收入份额的变动大致可以分为 3 个阶段：

第一阶段：1970—1975 年，韩国劳动收入份额略有下降，由 1970 年的 33.6%下降至 1975 年的 31.8%。

第二阶段：1976—1991 年，韩国劳动收入份额整体持续提升，从 1976 年的 32.6%上升至 1991 年的 45.9%。其中 20 世纪 80 年代，韩国劳动收入份额保持平稳，1980—1986 年劳动收入份额平均为 39.3%。1991 年韩国劳动收入份额首次超过企业收入份额。

第三阶段：1992—2012 年，韩国劳动收入份额趋于稳定。韩国 1992 年的劳动收入份额为 45.8%，2012 年的劳动收入份额也为 45.8%。1992—2012 年劳动收入份额平均为 45.3%，变动幅度较小。

与日本不同的是，韩国国民收入初次分配中劳动收入份额一直较低。从图 1-4 中可以看出，1970—1991 年韩国企业所得占比一直高于劳动收入份额，体现出国民收入初次分配中企业偏向性的特点，而这段时期正是韩国经济的高速增长期。单纯就数据而言，完成工业化的韩国平均劳动收入份额为 45.3%，普遍低于其他发达国家或地区①。因此，后文着重讨论韩国工业化阶段劳动收入份额变动的趋势特点。

分工业化阶段来看，韩国劳动收入份额变化呈现以下特征：

第一，工业化初期（1971—1976 年），韩国劳动收入份额略有下降，基本维持在 31%~33%。

第二，工业化中期（1977—1985 年），韩国劳动收入份额呈先增长后放缓的变化趋势。在开始阶段，韩国劳动收入份额由 1977 年（工业化水平综合指数=34）的 34.3%上升至 1980 年（工业化水平综合指数=49）的 39.0%，这一时期主要为工业化中期的前半阶段。在 1981 年进入后半阶段之后，劳动收入份额增速放缓，基本保持在 39%~40%。

第三，工业化后期（1986—1990 年），劳动收入份额上升明显，从 1986 年（工业化水平综合指数=68）的 39.3%上升至 1991 年（工业化水平综合指数=

① 黄泰岩，等. 初次收入分配理论与经验的国际研究［M］. 北京：经济科学出版社，2011：119.

85）的45.9%，上升了6.6个百分点。这一时期也是韩国工业化后期的前半阶段。工业化后期的后半阶段，韩国劳动收入份额趋于平稳，基本保持在45%~46%。

（三）中国台湾地区工业化阶段劳动收入份额的变动情况

本节以受雇人员报酬占居民收入总额比重衡量中国台湾地区劳动收入份额。中国台湾地区工业化阶段初次收入分配各结构变化趋势如图1-5所示。

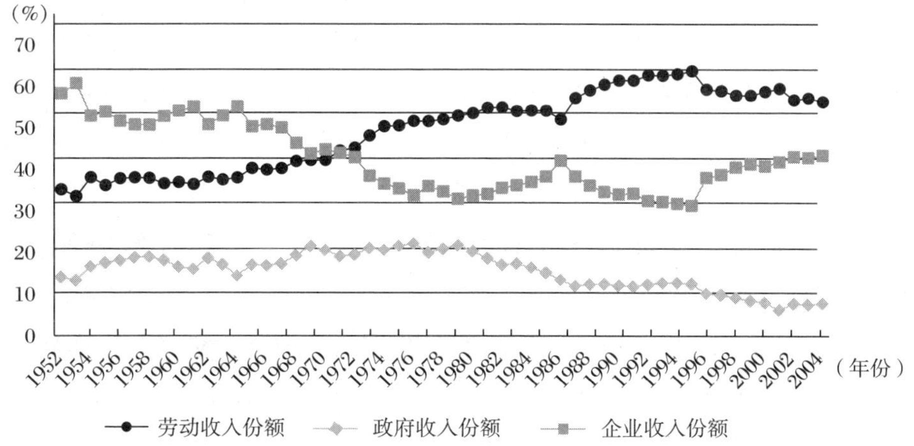

图1-5 1952—2004年中国台湾地区居民收入分配比例趋势

资料来源：黄泰岩，等. 初次收入分配理论与经验的国际研究［M］. 北京：经济科学出版社，2011：140-143.

从图1-5中可以看出，中国台湾地区居民收入初次分配变化趋势大致可以分为3个阶段：

第一阶段：1952—1962年。这一阶段中国台湾地区初次收入分配中劳动收入份额相对平稳，平均为34.6%。企业收入波动较大，最高时为1953年的56%，最低时为1958年的47%，总体平均为49.8%。

第二阶段：1963—1995年，这一阶段中国台湾地区劳动收入份额稳步提升，由1963年的35.3%提高到1995年的58.7%，上升了23.4个百分点，而这一时期正是中国台湾地区工业化快速发展直到完成的时期，其中1979—

1985 年劳动收入份额相对平稳。

第三阶段：中国台湾地区劳动收入份额在经历 1996 年大幅下降之后趋于稳定。1996—2004 年劳动收入份额平均为 53.6%，总体而言小幅下降；而企业收入份额稳步提高。

从中国台湾地区工业化各阶段来看，劳动收入份额变化表现出以下特征：

第一，工业化初期（1965—1970 年），中国台湾地区劳动收入份额变动较为平稳，基本维持在 37.5%~39.5%。

第二，工业化中期（1971—1983 年），中国台湾地区劳动收入份额基本处于上升状态，从 1971 年（工业化水平综合指数=34）的 41.5%上升至 1982 年（工业化水平综合指数=64）的 50.9%。其中工业化中期的前半阶段（1971—1977 年）劳动收入份额上升明显，上升幅度达到 6 个百分点。进入后半阶段后中国台湾地区劳动收入份额增速放缓，逐渐上升至 1982 年的 50.9%。工业化中期的后半阶段中国台湾地区劳动收入份额保持在 49%~50%。

第三，工业化后期（1984—1989 年），中国台湾地区劳动收入份额先下降至 1986 年（工业化水平综合指数=76）的 48.2%，然后逐渐上升至 1989 年（工业化水平综合指数=86）的 55.8%，上升了 7.6 个百分点。与日本、韩国不同，中国台湾地区进入工业化后期的后半阶段，劳动收入份额仍保持上升态势，至 1995 年达到 58.7%。

（四）劳动收入份额变动的一般规律

图 1-6 将不同国家和地区的劳动收入份额与工业化水平综合指数进行关联，其中横坐标为工业化水平综合指数，纵坐标为劳动收入份额。由图 1-6 可见，不同工业化阶段的劳动收入份额变动趋势具有明显的规律性。具体而言：

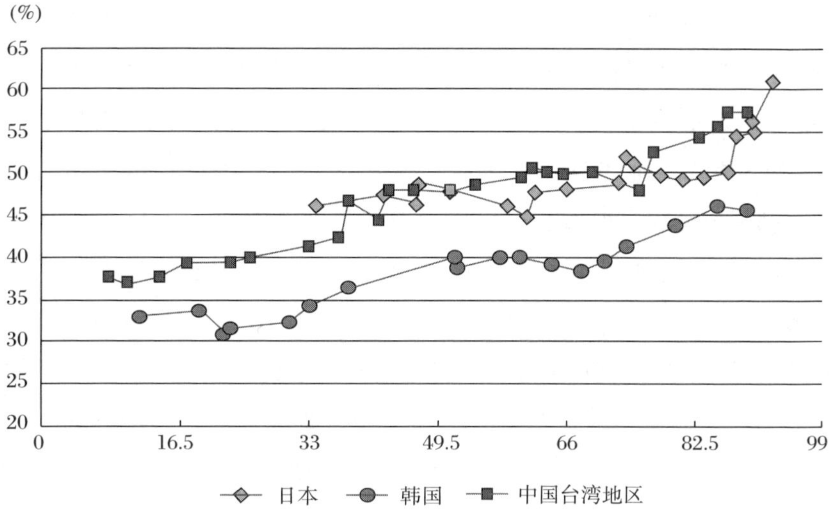

图 1-6 不同工业化阶段日本、韩国和中国台湾地区劳动收入份额变动趋势

第一，工业化初期，工业化水平综合指数处于［0，33］区间。在此阶段，劳动收入份额基本保持稳定，且基本不超过40%。

第二，工业化中期，工业化水平综合指数处于［33，66］区间。在工业化中期的前半阶段，劳动收入份额存在明显的上升趋势。日本劳动收入份额在此阶段上升了2.5个百分点（1955—1958年），韩国劳动收入份额上升了4个百分点（1977—1981年），中国台湾地区劳动收入份额上升了6.3个百分点（1971—1977年）。在工业化中期的后半阶段，韩国、中国台湾地区劳动收入份额的增速放缓；日本在此阶段出现了劳动收入份额下降的现象，但在工业化中期的末期回升。

日本在工业化中期的后半阶段，从当时的经济社会形势来看，特殊事件和状况改变了劳动收入份额的变化趋势。日本在1959年爆发了所谓的“安保斗争”，即日本各界反对修改《日美安全保障条约》的群众运动。1959年3月，日本134个社会团体自发组成修改《日美安全保障条约》的国民会议。1959年4月至1960年7月，日本全国范围内举行了23次统一行动，共有1.1亿多人参加集会、游行示威、罢工、罢市、罢课、请愿签名等活动，在1960年6月斗争运动达到高潮，最终导致岸信介内阁下台。这一阶段由于罢工、罢市，劳动收入份额下降。

第三，工业化后期，工业化水平综合指数处于［66，100］区间。此阶段劳动收入份额大幅提升。日本劳动收入份额在此阶段上升了11.8个百分点（1963—1974年），到1974年（工业化水平综合指数=93）劳动收入份额达到60.3%。韩国劳动收入份额在此阶段上升了6.5个百分点（1986—1992年），到1992年（工业化水平综合指数=90）劳动收入份额达到45.8%。中国台湾地区劳动收入份额在此阶段上升了8.7个百分点（1983—1995年），到1995年（工业化水平综合指数=94）劳动收入份额达到58.7%。

从日本、韩国和中国台湾地区不同工业化阶段劳动收入份额的变化趋势可以看出，劳动收入份额在工业化初期保持在较低水平（一般低于40%）、在工业化中期的前半阶段上涨、在工业化中期的后半阶段保持平稳（日本和中国台湾地区劳动收入份额维持在45%~50%）、在工业化后期大幅上涨（涨幅在6个百分点以上，劳动收入份额达到55%以上）是工业化时期劳动收入份额变动的一般规律。

四、中国劳动收入份额变动的合理性

本节参考工业化时期劳动收入份额变动的一般规律，判断中国劳动收入份额变动的合理性。

前文分析发现，中国劳动收入份额呈现显著的“U”形变化趋势。由工业化水平综合指数可以判断，中国在2004—2008年处于工业化中期（其中2004年为工业化中期的前半阶段，2005—2008年为工业化中期的后半阶段），在2009年进入工业化后期。参考工业化时期劳动收入份额变动的一般规律，可以发现，中国劳动收入份额变动具有一定的合理性。

第一，早期中国劳动收入份额超过合理区间，劳动收入份额下降存在一定的合理性。根据工业化时期劳动收入份额变动的一般规律，在工业化早期劳动收入份额一般低于40%，进入工业化中期后，劳动收入份额才能达到

45%~50%。1998—2007 年中国劳动收入份额一直高于 40%，这一阶段中国工业化水平综合指数低于 48，处于工业化初期和工业化中期的前半阶段。1998 年中国劳动收入份额高达 51.39%。根据前文得到的工业化时期劳动收入份额变动的一般规律，这一阶段中国劳动收入份额偏高。中国劳动收入份额自 1998 年之后持续下降，至 2008 年达到 46.80%，处于工业化中期的合理水平。因此，中国劳动收入份额自 1998 年之后持续下降在一定程度上与工业化初期和工业化中期收入分配的资本倾向相一致，具有一定的合理性。

该结论与已有研究保持一致。张车伟和赵文（2015）考虑到自雇部门资本与劳动报酬划分的随意性，在观察劳动收入份额的实际变化情况时，将自雇部门剔除，使用雇员部门劳动报酬占本部门生产总值的份额进行研究，发现我国 20 世纪 90 年代中期之前存在劳动收入份额过高、工资侵蚀利润的现象，因此劳动收入份额呈现快速下降趋势。20 世纪 90 年代中期以后，随着市场机制改革的进行，劳动收入份额呈现波动下降的趋势，平均水平为 51.6%，这一阶段我国劳动收入份额变化的内在逻辑性不断增强①。叶晓佳和孙敬水（2015）通过构建分配公平、经济效率与社会稳定协调性的测度方法，对 1990—2012 年中国分配公平、经济效率与社会稳定之间的静态协调性和动态协调性进行了统计测度，发现我国分配公平总功效系数在经历了 1990—1998 年的起伏波动之后，从 1999 年开始持续提升，中国分配公平与经济效率和社会稳定的协调性从 20 世纪 90 年代的不协调状态显著改善，说明中国在获得经济快速发展的同时，更加注重收入分配的公平性，并且在初次分配和再分配中都更强调公平性，收入分配的公平程度得到了改善②。

第二，中国在工业化中期劳动收入份额处于合理区间。在工业化中期，劳动收入份额从早期的 40%以下上升至 45%~50%。2004—2008 年，中国劳动收入份额基本维持在 45%~50%以内，劳动收入份额平均为 45.73%。表明

① 张车伟，赵文. 中国劳动报酬份额问题——基于雇员经济与自雇经济的测算与分析［J］. 中国社会科学，2015（12）.

② 叶晓佳，孙敬水. 分配公平、经济效率与社会稳定的协调性测度研究［J］. 经济学家，2015（2）.

在经历了 1998 年之后的持续下降后，中国劳动收入份额在工业化中期回到了合理区间。

第三，中国在工业化后期劳动收入份额持续上升，符合工业化后期劳动收入份额变动的一般规律。中国自 2009 年进入工业化后期。虽然劳动收入份额在 2010 年下降至 45.95%，但后期持续上升至 2017 年的 49.96%。劳动收入份额的变动趋势符合一般规律。

尽管中国劳动收入份额的“U”形变化趋势符合工业化时期劳动收入份额变动的一般规律，但仍存在两点问题：

第一，在工业化的相同阶段，中国劳动收入份额偏低。2017 年中国工业化水平综合指数达到 90，劳动收入份额为 49.96%。根据工业化后期劳动收入份额的变动规律，中国劳动收入份额还需提升约 5 个百分点。因此，提高劳动收入份额仍是未来优化收入分配结构、推进共同富裕的重要任务。

第二，在工业化后期，中国劳动收入份额的涨幅较小。中国在 2009 年工业化水平综合指数达到 68 进入工业化后期，到 2017 年工业化水平综合指数达到 90，同阶段劳动收入份额最大涨幅（2010—2017 年）为 4.01 个百分点。根据前文工业化后期劳动收入份额的变动规律，工业化后期劳动收入份额涨幅应在 6 个百分点以上。

总之，通过构建工业化阶段评价指标，总结不同工业化阶段劳动收入份额变动的一般规律，判断中国劳动收入份额变动的合理性，本章发现，中国劳动收入份额的“U”形变化趋势符合工业化时期劳动收入份额变动的一般规律，但存在工业化后期劳动收入份额水平偏低、涨幅较小等问题。这表明继续提高劳动收入份额是当前优化收入分配结构、实现共同富裕目标的重要任务。因此，还需探寻工业化后期劳动收入份额的影响因素。

第二章　所有制结构变动对劳动收入份额的影响

第一章研究发现，现阶段中国劳动收入份额存在水平偏低、涨幅偏小等问题。提高劳动收入份额，需要首先明确导致劳动收入份额偏低的因素。第一章已经初步梳理了影响劳动收入份额的各类因素。本章尝试从所有制的角度考察劳动收入份额的影响因素，为提高劳动收入份额提供经验参考。

一、所有制结构变动影响劳动收入份额

20 世纪 90 年代之后中国劳动收入份额的持续下降趋势引起了社会的广泛关注。学者们纷纷从经济结构、技术进步与投资选择的有偏性、市场扭曲等角度对劳动收入份额下降这一现象进行了大量研究。改革开放以后，中国所有制结构的变迁成为社会主义市场经济发展的重要特征，也被学者纳入中国劳动收入份额变化的分析框架当中。

（一）国有经济比重变动对劳动收入份额的影响存在争议

已有关于国有经济比重变动对劳动收入份额的影响的研究存在争议。部分学者研究发现，国有经济比重与中国劳动收入份额之间存在正向关系，具体影响机制包括：

第一，国有经济自身的高工资或高劳动收入份额导致国有经济比重上升提高了劳动收入份额。白重恩等（2010）认为由于在改革初期国有经济职工的平均工资低于非国有经济，而在2000年之后逐渐高于非国有经济，因此在改革初期，国有经济比重越高则劳动收入份额越低，之后，国有经济比重越高则劳动收入份额越高。实证结果证实了以上分析，1985—1995年国有经济比重下降使劳动收入份额上升，而1996—2003年国有经济比重下降则导致劳动收入份额下降①。其他学者也认为20世纪90年代中期由于国有企业主要集中于上游垄断性部门，加之政府对国企的偏向性②，导致国有企业存在工资溢价现象③。陆正飞等（2012）以1999—2009年我国A股上市企业为样本，考察国有股权性质对职工平均工资的影响，发现国有企业支付了更高的职工工资，这一结论在控制了行政垄断、企业规模和职工教育背景等因素之后依然成立。其中，中央政府控制的国有企业普通职工工资显著高于地方政府控制的国有企业，而地方政府控制的国有企业又显著高于非国有企业。④ 毛章勇和江剑平（2021）研究发现，由于国有企业主要实行按劳分配，其职工收入要高于主要由市场机制决定的职工收入，基于1999—2017年省级面板数据的实证结果表明，国有经济比重每提升1个百分点将导致劳动收入份额提高0.1082个百分点⑤。文强和楚天舒（2019）将国有经济对要素收入分配的影

---

① 白重恩，钱震杰．劳动收入份额决定因素：来自中国省际面板数据的证据［J］．世界经济，2010（12）．

② 邓伟．国有经济、政治均衡与行业间的工资差距［J］．财贸经济，2013（7）．

③ 周兴，王芳．国有部门与非国有部门工资差异的演变与分解——基于非条件分位数回归的分解方法［J］．经济科学，2013（3）．

④ 陆正飞，王雄元，张鹏．国有企业支付了更高的职工工资吗？［J］．经济研究，2012（3）．

⑤ 毛章勇，江剑平．所有制结构、劳动收入份额与居民消费率［J］．湘潭大学学报（哲学社会科学版），2021（2）．

响分为提高工资水平的收入效应和提高劳动生产率的生产率效应，研究发现国有经济可显著提升劳动收入份额。进一步研究发现，国有经济对人均劳动者报酬具有显著正向影响，而对劳动生产率的影响不显著①。

第二，国有企业具有吸纳就业、维护稳定的社会责任②，这些目标会促使劳动收入份额上升③，表现为国有经济比重越高的省份，其产出的分配越向劳动者倾斜④。

第三，国有企业劳动者具有较高的工资议价能力。盛丹和陆毅（2017）基于1999—2007年中国工业企业数据库，考察了国有企业改制对劳动者工资议价能力的影响，进而分析了其对我国劳动收入份额的影响，研究发现国有企业改制降低了劳动力的工资议价能力。其中，在差异化产品、劳动密集型产业和高竞争程度行业，国有企业改制会较大程度地降低劳动者的工资议价能力，而在同质性产品、资本密集型产业和垄断行业，国有企业改制对劳动者工资议价能力的影响不显著⑤。也就是说，国有企业劳动者本身存在较强的工资议价能力，改制后劳动者工资议价能力显著下降。

第四，国有企业劳动生产率较低。劳动收入份额可分解为工资与劳动生产率之比。周海明等（2010）认为国有企业平均工资比民营企业和外资企业低，但由于其生产效率较低，因此其劳动收入份额最高⑥。翁杰和周礼（2010）认为，国有企业相比其他类型的企业雇用了更多的劳动者，其就业量往往保持在较高水平，表现为劳动生产率较低。因此在国有企业的收入分配中，工资始终有侵蚀利润的现象，导致国有企业劳动收入份额高于其他类型

① 文强，楚天舒．国有经济对要素收入分配的影响——“收入效应”还是“生产率效应”？［J］．中国经济问题，2019（5）．

② BAI C E，LU J，TAO Z．The Multitask Theory of State Enterprise Reform：Empirical Evidence from China［J］．The American Economic Review，2006，96（2）：353-357．

③ 罗长远，张军．劳动收入占比下降的经济学解释——基于中国省级面板数据的分析［J］．管理世界，2009（5）．

④ 钱晓烨，迟巍．国民收入初次分配中劳动收入份额的地区差异［J］．经济学动态，2011（5）．

⑤ 盛丹，陆毅．国有企业改制降低了劳动者的工资议价能力吗？［J］．金融研究，2017（1）．

⑥ 周明海，肖文，姚先国．企业异质性、所有制结构与劳动收入份额［J］．管理世界，2010（10）．

企业①。

其他学者的相关研究则发现，国有经济比重提高不利于中国劳动收入份额提升，具体影响机制包括：

第一，国有企业资本密集度较高。李稻葵等（2009）利用 2000—2004 年的调查问卷数据发现国有企业更多地代表了资本密集行业，其劳动收入份额水平较低，因此国有企业盈利能力的提高导致国有企业比重上升，降低了 GDP 中的劳动者报酬比重，非国有企业劳动收入份额较国有企业略高②。苏梽芳等（2021）认为，国有企业资本密集程度较高，压低了劳动收入份额。相比国有企业，非国有企业轻资产、重劳动，劳动收入份额较高③。邵敏和黄玖立（2010）的相关研究也得出相似结论④。

第二，国有企业的技术进步存在资本偏向，压低了劳动收入份额。陈宇峰等（2013）指出中国劳动收入份额长期低位变动的主要原因是占有大量资源的国有企业选择了资本偏向型技术，并且在二元经济结构的转型背景下，“逆资源禀赋”的技术偏向降低了经济增长的就业吸纳能力，使劳动力工资长期处于低增长状态，进一步恶化了劳动收入份额状况⑤。

（二）民营经济对劳动收入份额的影响存在争议

关于民营经济对劳动收入份额的影响的研究同样存在争议。部分学者认为国有企业改制以及民营经济的发展降低了中国劳动收入份额：首先，随着国有企业的民营化，企业对劳动报酬的支付会反映市场的供求关系，“工资侵

① 翁杰，周礼．中国工业部门劳动收入份额的变动研究：1997～2008 年［J］．中国人口科学，2010（4）．

② 李稻葵，刘霖林，王红领．GDP 中劳动份额演变的 U 型规律［J］．经济研究，2009（1）．

③ 苏梽芳，陈昌楠，蓝嘉俊．“营改增”与劳动收入份额：来自中国上市公司的证据［J］．财贸经济，2021（1）．

④ 邵敏，黄玖立．外资与我国劳动收入份额——基于工业行业的经验研究［J］．经济学（季刊），2010（3）．

⑤ 陈宇峰，贵斌威，陈启清．技术偏向与中国劳动收入份额的再考察［J］．经济研究，2013（6）．

蚀利润”的状况得到扭转①。其次，国有企业改革的推进，资本所有者对企业盈利分配的谈判能力上升，导致了劳动收入份额下降②。再次，国有企业改制后，大量富余员工进入劳动力市场，与农村的剩余劳动力一起，导致劳动力供给增加，对工资产生向下的压力③。最后，相较于工资，国有企业改制更有利于提高企业效率，导致劳动收入份额下降。林令涛等（2019）基于1999—2007年中国工业企业数据库，考察国有企业改制对劳动收入份额的影响，研究发现国有企业改制提高了企业效率和工资水平，但工资调整相对滞后，从而造成了国有企业改制导致劳动收入份额下降的现象④。罗楚亮和倪青山（2015）⑤、余玲铮等（2019）⑥ 的研究得出相似结论。

但其他学者的研究却发现，由于企业薪酬机制的完善和劳动者保护政策的强制推行，1985年之后民营企业劳动者收入分享比例并未明显下滑，反而出现逐代上升迹象⑦。因此，民营经济发展能否导致劳动收入份额下降还需深入讨论。

（三）引入外资对劳动收入份额的影响存在争议

针对外资如何影响劳动收入份额，已有研究同样存在争议。

第一，部分学者认为引入外资对劳动收入份额存在非线性影响。外资涌入初期会吸纳大量农村剩余劳动力就业，有利于提高劳动收入份额；其后技

---

① 罗长远，张军．劳动收入占比下降的经济学解释——基于中国省级面板数据的分析［J］．管理世界，2009（5）．

② 李稻葵，刘霖林，王红领．GDP中劳动份额演变的U型规律［J］．经济研究，2009（1）．

③ 陆铭，蒋士卿．重构“铁三角”：中国的劳动力市场改革、收入分配和经济增长［J］．管理世界，2007（6）．

④ 林令涛，刘海洋，逯宇铎．国有企业改制与劳动收入份额变动之谜——基于企业效率和工资水平不平衡增长的视角［J］．财经研究，2019（8）．

⑤ 罗楚亮，倪青山．资本深化与劳动收入比重——基于工业企业数据的经验研究［J］．经济学动态，2015（8）．

⑥ 余玲铮，魏下海，吴春秀．机器人对劳动收入份额的影响研究——来自企业调查的微观证据［J］．中国人口科学，2019（4）．

⑦ 魏下海，董志强．中国企业劳动收入份额变动分解：代际效应与年龄效应［J］．财经研究，2013（1）．

术效应逐渐超越就业效应和工资竞争效应，使收入分配越来越偏离劳动要素，因此 FDI 对劳动收入份额的影响呈现倒“U”形①。

国外相关研究则认为引入外资会通过两种途径影响发展中国家的劳动收入份额水平：一是通过提高市场垄断力量和引入先进生产技术压低劳动收入份额；二是通过增加企业在劳动力市场上的竞争提高劳动者的谈判能力，提高了劳动收入份额。实证研究则发现外资与劳动收入份额之间存在“U”形关系，引入外资短期内会降低劳动收入份额，但是随着外商直接投资（FDI）的不断累积，劳动收入份额将会提升②。

第二，部分学者认为引入外资降低了中国劳动收入份额。首先，外资经济提高了资本密集度，不利于劳动收入份额的上升。白重恩等（2010）认为外资通常进入资本密集型产业，同时会刺激内资企业增加资本密集程度。外资经济较多的地区，平均的资本密集程度较高，劳动收入份额较低。实证研究也发现在 1996—2003 年 FDI 的引入显著降低了劳动收入份额③。钱晓烨和迟巍（2011）基于 1997—2007 年数据的实证研究也发现外资对劳动收入份额存在负向影响，但这一影响呈逐年减弱趋势④。李平和郭娟娟（2017）认为，外商直接投资存在资本偏向型技术进步效应，原因在于：其一，为实现技术赶超，中国通过招商引资等方式，大量引进发达国家先进技术和设备，借鉴发达国家技术进步方向，呈现资本偏向型特征；其二，外商直接投资的流入可以通过弥补储蓄和刺激出口来促进国内资本增长，为东道国经济增长提供资本要素供给，资本积累效应不断加强，引致技术进步偏向资本。外商直接投资的资本偏向型技术进步效应使得外商直接投资不利于提高劳动收入份额。基于 1998—2013 年省级面板数据的实证结果表明，外商直接投资对劳动收入

① 郭玉清，姜磊. FDI 对劳动收入份额的影响：理论与中国的实证研究［J］. 经济评论，2012（5）.

② DECREUSE B，MAAREK P. FDI and the Labor Share in Developing Countries：A Theory and Some Evidence［J］. mpra. ub. uni-muenchen. de，2008.

③ 白重恩，钱震杰. 劳动收入份额决定因素：来自中国省际面板数据的证据［J］. 世界经济，2010（12）.

④ 钱晓烨，迟巍. 国民收入初次分配中劳动收入份额的地区差异［J］. 经济学动态，2011（5）.

份额具有负向效应，而外商直接投资带来的资本偏向型技术进步是导致劳动收入份额下降的重要因素①。此外，唐东波（2011）认为地区之间为引入外资进行竞争，导致劳资议价向有利于资本的方向扭转，使得外资发展不利于提高劳动收入份额②。其次，外资企业的进入引发负的工资溢出效应，虽然外资企业支付的平均工资高于内资企业，但是由于技能劳动力或其他人才向外资企业流动，内资企业的平均工资水平下降，导致整体劳动收入份额下降③。最后，外资企业支付更高的工资，但由于其劳动生产率更高，自身劳动收入份额较低，从而降低了劳动收入份额④。戴小勇和成力为（2014）认为，受异质性企业"自选择效应"的影响，即生产率水平越高的企业越倾向于对外投资，外商直接投资企业拥有更高的生产率水平，生产率提高带来的超额收益被利润侵占，导致劳动收入份额下降。基于1999—2007年的中国工业企业数据库的实证研究发现，外商直接投资使劳动收入份额下降4.8个百分点，使劳动收入份额增长率下降5.4个百分点⑤。王舒鸿（2012）⑥的相关研究也得出相似结论。

第三，部分学者认为不同类型的外商直接投资对劳动收入份额存在异质性影响。王雄元和黄玉菁（2017）分别考察了水平型外商直接投资和垂直型外商直接投资对上市公司职工劳动收入份额的影响。水平型外商直接投资通过接近消费者群体以拓展新市场来提升收入，而垂直型外商直接投资以充分利用劳动要素价格差异来降低成本。水平型外资企业更倾向于采取高薪吸引高素质、高技能人才，实现职工薪酬激励效应，提高市场竞争力，此时外商直接投资会提升劳动收入份额。而垂直型外资企业更倾向于吸收廉价的低素

① 李平，郭娟娟. 外商直接投资、资本偏向型技术进步与劳动收入份额［J］. 中国科技论坛，2017（6）.

② 唐东波. 全球化与劳动收入占比：基于劳资议价能力的分析［J］. 管理世界，2011（8）.

③ 邵敏，黄玖立. 外资与我国劳动收入份额——基于工业行业的经验研究［J］. 经济学（季刊），2010（3）.

④ 周明海，肖文，姚先国. 企业异质性、所有制结构与劳动收入份额［J］. 管理世界，2010（10）.

⑤ 戴小勇，成力为. 出口与FDI对中国劳动收入份额下降的影响［J］. 世界经济研究，2014（8）.

⑥ 王舒鸿. FDI、劳动异质性与我国劳动收入份额［J］. 财经研究，2012（4）.

质低技能劳动力，不存在激励动机甚至会将工资降至平均水平以下，压榨劳动者利益，此时外商直接投资不会提升劳动收入份额。基于2007—2014年中国沪深两市A股上市公司数据的实证研究发现，整体上外商直接投资增加了职工劳动收入份额，且存在正向溢出效应，其中水平型外商直接投资对劳动收入份额具有促进作用，而垂直型外商直接投资对劳动收入份额的促进作用消失①。

二、所有制结构变动与劳动收入份额

本节通过修正省级劳动收入份额指标，尝试从所有制的角度找出劳动收入份额的影响因素。国家统计局网站公布的省级收入法核算地区生产总值数据，将地区生产总值分为劳动者报酬、固定资产折旧、营业盈余和生产税净额4个部分。本节将加总的劳动者报酬在地区生产总值中的比重作为劳动收入份额的衡量指标。在讨论所有制结构与劳动收入份额变动趋势之前，需要先对2004—2007年的收入法计算结果进行调整。2004年进行收入法地区生产总值核算时，由于统计口径的变化，2003—2004年中国劳动收入份额大幅下降。2004年统计口径的变化包括：①个体经济业主收入从劳动收入变为营业盈余；②对国有农场与集体农场不再计营业盈余。前者将劳动收入记为营业盈余，导致劳动者报酬的统计结果下降而营业盈余的统计结果上升；后者导致营业盈余的统计结果下降。白重恩等（2009）研究发现，两种统计方法的变化导致中国劳动收入份额在2004年降低了6.3个百分点，其中农业营业盈余的调整导致劳动收入份额被高估了0.8个百分点②。同样的统计口径也会导致之后几年的劳动收入份额被低估，因此需要进行调整③。

① 王雄元，黄玉菁．外商直接投资与上市公司职工劳动收入份额：趁火打劫抑或锦上添花[J]．中国工业经济，2017（4）．

② 白重恩，钱震杰．国民收入的要素分配：统计数据背后的故事[J]．经济研究，2009（3）．

③ 李怡乐，孟捷．中国劳动力商品化程度的变动及其对劳动者报酬的影响[J]．经济学家，2014（12）．

白重恩等（2009）采用第一次经济普查中个体经济的数据，将2004年个体经济的营业盈余从总体营业盈余中剔除，加回到劳动报酬，将国有农场或集体农场的营业盈余从劳动报酬中剔除，加回到营业盈余当中，从而得到调整后的劳动收入份额①。本节采取相同的方法调整2004年之后的劳动收入份额数据。首先，由于2005—2007年个体经济经营情况数据不可得，本节假设2005—2007年个体经济营业盈余按其就业人员增长率增长，基数为2004年的营业盈余，以此估计个体经济2005—2007年的产值。其次，考虑国有农场与集体农场的影响较小，2004年国有农场和集体农场营业盈余统计口径变化对劳动收入份额的影响为0.8个百分点，因此本节假定国有农场和集体农场营业盈余统计口径变化的影响在其余年份与2004年相同。由于调整只在劳动报酬和营业盈余中间进行，生产税净额没有进行修正。全国的调整数据如表2-1所示。

表2-1　2004—2007年劳动收入份额调整结果　（%）

年份	2004		2005		2006		2007	
类别	报告值	调整值	报告值	调整值	报告值	调整值	报告值	调整值
劳动收入份额	42.99	48.29	43.56	48.24	43.17	47.27	42.86	46.45
资本收入份额	42.71	37.40	42.39	37.72	42.61	38.51	42.38	38.79

资料来源：历年《中国统计年鉴》《中国经济普查年鉴2004》。收入法核算地区生产总值与个体经济就业人数数据来自国家统计局网站。

从表2-1中可以看出，2004—2007年由于统计口径的变化，中国劳动收入份额平均被低估了4.42个百分点。其中2004年被低估了5.3个百分点，2005年被低估了4.68个百分点，2006年被低估了4.1个百分点，2007年被低估了3.59个百分点。调整之后劳动收入份额的变化更加平稳，1998—2013年所有制结构与劳动收入份额变化趋势如图2-1所示。

① 白重恩，钱震杰．国民收入的要素分配：统计数据背后的故事［J］．经济研究，2009（3）．

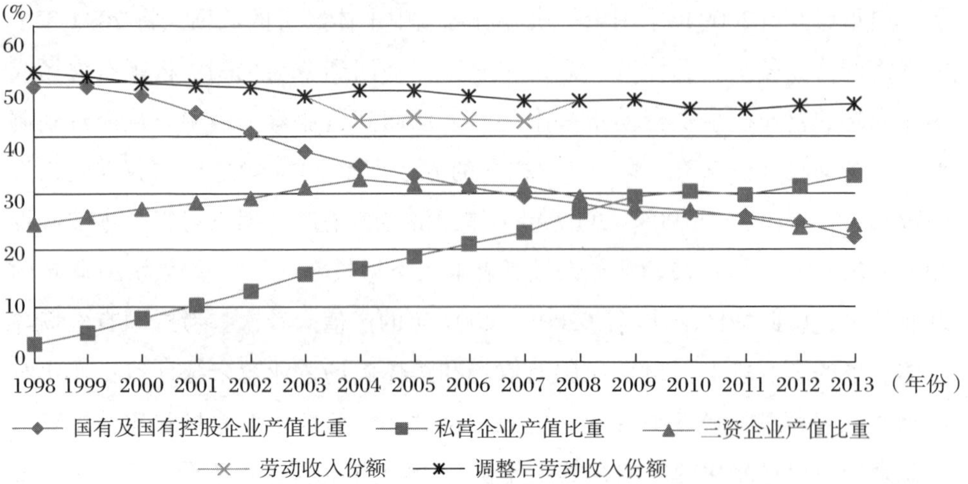

图 2-1　1998—2013 年所有制结构与劳动收入份额变化趋势

注：各所有制企业数据来自历年《中国统计年鉴》以及各省统计年鉴。其中国有及国有控股企业产值比重、私营企业产值比重、三资企业产值比重分别用规模以上国有及国有控股企业、私营企业与外资企业的工业产值在工业增加值中的比重表示。个别省份个别年份产值数据缺失，因此用当年销售产值代替。

从图 2-1 中可以看出，在早期中国劳动收入份额持续下降的同时，中国规模以上工业企业中，国有及国有控股企业产值比重显著下降；私营企业产值比重仅在 2011 年出现少许下降，其他时期稳步上升，在 2009 年超过国有及国有控股企业和三资企业产值比重，2013 年达到 33. 28%；三资企业产值比重则经历先上升后下降的过程，最高为 2004 年的 32. 62%，之后下降幅度与国有及国有控股企业类似，至 2013 年比重为 24. 55%，稍高于国有及国有控股企业产值比重。由图 2-1 可以初步判断，国有及国有控股企业比重与劳动收入份额变化趋势基本一致，表明国有经济发展与劳动收入份额之间存在正相关关系；三资企业产值比重呈现倒“U”形变化趋势，表明外资与劳动收入份额之间可能存在非线性关系；私营企业产值比重与劳动收入份额变化趋势相反，表明民营经济发展与劳动收入份额之间存在负相关关系。伴随着中国所有制结构中私营经济或民营经济的比重逐年提升，劳动收入份额持续下降。那么，民营经济发展是不是中国劳动收入份额下降的原因？回答这一问题还需要进行实证检验。

三、所有制结构影响劳动收入份额的实证检验

（一）基准回归结果

本节将各不同所有制企业的产值比重作为衡量所有制结构的指标，引入规模以上工业企业中国有及国有控股企业产值比重 *state* 衡量国有经济发展水平、私营企业产值比重 *private* 衡量民营经济发展水平、三资企业产值比重 *forpro* 衡量外资发展水平。根据图 2-1，预计国有及国有控股企业产值比重 *state* 与劳动收入份额之间呈正相关关系，即国有经济发展水平越高，劳动收入份额也越高；私营企业产值比重 *private* 与劳动收入份额之间呈负相关关系，即民营经济发展水平越高，劳动收入份额越低，民营经济发展显著降低了我国劳动收入份额；三资企业产值比重 *forpro* 系数不确定。所有制结构变量数据来自《中国工业统计年鉴》。实证模型中的控制变量包括：

1. 城镇化水平

邵敏等（2010）认为如果城镇化道路与工业化道路一致，正规就业水平就会不断提高，而中国的城镇化基本符合这一道路①。因此预计在控制其他变量以后，城镇化水平与劳动收入份额呈正相关关系，其系数为正。本节引入各省城镇人口在总常住人口中的比重作为衡量城镇化水平的指标，变量为 *city*。数据来自历年《中国人口和就业统计年鉴》《中国统计年鉴》《新中国六十年统计资料汇编》以及各省统计年鉴，个别年份数据缺失时用相邻年份的平均值衡量。

2. 工业化与产业升级

一些学者认为，中国农业劳动收入份额在所有产业中最高，其次是服务

---

① 邵敏，黄玖立．外资与我国劳动收入份额——基于工业行业的经验研究［J］．经济学（季刊），2010（3）．

业，而工业的劳动收入份额最低，因此第二产业比重上升会降低中国劳动收入份额①。多数学者都是采用不同产业在 GDP 中的比重作为衡量产业结构的指标，本节也运用这一方法，利用第二产业比重衡量中国产业结构变动，变量为 *secondary*，数据来自国家统计局网站。考虑多数学者均认为中国第二产业劳动收入份额最低，即第二产业比重越高，中国劳动收入份额会越低，因此预期第二产业比重系数显著为负。

3. 政府支出水平

许多学者认为政府支出，如基础设施投入政策等，有助于刺激就业，深化人力资本，从而提高雇员报酬在国民经济中的比重，提升劳动收入份额。国内的相关研究也证实了这一点②。其他学者则认为政府对公共物品与公共资源的投入会促进私人资本投资，从而提高资本收入份额。中国政府支出的资本偏向虽然有利于扩张产出规模，却也提高了资本的回报份额，从而导致劳动收入份额下降③。董万好等（2011）认为财政支出持续增加将给劳动报酬带来负面影响，主要表现为行政管理部门劳动收入份额持续上升而其他产业部门劳动收入份额下降④。总之，政府财政支出是影响劳动收入份额的重要因素。本节采取政府财政支出占地区生产总值的比重作为控制变量，用 *govexp* 表示，数据来自国家统计局网站。由于考察政府支出的影响路径不同，学者对政府财政支出如何影响劳动收入份额存在争议，因此政府财政支出的影响不确定。

4. 生产技术水平

学者通常运用资本与劳动的要素替代弹性 σ 作为衡量生产技术对要素收

---

① 白重恩，钱震杰．劳动收入份额决定因素：来自中国省际面板数据的证据［J］．世界经济，2010（12）．

② 罗长远，张军．劳动收入占比下降的经济学解释——基于中国省级面板数据的分析［J］．管理世界，2009（5）．

③ 方文全．中国劳动收入份额决定因素的实证研究：结构调整抑或财政效应？［J］．金融研究，2011（2）．

④ 董万好，刘兰娟，王军．调整财政民生支出和行政管理支出对劳动报酬的影响——基于 CGE 模型的收入再分配研究［J］．财经研究，2011（9）．

入份额在要素密集程度方面的影响：当 $\sigma<1$ 时，劳动收入份额会随着工资的增长而上升；当 $\sigma>1$ 时，尽管工资上涨，劳动收入份额也会因为资本替代劳动而下降；而当 $\sigma=1$ 时，工资上涨对劳动收入份额没有影响。多数学者的研究结果都认为中国资本与劳动要素的替代弹性小于 1。罗长远等（2009）认为由于资本产出比与劳动收入份额显著正相关，资本深化有助于提升中国劳动收入份额①。而邵敏等（2010）研究发现，中国工业行业资本劳动替代弹性小于 1②，因此劳动收入份额会随着工资的上涨而上涨。本节采用 ln（K/L）作为衡量资本密集度的指标，K/Y 作为资本回报的指标，其中 K 为各省国有及规模以上非国有工业企业固定资产净值，L 为从业人员年平均数，Y 为国有及规模以上非国有工业企业总产值，数据来自历年《中国工业经济统计年鉴》、《中国统计年鉴》、各省统计年鉴。已有研究发现中国资本劳动要素替代率小于 1，因此预期 ln（K/L）的系数为负，而 K/Y 的系数为正。

5. 对外贸易水平

关于对外贸易对劳动收入份额的影响存在一定的争议。唐东波等（2011）认为进出口显著提高了中国劳动收入份额③。邵敏（2011）从企业异质性的角度则发现中国工业企业的出口活动显著降低了职工的收入水平，其中资本密集型企业和资源密集型企业尤甚④。张杰等（2012）认为出口显著抑制了中国制造业劳动收入份额增长，这一影响主要体现在民营企业和港澳台企业中⑤。赵秋云等（2012）也认为国际贸易对劳动收入份额具有显著的负面影

---

① 罗长远，张军．劳动收入占比下降的经济学解释——基于中国省级面板数据的分析［J］．管理世界，2009（5）．

② 邵敏，黄玖立．外资与我国劳动收入份额——基于工业行业的经验研究［J］．经济学（季刊），2010（3）．

③ 唐东波，王洁华．贸易扩张、危机与劳动收入份额下降——基于中国工业行业的实证研究［J］．金融研究，2011（9）．

④ 邵敏．我国企业出口对员工收入的影响——基于企业异质性视角的经验研究［J］．中国工业经济，2011（9）．

⑤ 张杰，陈志远，周晓艳．出口对劳动收入份额抑制效应研究——基于微观视角的经验证据［J］．数量经济技术经济研究，2012（7）．

响①。跨国数据也显示国际贸易通过促使技术进步偏向资本，显著提高资本相对收入份额②。但包群等（2011）则未发现制造业企业出口对职工收入的显著影响③。本节采用进出口贸易总额在地区生产总值中的比重 *imexpt* 衡量对外贸易程度，数据来自《新中国六十年统计资料汇编》以及各省统计年鉴。由于研究的产业和角度不同，学者对此变量的影响也存在争议，因此对外贸易的系数不确定。

主要变量的基本统计信息见表 2-2。

表 2-2　主要变量的基本统计信息

变量	含义	样本数	均值	标准差	最小值	最大值
LS	劳动收入份额	496	0. 4922	0. 0699	0. 3240	0. 7035
state	国有及国有控股企业产值比重	493	0. 4961	0. 2105	0. 1073	0. 8988
private	民营企业产值比重	472	0. 1696	0. 1197	0. 0055	0. 4779
forpro	三资企业产值比重	494	0. 1901	0. 1715	0. 0017	0. 6581
city	城镇化水平	496	0. 4500	0. 1576	0. 1860	0. 9009
secondary	第二产业比重	496	0. 4506	0. 0837	0. 1974	0. 5905
govexp	政府财政支出占地区生产总值比重	496	0. 1953	0. 1516	0. 0568	1. 2914
ln（*K/L*）	资本劳动比的对数值	496	5. 2686	0. 2650	4. 7714	6. 1480
K/Y	资本产出比	496	0. 6639	0. 4884	0. 1913	3. 2252
imexpt	进出口总额占地区生产总值比重	496	0. 0242	0. 0341	0. 0001	0. 1799

根据上文的变量分析，本节采用的实证模型为：

$$LS_{it}=\alpha_0+\alpha_1\cdot state_{it}+\alpha_2\cdot private_{it}+\alpha_3\cdot city_{it}+\alpha_4\cdot secondary_{it}+\alpha_5\cdot govexp_{it}+\alpha_6\cdot \ln(K/L)_{it}+\alpha_7\cdot imexpt_{it}+\alpha_8\cdot forpro_{it}+\alpha_9\cdot K/Y_{it}+\varepsilon_{it} \tag{2-1}$$

① 赵秋运，魏下海，张建武. 国际贸易、工资刚性和劳动收入份额［J］. 南开经济研究，2012（4）.

② 张莉，李捷瑜，徐现祥. 国际贸易、偏向型技术进步与要素收入分配［J］. 经济学（季刊），2012（1）.

③ 包群，邵敏，侯维忠. 出口改善了员工收入吗？［J］. 经济研究，2011（9）.

其中，i 表示省份，t 表示年份。本节采用固定效应模型对上述模型进行估计，数据为 1998—2013 年中国省级面板数据。

表 2-3 报告了式（2-1）的回归结果。第（1）列分别控制了国有及国有控股企业产值比重、民营企业产值比重、城镇化水平，结果显示：国有及国有控股企业产值比重系数为正，通过了 1%显著性水平的统计检验，表明国有经济发展水平每提升 1 个百分点，劳动收入份额提升 0.163 个百分点。民营企业产值比重系数为负，通过了 5%显著性水平的统计检验，表明民营经济发展水平每提升 1 个百分点，劳动收入份额下降 0.125 个百分点。第（2）列至第（7）列依次加入其他控制变量，结果显示：第一，国有及国有控股企业产值比重系数显著为正，表明国有经济比重与劳动收入份额之间存在显著的正向关系，其显著性不随其他变量的加入而改变，具有一定的稳健性。国有企业内部劳动收入份额较高，自身比重上升提高了中国整体劳动收入份额，这一影响超过了国有企业自身资本密集度上升和技术的资本偏向的影响。以表 2-3 第（7）列回归结果为例，国有及国有控股企业产值比重系数为正，通过了 5%显著性水平的统计检验，表明国有经济发展水平每提升 1 个百分点，劳动收入份额上升 0.093 个百分点。第二，民营经济系数显著为负，表明民营经济产值比重与劳动收入份额之间存在显著的负向关系。伴随着民营化的进程，更多原国有企业职工进入劳动力市场，工资侵蚀利润的现象得到缓解，导致民营经济的发展不利于中国劳动收入份额的提高。民营经济自身劳动收入份额较低，其比重上升不利于提高整体劳动收入份额。表 2-3 第（7）列回归结果显示，民营企业产值比重系数为负，通过了 10%显著性水平的统计检验，表明民营经济发展水平每提升 1 个百分点，劳动收入份额下降 0.102 个百分点。第三，外资企业的比重变化对中国劳动收入份额并无显著影响，考虑到引入外资可能带来的非线性影响，本章将在后文稳健性检验部分进一步分析外资企业产值比重的影响是否存在非线性。

表 2-3 所有制结构影响劳动收入份额的实证分析结果

变量	(1)	(2)	(3)	(4)	(5)	(6)	(7)
state	0. 163 *** (0. 0308)	0. 102 *** (0. 0321)	0. 109 *** (0. 0336)	0. 0867 ** (0. 0347)	0. 0773 ** (0. 0349)	0. 0886 ** (0. 0379)	0. 0930 ** (0. 0387)
private	-0. 125 ** (0. 0504)	-0. 103 ** (0. 0492)	-0. 0979 ** (0. 0497)	-0. 103 ** (0. 0495)	-0. 114 ** (0. 0496)	-0. 102 ** (0. 0519)	-0. 102 * (0. 0520)
city	0. 166 *** (0. 0580)	0. 174 *** (0. 0563)	0. 164 *** (0. 0577)	0. 247 *** (0. 0670)	0. 258 *** (0. 0670)	0. 254 *** (0. 0673)	0. 248 *** (0. 0680)
secondary		-0. 315 *** (0. 0599)	-0. 320 *** (0. 0603)	-0. 313 *** (0. 0600)	-0. 297 *** (0. 0605)	-0. 291 *** (0. 0610)	-0. 304 *** (0. 0649)
govexp			0. 0304 (0. 0382)	0. 0894 ** (0. 0453)	0. 0885 * (0. 0452)	0. 0866 * (0. 0453)	0. 0829 * (0. 0457)
ln (*K/L*)				-0. 0518 ** (0. 0217)	-0. 0589 *** (0. 0219)	-0. 0586 *** (0. 0220)	-0. 0603 *** (0. 0222)
imexpt					-0. 207 * (0. 108)	-0. 223 ** (0. 110)	-0. 227 ** (0. 111)
forpro						0. 0399 (0. 0521)	0. 0390 (0. 0521)
K/Y							-0. 0082 (0. 0137)
cons	0. 356 *** (0. 0302)	0. 522 *** (0. 0430)	0. 518 *** (0. 0433)	0. 751 *** (0. 107)	0. 788 *** (0. 108)	0. 771 *** (0. 110)	0. 793 *** (0. 116)
N	471	471	471	471	471	471	471
R^2	0. 243	0. 288	0. 289	0. 298	0. 304	0. 305	0. 306

注：括号内数值为标准误，***、**、* 分别表示回归系数在 1%、5%、10%水平上显著。下文同。

其他控制变量方面，城镇化显著提高了劳动收入份额，说明中国正规就业水平不断提高，验证了邵敏等（2010）的观点，中国城镇化道路与工业化道路基本一致；第二产业比重提升则显著降低了中国劳动收入份额，验证了之前学者关于中国第二产业内部劳动收入份额最低的理论；政府支出显著提高了中国劳动收入份额，说明中国地方政府的财政支出不仅有利于提高就业，还能增加人力资本，从而提高了中国劳动者收入；对外贸易的增长抑制了中国劳动收入份额的增长，与赵秋运等（2012）的结论一致；ln（K/L）的系数显著为负，资本产出比 K/Y 的系数为负但不显著，说明资本深化不利于提高劳动收入份额。

（二）稳健性检验

为进一步检验所有制结构影响劳动收入份额的稳健性，本节从两个角度进行稳健性检验。第一，替换解释变量。中国外商直接投资自 2005 年之后出现了大规模的结构性转移，从传统的工业部门转移至房地产等第三产业部门，工业领域的外商直接投资比重大规模下降，房地产行业外商直接投资比重大幅上升，具体如图 2-2 所示。

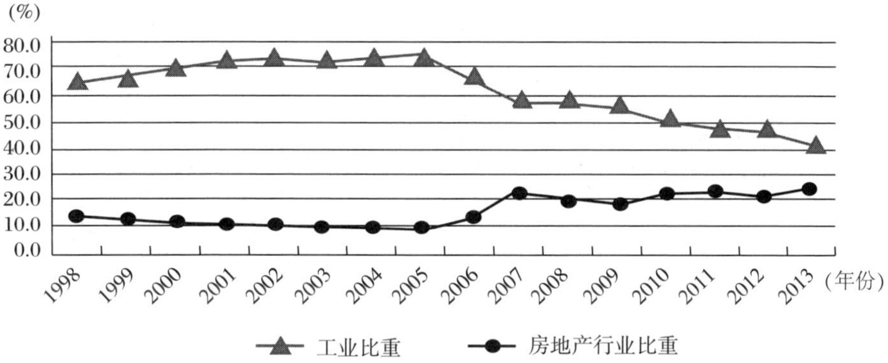

图 2-2　外商直接投资结构变化

资料来源：《中国统计年鉴》。

由图 2-2 可知，2005 年之后外商直接投资大量从工业部门转移至房地产等部门，因此规模以上工业企业中外资企业的工业产值比重无法准确衡量外资经济的变化情况。本节采用 FDI 占地区生产总值的比重作为衡量外资经济比重的控制变量。

第二，考虑到外商直接投资对劳动收入份额可能存在的非线性影响，本文同时引入 FDI 的平方项作为基准回归的稳健性检验部分。稳健性检验结果如表 2-4 所示。

表 2-4 稳健性检验结果

变量	(1)	(2)
state	0.0679*** (0.0357)	0.0850** (0.0360)
private	-0.137** (0.0497)	-0.155** (0.0498)
city	0.310*** (0.0693)	0.372*** (0.0726)
secondary	-0.351*** (0.0648)	-0.326*** (0.0650)
govexp	0.0888* (0.0452)	0.0859* (0.0449)
ln（*K/L*）	-0.0628*** (0.0219)	-0.0720*** (0.0220)
imexpt	-0.233** (0.108)	-0.209* (0.107)
FDI	4.688*** (1.449)	-1.622 (2.760)
FDI^2		631.8*** (235.8)
K/Y	-0.0101 (0.0136)	-0.0128 (0.0135)
cons	0.812*** (0.113)	0.826*** (0.112)
N	471	471
R^2	0.321	0.332

从表 2-4 中可以看出，使用 FDI 在地区生产总值中的比重替代工业部门外资企业产值比重作为衡量外资经济的变量，同时控制 FDI 的平方项后，国有经济发展水平、民营经济发展水平对劳动收入份额的回归结果没有显著改变。具体而言，国有经济发展水平每提升 1 个百分点，劳动收入份额上升 0.085 个百分点，该结果通过了 5%显著性水平的统计检验；民营经济发展水

平每提升 1 个百分点，劳动收入份额下降 0.155 个百分点，该结果通过了 5%显著性水平的统计检验。该结论与基准回归结果一致。此外，表 2-4 结果显示，外资经济的引入显著影响了中国劳动收入份额。FDI 的二次方项系数显著为正，证明中国引入的 FDI 与劳动收入份额之间存在“U”形关系，其转折点为 FDI 占地区生产总值的比重达到 0.0013 左右时。要发挥 FDI 提高劳动收入份额的积极作用，需要将 FDI 占地区生产总值的比重提高到这一水平以上。

从本节基准回归结果和稳健性检验结果可以看出，我国所有制结构变动对劳动收入份额存在显著影响。具体而言，第一，国有经济与劳动收入份额之间存在显著的正相关关系，表明平均而言国有经济劳动收入份额较高，使得国有经济比重越高，劳动收入份额越高；第二，民营经济与劳动收入份额之间存在显著的负相关关系，表明平均而言民营经济劳动收入份额偏低，使得民营经济比重越高，劳动收入份额越低；第三，外资经济与劳动收入份额之间存在非线性关系，初期与劳动收入份额之间存在负相关关系，后期与劳动收入份额之间存在正相关关系，表明现阶段引入外资有利于提高劳动收入份额。从所有制结构的角度看，民营经济发展是劳动收入份额水平偏低、涨幅偏小的原因。那么，该结论是否表明为了提高劳动收入份额，我们需要降低民营经济比重，提高国有经济和外资的比重呢？我国社会主义初级阶段的基本国情，决定了我国必须实施以公有制为主体、多种所有制经济共同发展的基本经济制度。其中，鼓励、支持和引导民营经济发展是社会主义初级阶段基本经济制度的重要部分。也就是说，一方面，我国的基本国情决定了必须鼓励、支持和引导民营经济发展；另一方面，实现共同富裕的目标要求我们必须提高劳动报酬在初次分配中的比重。这是否意味着我国存在发展民营经济与提高劳动收入份额之间的矛盾？如果存在这一矛盾，应该如何化解？这就需要系统梳理我国发展民营经济与提高劳动收入份额的矛盾，并提出矛盾的化解路径。

第三章 发展民营经济与提高劳动收入份额的矛盾与化解路径

综合前两章的研究结论，可以发现，一方面，提高劳动收入份额仍是我国现阶段实现共同富裕目标的重要任务；另一方面，发展民营经济不利于提高我国劳动收入份额。但是，鼓励、支持、引导民营经济发展是我国基本经济制度的基本要求，因此协调好发展民营经济与提高劳动收入份额之间的关系，就成为必须解决的重大问题。

本章通过系统梳理改革开放以来，我国民营经济的发展历程与制度演进，分析我国民营经济的战略地位，总结我国发展民营经济与提高劳动收入份额之间的矛盾，提出在发展民营经济的同时提高劳动收入份额的理论分析框架。发展民营经济是我国基本经济制度的战略要求，而提高劳动收入份额是实现共同富裕目标的重要要求。已有研究发现，民营经济在执行最低工资制度、劳动法律制度、工会组织制度时存在不足，是发展民营经济不利于提高劳动收入份额的重要原因。因此，加强民营经济对最低工资制度、劳动法律制度的执行力度，完善民营经济工会职能，是化解发展民营经济与提高劳动收入份额矛盾的路径。

利用 CES 生产函数的分析发现，无论是实施最低工资制度和劳动法律制度，还是设立工会，都会通过两种机制影响民营经济劳动收入份额：一是直接提高民营经济工资水平的收入效应；二是通过提高企业用工成本，引致企业以资本替代劳动，提高企业资本劳动比，产生影响劳动收入份额的替代效应。收入效应和替代效应两者的相对大小决定了最低工资制度、劳动法律制度和工会对劳动收入份额的总效应。

一、发展民营经济是我国基本经济制度的战略要求

改革开放 40 多年来，民营经济用不到 40%的社会资源贡献了 50%以上的税收，带来了 60%以上的国内生产总值、固定资产投资以及对外直接投资，组建了 70%以上的高新技术企业，解决了 80%以上的城镇就业，吸纳了 90%以上的新增就业①。然而，民营经济的发展并非一帆风顺，而是经历了从坚决取缔到逐步放松的过程。具体而言，我国民营经济的发展可大致分为两个阶段。

（一）1978—2011 年：改革开放时期的民营经济

改革开放前的一段时期，我国在意识形态和经济实践中，采取了消除民营经济的经济发展措施，导致到 1977 年底，民营经济中私营经济近乎消亡，个体经济极其微弱②，全国城镇个体劳动者数量从 1953 年的 898 万人减至 1977 年的 15 万人③。1978 年，党的十一届三中全会作出将全党工作重心向社会主义现代化建设转移的决定，明确提出“一定范围的劳动者个体经济是必要补充”“决不允许把它们当作资本主义经济来批判和取缔”等论断，由此开启了民营经济的萌芽和起步进程。1979 年，邓小平在全国政协五届二次会议上给民主党派“脱帽加冕”，叶剑英认为城乡劳动者个体经济“是社会主义公

① 冉万祥：民营企业的作用和贡献可以用“56789”来概括［EB/OL］. 国际在线，［2017-10-21］. http：//news. cri. cn/20171021/2563d020-f3c4-901d-4e00-3fcb2d95aeaa. html.

② 王海兵，杨蕙馨. 中国民营经济改革与发展 40 年：回顾与展望［J］. 经济与管理研究，2018（4）.

③ 黄孟复. 中国民营经济史·大事记［M］. 北京：社会科学文献出版社，2009.

有制经济的附属和补充”。1980 年，中共中央在全国劳动就业工作会议上提出“鼓励和扶持个体经济适当发展”的政策。1982 年党的十二大报告明确私营经济“是公有制经济必要的和有益的补充”。1987 年，党的十三大提出：“私营经济一定程度的发展，有利于促进生产，活跃市场，扩大就业，更好地满足人民多方面的生活需求，是公有制经济必要的和有益的补充。”1982 年和 1988 年的宪法修正案中指出“国家保护私营经济的合法的权利和利益”。1991 年，全国经济体制改革工作会议明确提出，要围绕 20 世纪 90 年代经济体制改革的总目标，“建立以社会主义公有制为主体、多种经济成分共同发展的所有制结构”。同年，江泽民在庆祝中国共产党成立 70 周年大会上的讲话中指出，要“采取适当的措施，逐步使得各种经济成分在整个国民经济中所占的比例和发展范围趋于比较合理”。

截至 1988 年底，个体经济方面，全国登记注册的个体工商户为 1452. 7 万户，从业人员达 2304. 9 万人，注册资金为 311. 9 亿元。个体商业、饮食业、服务业、修理业等行业的营业额为 1190. 7 亿元。私营经济方面，全国登记注册私营企业为 4. 06 万户，从业人员达 72. 38 万人，注册资金为 32. 86 亿元。截至 1991 年底，个体经济方面，全国登记注册的个体工商户为 1416. 8 万户，从业人员达 2258 万人，注册资金为 488. 2 亿元，个体商业、饮食业、服务业、修理业等行业的营业额为 1798. 2 亿元；私营经济方面，全国登记注册私营企业为 10. 8 万户，从业人员达 183. 9 万人，注册资金为 123. 2 亿元，私营商业、饮食业、服务业、修理业等行业的营业额为 68 亿元①。

1992 年，邓小平南方谈话极大地推进了民营经济改革的进程。1992 年，李鹏在七届人大五次会议上，作出中国经济“治理整顿的主要任务已经基本完成”，下一阶段要“把改革开放的步子迈得更大一些”的论断。同年，党的十四大正式提出“以公有制包括全民所有制和集体所有制经济为主体，个体经济、私营经济、外资经济为补充，多种经济成分长期共同发展，不同经济成分还可以自愿实行多种形式的联合经营”，明确把建设社会主义市场经济体

① 王海兵，杨蕙馨. 中国民营经济改革与发展 40 年：回顾与展望［J］. 经济与管理研究，2018（4）.

制作为中国经济体制改革的目标，确立了以公有制为主体、多种经济成分共同发展的基本经济制度。1993 年，原国家工商行政管理局发布了《关于促进个体私营经济发展的若干意见》，从登记注册、市场准入、参股方式、业务扩展等方面提出了鼓励民营经济发展的政策措施。1997 年党的十五大明确指出，“建设有中国特色社会主义的经济……这就要坚持和完善社会主义公有制为主体、多种所有制经济共同发展的基本经济制度”，“非公有制经济是我国社会主义市场经济的重要组成部分。对个体、私营等非公有制经济要继续鼓励、引导，使之健康发展。这对满足人们多样化的需要、增加就业、促进国民经济的发展有重要作用”，首次把非公有制经济纳入我国基本经济制度。

2002 年，党的十六大报告在强调我国基本经济制度的同时，进一步强调“必须毫不动摇地鼓励、支持和引导非公有制经济共同发展。个体、私营等各种形式的非公有制经济是社会主义市场经济的重要组成部分，对充分调动社会各方面的积极性、加快生产力发展具有重要作用”，第一次明确提出“必须毫不动摇地鼓励、支持和引导非公有制经济共同发展”。2003 年，党的十六届三中全会通过的《中共中央关于完善社会主义市场经济体制若干问题的决定》，从法律法规、市场准入等方面出发提出支持和引导非公有制经济发展的政策措施。2005 年，国务院以“3 号文件”的形式发布了《关于鼓励支持和引导个体私营等非公有制经济发展的若干意见》，从放宽市场准入、加大财税金融支持、完善社会服务、维护合法权益、引导提高自身素质、改进监管体系、加强政策协调 7 个方面制定了 36 条促进非公有制经济发展的政策措施。2006 年，国务院法制办和国家发展改革委联合下发《关于开展清理限制非公有制经济发展规定的通知》，在与 36 条促进非公有制经济发展的政策措施的对比下，明确了现有规章、规范性文件及其他文件的清理重点、清理原则、清理工作的组织和实施等内容。截至当年年底，共有 5000 多件规章和文件被清理、废除。2007 年，十届人大五次会议通过《中华人民共和国物权法》和《中华人民共和国企业所得税法》，从平等保护公有财产和私有财产、平等对待内资企业和外资企业税负两个角度保障民营经济健康发展。2007 年党的十七大报告指出要“推进公平准入，改善融资条件，破除体制障碍，促进个体、私营经济和中小企业发展”。

截至2001年底，个体经济方面，全国登记注册的个体工商户为2433万户，从业人员达4760.3万人，注册资金为3435.8亿元，营业额为1.96万亿元；私营经济方面，全国登记注册私营企业为202.9万户，从业人员达2713.9万人，注册资金为2.82万亿元，营业额为1.34万亿元。截至2012年底，个体经济方面，全国登记注册的个体工商户为4059.27万户，从业人员达8628.31万人，注册资金为1.98万亿元；私营经济方面，全国登记注册私营企业为1085.72万户，从业人员达1.13亿人，注册资金为31.1万亿元①。

（二）2012年至今：新时代的民营经济

进入新时代，我国民营企业面临转换增长动力、实现转型升级的发展要求。2012年党的十八大报告在提出全面深化经济体制改革时进一步强调：“毫不动摇鼓励、支持、引导非公有制经济发展，保证各种所有制经济依法平等使用生产要素、公平参与市场竞争、同等受到法律保护。”2014年，李克强在夏季达沃斯论坛提出“大众创业、万众创新”的改革号召，加快构建众创空间、降低创新创业门槛、加强财政资金引导、完善投融资活动、营造创新创业文化氛围等内容继而体现在《关于发展众创空间推进大众创新创业的指导意见》中，极大地推动了创新主体的涌现。2014—2017年，我国每天新增4万家市场主体，其中，新登记企业有1.4万户②。2016年3月，习近平总书记在全国政协十二届四次会议民建、工商联界委员联组会上指出，“我国非公有制经济，是改革开放以来在中国共产党的方针政策指引下发展起来的，是在中国共产党领导下开辟出来的一条道路”，“非公有制经济在我国经济社会发展中的地位和作用没有变，我们毫不动摇鼓励、支持、引导非公有制经济发展的方针政策没有变，我们致力于为非公有制经济发展营造良好环境和提

① 王海兵，杨蕙馨．中国民营经济改革与发展40年：回顾与展望［J］．经济与管理研究，2018（4）．

② 李克强在第十一届夏季达沃斯论坛开幕式上的致辞（全文）［EB/OL］．中国政府网，［2017-06-28］．http：//www．gov．cn/premier/2017-06/28/content_ 5206164．htm．

供更多机会的方针政策没有变”，“非公有制经济是稳定经济的重要基础，是国家税收的重要来源，是技术创新的重要主体，是金融发展的重要依托，是经济持续健康发展的重要力量”。同年，《中华人民共和国国民经济和社会发展第十三个五年规划纲要》（以下简称“十三五”规划）提出，“坚持权利平等、机会平等、规则平等，更好激发非公有制经济活力和创造力。废除对非公有制经济各种形式的不合理规定，消除各种隐性壁垒，保证依法平等使用生产要素、公平参与市场竞争、同等受到法律保护、共同履行社会责任。鼓励民营企业依法进入更多领域”。

2017 年，习近平总书记在党的十九大报告中提出“支持民营企业发展，激发各类市场主体活力”。2018 年习近平总书记在民营企业座谈会上再次强调，“民营经济是社会主义市场经济发展的重要成果，是推动社会主义市场经济发展的重要力量，是推进供给侧结构性改革、推动高质量发展、建设现代化经济体系的重要主体，也是我们党长期执政、团结带领全国人民实现‘两个一百年’奋斗目标和中华民族伟大复兴中国梦的重要力量”，并从减轻企业税费负担、解决民营企业融资难融资贵问题、营造公平竞争环境、完善政策执行方式、构建亲清新型政商关系、保护企业家人身和财产安全等角度提出为民营经济营造更好发展环境、帮助民营经济解决发展中困难的政策举措。2019 年 4 月，习近平总书记在中共中央政治局会议上提出，“要有效支持民营经济和中小企业发展，加快金融供给侧结构性改革，着力解决融资难、融资贵问题，引导优势民营企业加快转型升级”。2020 年，习近平总书记对做好新时代民营经济统战工作作出重要指示，指出改革开放特别是党的十八大以来，民营经济统战工作不断加强和完善，在服务党和国家中心工作中发挥了重要作用。非公有制经济是社会主义市场经济的重要组成部分，促进非公有制经济健康发展和非公有制经济人士健康成长具有十分重要的意义。同年，党的十九届五中全会审议通过的《中华人民共和国国民经济和社会发展第十四个五年规划和 2035 年远景目标纲要》明确了“十四五”时期发展民营经济的具体任务：一是优化民营企业发展环境。健全支持民营企业发展的法治环境、政策环境和市场环境，依法平等保护民营企业产权和企业家权益。保障民营企业依法平等使用资源要素、公开公平公正参与竞争、同等受到法律保护。进一步放宽民营企业市场准入，破除招投标等领域各种壁垒。创新金融支持民营企业政策工具，健全融资增信支持体系，对民营企业信用评级、发债一视同仁，降低综合融资成本。完善促进中小微企业和个体工商户发展的政策体系，加大税费优惠和信贷支持力度。构建亲清政商关系，建立规范化政企沟通渠道。健全防范和化解拖欠中小企业账款长效机制。二是促进民营企业高质量发展。鼓励民营企业改革创新，提升经营能力和管理水平。引导有条件的民营企业建立现代企业制度。支持民营企业开展基础研究和科技创新、参与关键核心技术研发和国家重大科技项目攻关。完善民营企业参与国家重大战略实施机制。推动民营企业守法合规经营，鼓励民营企业积极履行社会责任、参与社会公益和慈善事业。弘扬企业家精神，实施年青一代民营企业家健康成长促进计划。

2023 年 7 月，《中共中央 国务院关于促进民营经济发展壮大的意见》发布，对民营经济的定位给出了全新表述，对当前民营企业的核心关切进行了有力回应，从持续优化民营经济发展环境、加大对民营经济政策支持力度、强化民营经济发展法治保障、着力推动民营经济实现高质量发展、促进民营经济人士健康成长、持续营造关心促进民营经济发展壮大社会氛围、加强组织实施七个方面，对促进民营经济发展壮大的重要举措作出了具体部署，进一步明确了民营经济的政治和经济地位。

在国家的鼓励支持下，新时代我国私营企业得以快速发展。2020 年私营企业法人单位数约 2284 万个①。继续毫不动摇鼓励、支持、引导非公有制经济发展，优化民营经济发展环境，促进民营经济高质量发展是我国实现社会主义现代化目标的重要要求。因此，发展民营经济是坚持我国基本经济制度的战略要求。

---

① 数据来自国家统计局网站。

二、提高劳动收入份额是推进共同富裕的重要要求

共同富裕是社会主义的本质要求，是中国式现代化的重要特征。早在1953年，中国共产党中央委员会通过的《中共中央关于发展农业生产合作社的决议》就指出，“为着进一步地提高农业生产力，党在农村中工作的最根本的任务，就是……使农民能够逐步完全摆脱贫困的状况而取得共同富裕和普遍繁荣的生活”。改革开放后，邓小平明确提出：“社会主义的本质，是解放生产力，发展生产力，消灭剥削，消除两极分化，最终达到共同富裕。”江泽民同志强调：“实现共同富裕是社会主义的根本原则和本质特征，绝不能动摇。”胡锦涛同志强调：“使全体人民共享改革发展的成果，使全体人民朝着共同富裕的方向稳步前进。”

党的十八大以来，中国共产党对共同富裕的认识达到了新的高度①。2012年11月15日在十八届中共中央政治局常委同中外记者见面会上，习近平总书记提出：“我们的责任，就是要团结带领全党全国各族人民，继续解放思想，坚持改革开放，不断解放和发展社会生产力，努力解决群众的生产生活困难，坚定不移走共同富裕的道路。”2015年10月，党的十八届五中全会审议通过了《中共中央关于制定国民经济和社会发展第十三个五年规划的建议》，强调“破解发展难题，厚植发展优势，必须牢固树立并切实贯彻创新、协调、绿色、开放、共享的发展理念”，其中坚持共享发展，“必须坚持发展为了人民、发展依靠人民、发展成果由人民共享，作出更有效的制度安排，使全体人民在共建共享发展中有更多获得感，增强发展动力，增进人民团结，朝着共同富裕方向稳步前进”，要求“缩小收入差距，坚持居民收入增长和经济增长同步、劳动报酬提高和劳动生产率提高同步”。2017年10月，党的十九大报告提出，我国社会主要矛盾已经转化为人民日益增长的美好生活需要和不平衡

---

① 逄锦聚. 中国共产党带领人民为共同富裕百年奋斗的理论与实践［J］. 经济学动态，2021（5）.

不充分的发展之间的矛盾，“必须坚持以人民为中心的发展思想，不断促进人的全面发展、全体人民共同富裕”，提出到 2035 年“全体人民共同富裕迈出坚实步伐”、到本世纪中叶“全体人民共同富裕基本实现”的发展目标。2020 年 10 月，《中华人民共和国国民经济和社会发展第十四个五年规划和 2035 年远景目标纲要》进一步强调，“十四五”时期实现“全体人民共同富裕迈出坚实步伐”、到 2035 年“全体人民共同富裕取得更为明显的实质性进展”，要求“坚持居民收入增长和经济增长基本同步、劳动报酬提高和劳动生产率提高基本同步，持续提高低收入群体收入，扩大中等收入群体，更加积极有为地促进共同富裕”。2022 年，党的二十大报告进一步明确指出，“中国式现代化是全体人民共同富裕的现代化。共同富裕是中国特色社会主义的本质要求，也是一个长期的历史过程”，强调“着力维护和促进社会公平正义，着力促进全体人民共同富裕，坚决防止两极分化”。

共同富裕作为一个特定范畴，包含了“共同”和“富裕”两个方面的内容，其中富裕属于生产力范畴，共同属于生产关系范畴①。富裕意味着要解放生产力，发展生产力，首先允许一部分人和一部分地区先富起来，即要求发展的效率。公平则要求让先富带动后富，最终实现共同富裕，即要求发展的公平性。改革开放之后，国内关于效率与公平关系的论证和规定可以体现出我国在推进共同富裕的进程中，由注重效率、允许一部分人先富起来到兼顾效率公平、先富带动后富的演变。党的十三大以来我国关于效率和公平提法上的演进如表 3-1 所示。

表 3-1　党的十三大以来我国关于效率和公平提法的演进

年份	会议	提法
1987	党的十三大	在促进效率提高的前提下体现社会公平
1992	党的十四大	兼顾效率与公平
1997	党的十五大	坚持效率优先、兼顾公平
2002	党的十六大	坚持效率优先、兼顾公平

① 黄泰岩，刘宇楷．共同富裕的理论逻辑与价值取向［N］．光明日报，2021-09-14（11）．

续表

年份	会议	提法
2007	党的十七大	初次分配和再分配都要处理好效率和公平的关系，再分配更加注重公平
2012	党的十八大	初次分配和再分配都要处理好效率和公平的关系，再分配更加注重公平
2017	党的十九大	实现更高质量、更有效率、更加公平、更可持续的发展
2022	党的二十大	让现代化建设成果更多更公平惠及全体人民

从表3-1中可以看出，我国收入分配制度大致经历了从重效率到效率公平兼顾的发展趋势。市场化早期，为鼓励非公有制经济发展，改制国有企业，提高社会生产力与生产效率，提出注重效率优先的分配制度。党的十三大报告提出："我们的分配政策，既要有利于善于经营的企业和诚实劳动的个人先富起来，合理拉开收入差距，又要防止贫富悬殊，坚持共同富裕的方向，在促进效率提高的前提下体现社会公平。"党的十四大报告进一步强调："在分配制度上，以按劳分配为主体，其他分配方式为补充，兼顾效率与公平。运用包括市场在内的各种调节手段，既鼓励先进，促进效率，合理拉开收入差距，又防止两极分化，逐步实现共同富裕。"党的十五大报告提出"坚持效率优先、兼顾公平"的指导思想，强调"允许一部分地区一部分人先富起来，带动和帮助后富，逐步走向共同富裕"，强调在社会主义市场经济建设过程中注重效率。在"坚持效率优先、兼顾公平"思想的指导下，我国社会主义市场经济体制建设取得重大进展，但伴随而来的是我国初次收入分配中劳动收入份额的不断下降。学界基本达成共识，即在我国大规模市场化之后，劳动收入份额经历了长时间的下降①②③④。这一趋势在扣除2004年核算方法的变

① 白重恩，钱震杰．国民收入的要素分配：统计数据背后的故事［J］．经济研究，2009（3）．

② 罗长远，张军．劳动收入占比下降的经济学解释——基于中国省级面板数据的分析［J］．管理世界，2009（5）．

③ 李稻葵，刘霖林，王红领．GDP中劳动份额演变的U型规律［J］．经济研究，2009（1）．

④ 方文全．中国劳动收入份额决定因素的实证研究：结构调整抑或财政效应？［J］．金融研究，2011（2）．

动后仍然成立①②。劳动收入份额的下降趋势一直持续至2007年。2007年党的十七大报告提出“初次分配和再分配都要处理好效率和公平的关系，再分配更加注重公平”，强调了公平在初次分配中的重要性。随后2008年《劳动合同法》颁布实施，我国劳动收入份额不断下降的现象在2008年后得到扭转。考虑到2004—2007年统计口径的变化，一些学者进行了数据方面的调整，并将最新数据与之衔接后发现，2008年以后我国劳动收入份额开始缓慢上升③。2012年党的十八大报告进一步提出要“实现发展成果由人民共享，必须深化收入分配制度改革，努力实现居民收入增长和经济发展同步、劳动报酬增长和劳动生产率提高同步，提高居民收入在国民收入分配中的比重，提高劳动报酬在初次分配中的比重”。2016年的“十三五”规划则提出“坚持居民收入增长和经济增长同步、劳动报酬提高和劳动生产率提高同步，持续增加城乡居民收入。调整国民收入分配格局，规范初次分配，加大再分配调节力度”，“实行有利于缩小收入差距的政策，明显增加低收入劳动者收入，扩大中等收入者比重”。提高劳动报酬在初次分配中的比重已被纳入推动社会主义和谐社会建设的具体要求之中。因此，今后提高居民收入，在完善“劳动、资本、技术、管理等要素按贡献参与分配的初次分配机制”的同时，还需坚持“提高劳动报酬在初次分配中的比重”。2017年党的十九大进一步强调“坚持按劳分配原则，完善按要素分配的体制机制，促进收入分配更合理、更有序”，“坚持在经济增长的同时实现居民收入同步增长、在劳动生产率提高的同时实现劳动报酬同步提高”。2020年《中华人民共和国国民经济和社会发展第十四个五年规划和2035年远景目标纲要》进一步强调“坚持按劳分配为主体、多种分配方式并存，提高劳动报酬在初次分配中的比重”。2022年党的二十大报告强调“努力提高居民收入在国民收入分配中的比重，提高劳

① 白重恩，钱震杰，武康平. 中国工业部门要素分配份额决定因素研究［J］. 经济研究，2008（8）.

② 张车伟，张士斌. 中国初次收入分配格局的变动与问题——以劳动报酬占GDP份额为视角［J］. 中国人口科学，2010（5）.

③ 李怡乐，孟捷. 中国劳动力商品化程度的变动及其对劳动者报酬的影响［J］. 经济学家，2014（12）.

动报酬在初次分配中的比重”。因此，提高劳动报酬在初次分配中的比重，是现阶段我国推进共同富裕的重要要求。

三、发展民营经济不利于提高劳动收入份额

鼓励、支持和引导民营经济发展是我国基本经济制度的战略要求，提高劳动报酬在初次收入分配中的比重是我国推进共同富裕的重要要求，但是现阶段我国存在发展民营经济不利于提高劳动收入份额的现实矛盾。数据显示，1998 年至 2013 年，伴随着我国国民经济中民营经济比重的大幅上升，我国劳动收入份额从 1998 年的 51.54%下降至 2013 年的 45.87%。第二章的实证结果也表明，私营企业产值比重与劳动收入份额之间呈负相关关系，即民营经济发展水平越高，劳动收入份额越低。民营经济发展显著降低了我国劳动收入份额。已有研究认为，民营经济的发展不利于提高我国劳动收入份额，主要原因在于：

第一，民营化导致工资侵蚀利润的现象得以扭转，劳动收入份额下降。随着国有企业的民营化，企业对劳动报酬的支付能够反映市场的供求关系，“工资侵蚀利润”的状况得到改善①。

第二，国有企业改制后，大量国有企业员工进入劳动力市场，外加农村的剩余劳动力共同提高了劳动力供给水平，为工资水平带来了向下的压力②。

第三，民营经济劳动者缺少发言权。在国有企业内，工人可以通过工会、职代会等机构维护自己的权益，并且国有企业的工资直接受政府管理，国有企业工人的社会保障和福利待遇体系比较完善。相对而言，在民营经济内，工资完全由资方管理决定，工人丧失了工资谈判的话语权，相应地，社会保

---

① 罗长远，张军. 劳动收入占比下降的经济学解释——基于中国省级面板数据的分析 [J]. 管理世界，2009 (5).

② 陆铭，蒋士卿. 重构“铁三角”：中国的劳动力市场改革、收入分配和经济增长 [J]. 管理世界，2007 (6).

障和福利待遇也大大削减。此外，民营企业也缺乏合理的工资水平增长机制①。随着国有企业改革的推进，资本所有者对企业盈利分配的谈判能力上升，导致劳动收入份额下降②。

第四，民营企业普遍存在最低工资制度和劳动法律制度的“软约束”。有关研究表明，与国有企业和集体企业相比，在民营企业工作的农民工工资水平低于月最低工资标准的概率更高③，民营个体企业最低工资标准的执行情况较差④。而由于民营经济企业主法治观念薄弱、员工维权意识不强、我国劳动保障监察机制长期低效能运行等⑤，我国民营经济劳动关系混乱，员工在签订与解除合同、举证维权等方面处于不利地位，使得我国民营经济内部劳动者权益得不到保障，不利于发挥民营经济提升劳动收入份额的作用。最低工资与劳动法律的“软约束”导致相对于国有企业而言，民营企业劳动者合法权益得不到充分保障，资方在执行法规过程中占据有利地位，导致民营企业劳动收入份额较低。

我国存在发展民营经济与提高劳动收入份额之间的现实矛盾，即民营经济比重与劳动收入份额呈负相关关系。那么，发展民营经济与提高劳动收入份额同时作为我国现阶段的战略要求，如何协调两者之间的矛盾？民营经济比重越高，劳动收入份额越低，意味着我国民营经济自身的劳动收入份额低于平均水平。我们可以从民营经济自身劳动收入份额的角度出发，找出提高民营经济自身劳动收入份额的措施，达到既发展民营经济，又提高劳动收入份额的目的，从而化解发展民营经济与提高劳动收入份额之间的矛盾。

---

① 程恩富，胡靖春. 论我国劳动收入份额提升的可能性、迫切性与途径［J］. 经济学动态，2010（11）.

② 李稻葵，刘霖林，王红领. GDP 中劳动份额演变的 U 型规律［J］. 经济研究，2009（1）.

③ 叶静怡，杨洋. 最低工资标准及其执行差异：违规率与违规深度［J］. 经济学动态，2015（8）.

④ 孙中伟，舒玢玢. 最低工资标准与农民工工资——基于珠三角的实证研究［J］. 管理世界，2011（8）.

⑤ 徐吉平. 我国私营企业劳动关系研究：现状、原因及对策［J］. 特区经济，2010（6）.

四、化解发展民营经济与提高劳动收入份额矛盾的路径

民营经济发展不利于提高劳动收入份额的原因中也暗含着化解这一矛盾的出路。上一节在分析发展民营经济不利于提高劳动收入份额的原因时，有几点需要关注：一是民营企业存在最低工资制度的“软约束”。也就是说，旨在保障劳动者最低收入状况的最低工资制度在民营企业内部执行情况较差，与国有企业和集体企业相比存在较大差异。二是民营企业在劳动法律制度方面同样存在“软约束”。民营经济普遍存在企业主法治观念薄弱、员工维权意识不强等问题，导致签订劳动合同时存在较大的随意性，员工在签订与解除合同、举证维权等方面处于不利地位，劳动者权益得不到保障。三是相对于国有企业而言，民营企业劳动者缺少维权机构。公有制经济内部劳动者可以通过工会机构维护自己的合法权利，而民营经济内部劳动者缺少发言权。也就是说，排除国有企业改制造成的劳动力市场供求关系变化的因素，民营企业在发展过程中还存在一定的制度“缺失”，制度的“缺失”既是民营经济发展不利于提高劳动收入份额这一矛盾出现的原因，也是解决矛盾的出路所在。本节从我国最低工资制度、劳动法律制度和工会组织制度演进的角度出发，分析各项制度变化对民营企业劳动收入份额的影响机制。

（一）我国最低工资制度

最低工资是指用人单位因劳动者在约定工作时间或者法定工作时间提供正常劳动，依法需向劳动者支付的最低劳动报酬。改革开放后，我国最低工资制度逐步完善。1985 年，为了促进经济发展、提高生产的积极性，国家取消了原有统一制定和发放的企业工资制度，允许企业自主决定工资水平，比如通过国有企业改革将工资与生产绩效紧密挂钩。但由于当时中国劳动力市场供大于求，拥有更多自主决策权的企业为了提高利润水平和竞争力，通过各种手段压低工人的工资水平从而降低生产经营成本。特别是伴随着改革开

放引入的一些外资企业和新成立的民营企业，为了追求收益而不断侵犯劳动者合法权益，也出现了一些侵害职工薪酬等权益的典型案件，引起了国家与社会的高度重视。但由于当时缺乏完善的保障劳动力合法权益的法律法规，以及当时劳动群体普遍法律意识淡薄，大部分被侵害的弱势劳动力选择了沉默。

由于东南沿海地区是改革开放的排头兵，上述问题也主要集中于率先开放的深圳、广州、珠海等地区。同时，保障劳动者相关权益的法律法规也最早由东南沿海地区政府制定和实施。1985 年，珠海率先制定了保障劳动者权益的最低工资标准及相关制度，随后广州、深圳等地区也陆续对最低工资标准进行了规定。1993 年实施的《企业最低工资规定》，对最低工资的概念、制定和调整办法进行了详细规定，标志着我国最低工资制度的建立。1994 年第八届全国人民代表大会常务委员会第八次会议通过的《中华人民共和国劳动法》（以下简称《劳动法》）确立了最低工资制度的法律地位。《劳动法》第四十八条明确了我国最低工资制度确定、发布、支付、保障和监督等方面的实施细则："最低工资的具体标准由省、自治区、直辖市人民政府根据实际情况规定，并报国务院备案。用人单位支付劳动者的工资标准不得低于当地最低工资标准。"《劳动法》确定最低工资制度的标准与执行，一是增加了政府行政职能，促进形成更加公平合理的劳动力价格；二是缩小工资增长速度与物价增长速度的差距；三是保障民营企业职工的权益。民营经济的快速发展伴随着民营企业制度的不断完善，最低工资制度的确立为职工维权提供了法律依据。1994 年 10 月，我国发布了《关于实施最低工资保障制度的通知》。随后，我国多个省（区、市）分别出台了当地的最低工资标准及相关规定。1994—2004 年，除西藏外，全国 30 个省份均建立了最低工资制度，发布并实施了相关标准。其间，全国累计调整最低工资标准 117 次，每个省份平均调整约 3.8 次①。

2004 年实施的《最低工资规定》标志着最低工资制度在我国各省（区、

① 贾东岚. 我国最低工资制度那些事儿［J］. 中国人力资源社会保障，2020（8）.

市）的全面实施，同时原有的《企业最低工资规定》废止。《最低工资规定》从最低工资的适用对象，最低工资标准的确定、表现形式、调整依据与频率等多个方面对各级最低工资标准作出规定。相比1993年的《企业最低工资规定》，《最低工资规定》在以下几个方面作出较大调整：一是最低工资标准的调整频率。《企业最低工资规定》第十五条规定，针对参考因素的变动，最低工资标准应适当调整，“但每年最多调整一次”。2004年的《最低工资规定》第十条则规定，“最低工资标准每两年至少调整一次”，确定了最低工资标准调整的最低频率。二是最低工资的参考标准。《企业最低工资规定》第七条指出：“最低工资率应参考政府统计部门提供的当地就业者及其赡养人口的最低生活费用、职工的平均工资、劳动生产率、城镇就业状况和经济发展水平等因素确定。”而《最低工资规定》第六条则规定：“确定和调整月最低工资标准，应参考当地就业者及其赡养人口的最低生活费用、城镇居民消费价格指数、职工个人缴纳的社会保险费和住房公积金、职工平均工资、经济发展水平、就业状况等因素。”最低工资参考依据中将劳动生产率剔除，而加入了住房公积金、职工个人缴纳的社会保险费、城镇居民消费价格指数。三是最低工资的应用范围。《企业最低工资规定》第九条规定：“最低工资率应考虑同一地区不同区域和行业的特点，对不同经济发展区域和行业可以确定不同的最低工资率。”《最低工资规定》第七条则规定：“省、自治区、直辖市范围内的不同行政区域可以有不同的最低工资标准。”从此以后，最低工资只有地域差异，而没有行业之分。同时，适用范围也由原来的“完成正常劳动的企业劳动者”改为“完成正常劳动的所有劳动者”。此外，《最低工资规定》还针对月工资和小时工资形式、最低工资的执行和监管作出了新的规定。

《最低工资规定》出台后，各省份纷纷调整最低工资标准，调整频率和幅度均显著提高，地区间最低工资标准差距逐步缩小。首先，相比《最低工资规定》实施前，实施后最低工资标准的调整频率得以提升。初步统计结果显示，自2000年至2004年《最低工资规定》实施前，排除西藏自治区，各省份最低工资调整次数为44次。2004年《最低工资规定》实施后至2006年，调整次数上升至54次。西藏自治区也于2004年首次公布了最低工资标准。

其次，相比《最低工资规定》实施前，实施后最低工资标准的调整幅度得以提升。从调整幅度来看，以《最低工资规定》的执行时间2004年3月1日前后最近一次调整为例，《最低工资规定》实施前一次各省份月最低工资平均调整幅度为57元，实施后第一次调整幅度提高到平均110元。最后，从最低工资标准的地区间差异来看，最低工资标准差距逐步缩小。2004年，最低工资标准最高的为广东（685元）、最低的为黑龙江（235元），最高是最低的2.9倍；2012年，全国最低工资标准最高的为深圳1500元，最低的为江西部分地区610元，31个省份中有28个省份的最低工资最高档标准在1000元以上，只有甘肃（980元）、贵州（930元）、江西（870元）的最低工资标准最高档在1000元以下，最高是最低的2.45倍。2015—2019年，全国最低工资标准最高地区分别是最低的2.25倍、2.19倍、2.30倍、2.16倍和2.10倍。总体而言，地区之间最低工资标准的差距在缩小①。

最低工资制度在我国得到了有效贯彻落实，但仍存在以下三种差异：一是不同企业之间存在差异。最低工资标准的提高显著提高了员工的基本工资和加班工资，但企业为缓解人工成本上升压力，通过降低员工业绩工资和津补贴的方法抵消最低工资的影响，最终导致最低工资标准的提高对员工小时工资影响较小。对于劳动密集型企业和港澳台商投资企业而言，由于员工的基本工资和加班工资比重较高，业绩工资和津（补）贴比重相对较低，面对最低工资标准的提升，企业减少支付业绩工资和津（补）贴的空间较小，最低工资标准提高显著提升了两类企业员工的小时工资水平②。二是不同收入人群之间存在差异。最低工资对收入的影响主要集中在低收入人群，而对于高收入群体是否存在溢出效应不确定。三是低收入人群中不同年龄和技能水平的劳动力之间存在差异。与青年劳动力相比，最低工资对40岁以上劳动力的影响较大，而且显著提高了40岁以上且技能低下劳动力的工资水平。最低工资有利于低收入者工资水平的提升，尤其对中老年低技能劳动力发挥了重要

---

① 贾东岚. 我国最低工资制度那些事儿［J］. 中国人力资源社会保障，2020（8）.

② 叶林祥，GLINDING T H，李实，等. 中国企业对最低工资政策的遵守——基于中国六省市企业与员工匹配数据的经验研究［J］. 经济研究，2015（6）.

保障作用①。

相较于国有企业，我国民营企业对最低工资标准的执行情况较差②③④，因此我国最低工资制度的建立和不断完善，有利于保障民营企业职工的合法权益。民营企业由于自身制度建设不完善等，不利于提高我国劳动收入份额。最低工资制度的建立，可以为民营企业职工提供保护自身权益的法律依据，但也引起了部分学者对就业情况的担忧。前文整理相关文献发现，学者们认为最低工资制度会促进企业以资本替代劳动，促进资本深化，因此最低工资制度的实施不仅能提高民营企业劳动者工资水平，也会影响民营企业劳动者就业水平，从而引发替代效应。最低工资制度能否提高民营企业的劳动收入份额水平，从而扭转民营企业发展对我国整体劳动收入份额的不利影响？这是本书第四章的研究主题。

（二）我国劳动法律制度

我国民营经济发展不利于提高劳动收入份额的现实，与国际经验并不相符。西方发达国家民营企业比重更高，但是其劳动收入份额显著高于我国，2005 年 OECD 17 个成员国的劳动收入份额平均值超过 65%⑤。我国民营经济没有起到提高劳动收入份额的作用，与民营经济普遍存在的劳资关系问题有关。

相比国有企业，国内民营企业与员工签订劳动合同的概率较低，其中农民工尤甚。由于民营经济企业主法治观念淡薄、员工维权意识不强、我国劳动保障监察机制长期低效能运行等⑥，我国民营经济劳资关系混乱，员工在签订与解除合同、举证维权等方面处于不利地位，劳动者权益得不到保障，不

---

① 邸俊鹏，韩清. 最低工资标准提升的收入效应研究［J］. 数量经济技术经济研究，2015（7）.

② 孙中伟，贺霞旭. 工会建设与外来工劳动权益保护——兼论一种“稻草人机制”［J］. 管理世界，2012（12）.

③ 叶静怡，杨洋. 最低工资标准及其执行差异：违规率与违规深度［J］. 经济学动态，2015（8）.

④ 贾朋，都阳. 中国的最低工资制度：标准与执行［J］. 劳动经济研究，2015（1）.

⑤ 王晓霞，白重恩. 劳动收入份额格局及其影响因素研究进展［J］. 经济学动态，2014（3）.

⑥ 徐吉平. 我国私营企业劳动关系研究：现状、原因及对策［J］. 特区经济，2010（6）.

利于发挥民营经济提升劳动收入份额的作用。民营企业中存在大量的农民工、临时工①，且《劳动合同法》的实施对民营企业降本增效的影响较大②，因此《劳动合同法》势必会通过保护民营经济内部员工的权益影响民营经济内部的劳资关系，进而影响其提升劳动收入份额的作用发挥。

1995 年实施的《劳动法》从劳动合同、基本工作条件和劳资关系等方面作出了规定③。但是《劳动法》实施的目的是通过规范劳资关系提高国有企业效率④，对农民工群体的权益保障没有明确规定，对违法行为的惩处和罚款等规定也不明确，导致企业有较强的激励规避法律规则。为了保护劳动者权益，提高劳动者工作保障，2008 年我国出台了《劳动合同法》，对劳动合同的订立、约定试用期的限制、试用期的最低工资要求、无固定期限劳动合同的适用以及劳动合同终止时的提前告知和经济补偿金等作出了规定⑤，增强了对工人的劳动保护，加大了对违法企业的惩处力度⑥。2012 年 12 月 28 日第十一届全国人民代表大会常务委员会第三十次会议通过的《劳动合同法》修正案进一步明确了劳务派遣的条件、劳动报酬、用工性质、违法处罚等内容。迄今为止，《劳动合同法》作为一项准自然实验已经实施了十多年，它对劳动收入份额的影响如何，能否扭转民营经济对劳动收入份额的不利影响，需要进一步作出评估和检验。

2008 年，由中共中央统战部、中华全国工商联合会、国家工商行政管理总局、中国民营经济研究会私营企业研究课题组主持的第八次“中国私营企业调查”对《劳动合同法》实施对民营企业用工情况、企业应对策略的影响进行了详细调查。针对《劳动合同法》的实施，民营企业主主要反映了以下

---

① 马亚静，潘素芳，刘梦．私营企业农民工问题与企业社会工作［J］．中国劳动关系学院学报，2006（6）．

② 张继彤．劳动合同法的成本效应分析［J］．经济学家，2009（3）．

③ ZHENG Y L. It’s Not What is on Paper，But What is in Practice：China’s New Labor Contract Law and the Enforcement Problem［J］. Washington University Global Studies Law Review，2009（8）：596-617.

④ LIU L P. Legitimacy Pressure and the Labor Contract Coverage［J］. Journal of Sun Yat-sen University，2010，50（1）：151-159.

⑤ 刘媛媛，刘斌．劳动保护、成本黏性与企业应对［J］．经济研究，2014（5）．

⑥ 李小瑛，FREEMAN R. 新《劳动合同法》如何影响农民工的劳动权益？［J］．劳动经济研究，2014（3）．

情况：一是企业用工成本显著增加。数据调查结果显示，61.8%的民营企业主反映《劳动合同法》的施行增加了企业用工成本，40%的企业主反映《劳动合同法》增加了企业用人风险。二是多数民营企业选择加强劳动管理、提高劳动效率的方式应对用工成本的增加，部分企业选择减少用工人数。在“如果该法对企业产生了影响，打算如何应对?”问题中，选择最多的两个选项分别是“加强劳动管理，提高劳动效率”（64.7%）、“扩大生产经营规模，提升产品附加值，抵消劳动成本的增加”（29.9%），有超过1/5（23.5%）的民营企业选择“减少用工人数”。因此《劳动合同法》的实施也会影响民营企业职工的就业水平，产生一定的替代效应。《劳动合同法》对民营企业劳动收入份额的收入效应与替代效应究竟如何，本书将在第五章进行深入研究。

（三）我国工会组织制度

我国的工会组织作为中国共产党领导的职工自愿结合的工人阶级群众组织，是党联系职工群众的桥梁和纽带。新中国成立以来，我国工会一直在改善与党和政府的关系、降低工会的“官办”色彩、增强工会自主性与活力、加大维护职工群众合法权益的力度等方面不断改革①，如今已发展成为肩负维权维稳双重职能的中国特色社会主义工会②。《中国劳动统计年鉴（2015）》显示，2014年我国基层工会组织数达到247.6万个，工会会员人数达到2.72亿人，占全国总就业人数的36.27%。工会组织在沟通劳资双方、协调劳资关系等方面发挥了重要的作用，也势必会影响民营企业劳动收入份额。本书第六章将着重讨论工会设立对民营企业劳动收入份额的影响。

---

① 游正林. 60年来中国工会的三次大改革［J］. 社会学研究，2010（4）.

② 王永丽，郑婉玉. 双重角色定位下的工会跨界职能履行及作用效果分析［J］. 管理世界，2012（10）.

五、制度实施影响劳动收入份额的理论模型推导

无论是最低工资制度、劳动法律制度还是工会组织制度都提高了劳动力的价格。经典理论认为，当商品价格高于均衡价格时，就会提高商品供给而降低商品需求，体现在劳动力市场便是失业。微观经济学中将商品价格变化后需求的变化分解为收入效应和替代效应：一方面，价格的变化导致消费者实际购买力的变化，产生收入效应；另一方面，价格的变化导致对其替代商品需求的变化，产生替代效应。反映在生产要素市场上，劳动力成本，即工资水平的提高也会产生收入效应和替代效应。一般而言，企业劳动收入份额可以表示为 wL/Y，即劳动者报酬与产出的比重，其中劳动者报酬是工资与劳动者人数的乘积。在此需要将微观经济学中收入效应和替代效应的定义进行少量修改：劳动力价格的提高即工资水平 w 的上涨，表现为劳动者收入水平的提高，即收入效应，可用工资水平 w 的变化表示；而由于劳动力价格提高，降低了厂商的实际购买力，因此厂商选择相对廉价的资本以替代劳动，表现为 L 相对于资本 K 的减小，此即为资本与劳动之间的替代效应，本质而言即马克思主义政治经济学中资本有机构成的提高，可用资本劳动比 K/L 的变化表示。

（一）民营企业应对工资上涨的路径选择

用工成本提高，劳动—资本要素相对价格发生变化，追求利润最大化的企业倾向于调整要素投入比例，使用更多的资本品。由于柯布-道格拉斯（Cobb-Dauglas）生产函数中要素收入占比恒定，因此本书以常数替代弹性（CES）生产函数为基本模型展开讨论，包含增进型技术进步的 CES 生产函数如下：

$$Y=\left[\alpha\left(E_K K\right)^{\frac{\sigma-1}{\sigma}}+(1-\alpha)\left(E_L L\right)^{\frac{\sigma-1}{\sigma}}\right]^{\frac{\sigma}{\sigma-1}} \tag{3-1}$$

其中，Y 为产出水平，K 和 L 分别为资本和劳动投入，E_K 和 E_L 分别为资

本和劳动要素增进型技术进步或资本和劳动技术效率，α 为资本对产出的作用系数（$0<\alpha<1$），σ 为要素替代弹性。根据式（3-1），假定市场完全竞争，劳动价格等于劳动边际产品价值，企业工资率水平可表示为企业边际商品价值：

$$w=P\cdot\frac{\partial Y}{\partial L} \tag{3-2}$$

整理可得：

$$w=P\ (1-\alpha)\ \left[\alpha\ (E_K)^{\frac{\sigma-1}{\sigma}}\left(\frac{K}{L}\right)^{\frac{\sigma-1}{\sigma}}+\ (1-\alpha)\ (E_L)^{\frac{\sigma-1}{\sigma}}\right]^{\frac{\sigma}{\sigma-1}} \tag{3-3}$$

由式（3-3）可得，在完全竞争市场下，民营企业职工工资水平取决于 3 个变量：E_K、K/L 和 E_L，定义 $k=K/L$ 为资本劳动比（或劳均资本）。制度原因导致工资水平 w 的外生性增长，导致式（3-3）的等号左边大于等号右边，最大化利润的企业倾向于提高劳动边际产出，其中包括三条路径：路径一，提高资本劳动比，即劳均资本，可通过加大投资或减少雇佣劳动者实现。制度对就业水平的影响即包含在这一路径内。路径二，提高 E_K，即大力提高资本的技术效率，提高资本回报率。路径三，提高 E_L，即提高劳动的技术效率，提高劳动生产率。E_K 和 E_L 的相对大小，即技术进步的偏向性可以影响民营企业的劳动收入份额。因此，初步看来，制度对民营企业劳动收入份额的影响需要分三条路径进行分析：收入效应、替代效应以及技术进步。技术进步是否需要独立于收入效应和替代效应进行单独分析？接下来将进行论证。

（二）偏向型技术进步的解释

由式（3-3）可以看出，民营企业有三条路径应对工资上涨，以此对企业内部劳动收入份额产生影响。在探讨制度对民营企业劳动收入份额的影响路径之前，首先需要解释偏向型技术进步的变化。早在 1932 年，Hicks 便指出当要素价格发生相对变化时，理性的厂商将倾向于使用价格较低的要素替代价格较高的要素（即本书所指的替代效应），要素相对价格的变动也会为生产技术的改进带来激励。Acemoglu（2002）指出技术进步的方向受价格效应与市场规模效应两种机制的影响，价格效应刺激企业偏向于使用稀缺要素的生产技术，市场规模效应则促使企业偏向于使用丰裕要素的生产技术，两种效应的作用共同决定了技术进步的方向①。首先需推导出技术进步的变化，参考王林辉等（2015）的研究成果，根据式（3-1），资本和劳动的边际产出比为：

$$\frac{\partial Y/\partial K}{\partial Y/\partial L}=\frac{\alpha}{1-\alpha}\left(\frac{K}{L}\right)^{\frac{-1}{\sigma}}\left(\frac{E_K}{E_L}\right)^{\frac{\sigma-1}{\sigma}} \tag{3-4}$$

由于资本和劳动的边际产出比等于要素相对价格 w/r，假定资本价格不变，因此式（3-4）可以化为：

$$\frac{E_K}{E_L}=\left(\frac{\bar{r}}{w}\right)^{\frac{\sigma}{\sigma-1}}\left(\frac{1-\alpha}{\alpha}\right)^{\frac{\sigma}{\sigma-1}}\left(\frac{K}{L}\right)^{\frac{1}{\sigma-1}} \tag{3-5}$$

等式两边同取自然对数，可得：

$$\ln\left(\frac{E_K}{E_L}\right)=\frac{\sigma}{\sigma-1}\ln(\bar{r}/w)+\frac{\sigma}{\sigma-1}\ln\left(\frac{1-\alpha}{\alpha}\right)+\frac{1}{\sigma-1}\ln(K/L) \tag{3-6}$$

进一步整理可得：

$$\ln\left(\frac{E_K}{E_L}\right)=\frac{\sigma}{\sigma-1}\ln\left(\frac{\bar{r}(1-\alpha)}{\alpha}\right)+\frac{1}{\sigma-1}\left[\ln(K/L)-\sigma\ln w\right] \tag{3-7}$$

式（3-7）可以体现出 Acemoglu（2002）对价格效应和市场规模效应的论证。以工资上升的外部冲击为例，工资上涨意味着劳动成本的增加，相对于资本而言劳动更为稀缺，价格效应导致企业偏向于发展劳动偏向型技术进步，在式（3-7）中表现为 $\ln w$ 系数为负；同时，市场规模效应要求企业发展丰裕要素的生产技术，此例中资本相对于劳动而言为丰裕生产要素，因此市场规模效应要求民营企业发展资本偏向型技术进步。价格效应与市场规模效应内涵于资本劳动比与工资水平的变化之中，两者的相对大小共同体现了民营企业技术进步的方向。

在此需要注意的是，式（3-7）的表现形式表面上显示为企业资本偏向

① ACEMOGLU D. Directed Technical Change [J]. The Review of Economic Studies, 2002, 69 (4): 781-809.

型技术进步由企业资本劳动比的变化和工资水平的变化决定，但是由于技术进步的自发性，式（3-7）本质上体现了技术进步“内生化”的过程。式（3-7）的真正含义是，企业资本劳动比与工资水平的变化可以表现出价格效应和市场规模效应的变化，因此企业资本偏向型技术进步可体现在资本劳动比与工资水平相对大小的变化。换句话说，技术进步的偏向性完全可以用资本劳动比和工资水平的变化线性表示。假定 α 和 σ 为常数，在资本价格不变的情况下，企业资本偏向型技术进步的变化可分解企业工资水平和资本劳动比的变化，而这两者正是收入效应与替代效应的来源，因此可以将技术进步这一影响机制合并到收入效应与替代效应中加以分析。

（三）民营企业制度对提高劳动收入份额的收入效应与替代效应

上一节的分析认为企业技术进步可以表现为资本劳动比和工资水平的相对变化，而两者正好代表了制度影响劳动收入份额效应中的收入效应和替代效应，因此，本节在讨论最低工资对民营企业劳动收入份额的影响时，引入不含技术进步的 CES 生产函数：

$$Y=\left[\alpha (K)^{\frac{\sigma-1}{\sigma}}+(1-\alpha)(L)^{\frac{\sigma-1}{\sigma}}\right]^{\frac{\sigma}{\sigma-1}} \tag{3-8}$$

同样假定完全竞争市场，企业工资率水平可表示为企业边际商品价值：

$$w=P\cdot\frac{\partial Y}{\partial L} \tag{3-9}$$

整理可得：

$$w=P(1-\alpha)\left[\alpha\left(\frac{K}{L}\right)^{\frac{\sigma-1}{\sigma}}+(1-\alpha)\right]^{\frac{\sigma}{\sigma-1}} \tag{3-10}$$

此时，为提高企业劳动边际产品价值，民营企业只有选择提高资本劳动比，产生替代效应。劳动收入份额可以表示为 $LS=wL/Y=w/(Y/L)$，因此劳动收入份额可以分解为工资 w 与劳动生产率（劳均产出）Y/L 两部分，考虑无技术进步的 CES 生产函数，民营企业劳动收入份额可表示为：

$$LS=\frac{wL}{Y}=\frac{w}{(Y/L)}=\frac{w}{\left[\alpha (k)^{\frac{\sigma-1}{\sigma}}+(1-\alpha)\right]^{\frac{\sigma}{\sigma-1}}} \tag{3-11}$$

式（3-11）表明，在完全竞争的市场条件下，民营企业劳动收入份额受两种因素的影响：一是企业工资水平；二是资本劳动比。如果外部冲击（最低工资制度、劳动法律制度和工会组织制度的实施就是外部冲击的例子）显著提高了企业职工工资水平，劳动收入份额会随工资水平的上涨而提高，产生收入效应；但是由式（3-11）可知，随着企业用工成本的提高，最大化利润的企业会选择提高劳动边际产出，具体而言就是加大投资、减少生产过程中劳动的投入比重，即提高生产过程中的资本有机构成，企业资本劳动比随之提高。当$\sigma>1$时，资本劳动比提升会降低企业劳动收入份额水平；当$0<\sigma<1$时，式（3-11）可以表示为：

$$LS=w\left[\alpha(k)^{\frac{\sigma-1}{\sigma}}+(1-\alpha)\right]^{\frac{\sigma}{1-\sigma}} \tag{3-12}$$

由于$0<\sigma<1$，因此资本劳动比k与劳动收入份额LS之间也存在显著的负向关系。综上所述，工资水平与劳动收入份额之间存在正向关系，而资本劳动比与劳动收入份额之间则存在负向关系。最低工资制度、劳动法律制度和工会组织制度一方面通过影响民营企业工资水平作用于劳动收入份额，产生收入效应；另一方面通过影响民营企业资本劳动比作用于劳动收入份额，产生替代效应。

（四）理论分析结论

通过本章理论模型的推导，解决发展民营经济与提高劳动收入份额矛盾的各项劳动保护制度的影响路径可以概括为两条：一是收入效应。最低工资制度、劳动法律制度和工会组织制度都直接对民营企业职工的工资水平产生影响，从而影响民营企业劳动收入份额。二是替代效应。工资水平的变化意味着用工成本的变化，以利润最大化为目标的民营企业倾向于改变自身的要素投入比例，相对地，就业水平受到影响，体现为资本劳动比的变化，这同样会对民营企业劳动收入份额产生影响。具体而言：

第一，最低工资制度对民营经济劳动收入份额的收入效应和替代效应。一方面，最低工资标准上涨提高了民营企业职工工资水平；另一方面，最低工资上涨提高了民营企业用工成本，以利润最大化为目标的民营企业将提高劳均资本，促进资本深化，企业资本劳动比随之提高。

第二，劳动法律制度对民营经济劳动收入份额的收入效应和替代效应。一方面，以《劳动合同法》为代表的劳动保护制度提高了民营企业职工工资水平；另一方面，《劳动合同法》提高了民营企业用工成本，以利润最大化为目标的民营企业将提高劳均资本，促进资本深化，企业资本劳动比随之提高。

第三，工会组织制度对民营经济劳动收入份额的收入效应和替代效应。一方面，工会组织制度提高了民营企业职工工资水平；另一方面，工会组织制度提高了民营企业用工成本，以利润最大化为目标的民营企业将提高劳均资本，促进资本深化，企业资本劳动比随之提高。

根据式（3-11），民营企业劳动收入份额同时受工资水平和资本劳动比的影响，其中劳动收入份额随工资水平的提高而提高，随企业资本深化程度的加深和资本劳动比的提高而下降。两者的相对大小决定了最低工资制度、劳动法律制度和工会组织制度对民营企业劳动收入份额的总影响。

接下来，本书将分别探讨最低工资制度、劳动法律制度、工会组织制度对民营企业劳动收入份额的影响。第四章以最低工资标准为解释变量，实证检验最低工资标准提升对民营企业劳动收入份额的影响。第五章以《劳动合同法》实施虚拟变量为解释变量，实证分析《劳动合同法》实施对民营企业劳动收入份额的影响。第六章以民营企业是否设立工会的虚拟变量为解释变量，实证分析设立工会对民营企业劳动收入份额的影响。

第四章　最低工资制度与民营经济劳动收入份额

本书第一章讨论了我国现阶段劳动收入份额的合理性，发现工业化时期劳动收入份额变动的一般规律，我国劳动收入份额存在水平偏低、涨幅偏小的问题。本书第二章从所有制结构的角度探讨国有企业、民营企业、外资企业发展对劳动收入份额的影响，发现民营经济发展是我国早期劳动收入份额下降的重要原因。本书第三章通过系统梳理我国关于发展民营经济和共同富裕的理论演进，提出发展民营经济与提高劳动收入份额的矛盾与化解路径。其中的化解路径包括最低工资制度、劳动法律制度和工会组织制度。本书从本章开始，依次讨论最低工资制度（第四章）、劳动法律制度（第五章）、工会组织制度（第六章）对民营经济劳动收入份额的影响。

本章以民营经济要素投入行为为切入点，探讨最低工资制度对民营经济劳动收入份额的影响。本章基于2005—2008年和2011—2013年中国工业企业数据库民营企业面板数据，研究发现，最低工资制度提高了劳动密集型和资本密集型行业民营经济的劳动收入份额，降低了技术密集型民营经济的劳动收入份额。通过分解影响机制发现，最低工资制度提高了劳动密集型和资本密集型民营经济的工资水平，带来正向的收入效应，但也导致资本替代劳动，产生负向的替代效应。整体而言，最低工资制度有利于提高民营经济的劳动收入份额。因此，为发挥最低工资制度对民营经济劳动收入份额的正向作用，继续调整最低工资标准、贯彻相关法规实施、提高劳动者技能水平成为重要措施。

一、相关研究综述

劳动收入份额即劳动所得在产出中的比重。劳动所得则直接与工资和就业水平有关。最低工资制度的实施可以通过两种机制影响劳动收入份额：一是通过影响劳动者工资水平影响劳动收入份额，即收入效应；二是通过影响劳动者就业和企业要素投入影响劳动收入份额，即替代效应。

收入效应表现为：一方面，最低工资制度提高了工资水平①。最低工资制度促使了劳动密集型或人均资本较低的企业低技能劳动力②和农民工③工资水平的上涨。另一方面，最低工资制度对工资存在的溢出效应。一些学者认为最低工资制度提高了低技能劳动力的相对工资水平，导致企业雇佣更多的高技能劳动者对低技能劳动者进行替代，从而增加了对高技能劳动力的需求，最终提升了高技能劳动力的工资水平，产生溢出效应④。这种溢出效应随相对工资水平的升高而下降⑤。关于最低工资制度的溢出效应，已有研究也存在争议。其他学者的研究结果发现，最低工资制度对高收入群体的溢出效应不

① 罗小兰，丛树海. 基于攀比效应的中国企业最低工资标准对其他工资水平的影响 [J]. 统计研究，2009 (6).

② BOOCKMANN B, KRUMM R, NEUMANN M, et al. Turning the Switch: An Evaluation of the Minimum Wage in the German Electrical Trade Using Repeated Natural Experiment [J]. German Economic Review, 2013, 14 (3): 316-348.

③ 孙中伟，舒玢玢. 最低工资标准与农民工工资——基于珠三角的实证研究 [J]. 管理世界，2011 (8).

④ SLONIMCZYK F, SKOTT P. Employment and Distribution Effects of the Minimum Wage [J]. Journal of Economic Behavior & Organization, 2012, 84 (1): 245-264.

⑤ 贾朋，张世伟. 最低工资标准提升的溢出效应 [J]. 统计研究，2013 (4).

显著①。

替代效应表现为，最低工资制度会对就业产生影响。经典理论认为，若最低工资标准高于均衡工资，会增加劳动力供给而减少劳动力需求，导致劳动力供大于求，造成结构性失业。因此，多数学者将最低工资制度对就业的影响作为研究重点，进行了大量理论与实证方面的研究。Leigh（2003）通过考察1994—2001年澳大利亚最低工资标准调整的经验，发现最低工资标准的提升对澳大利亚劳动力就业存在挤出效应②。马双等（2012）的实证研究也发现最低工资标准每增加10%，制造业企业的雇佣人数将显著减少0.6%左右③。农民工的就业也会受到最低工资制度的影响④。丁守海（2010）对福建、广东两省439家企业的调研数据进行了实证分析，结果发现，最低工资标准的上涨对农民工就业有显著的负面影响，2008年实施的《劳动合同法》则通过强化最低工资监管环境强化了这一负面效果⑤。

关于最低工资对就业的影响一直争议不断。部分学者的研究发现，最低工资制度的实施并未对就业产生显著的负向冲击。如早期Card和Krueger（2000）以美国新泽西州和宾夕法尼亚州的410家快餐店为样本，运用双重差分方法分析最低工资调整对快餐店用工情况的影响，发现最低工资标准的调整并未对就业造成负面影响⑥。关于英国的经验研究也得出相似结论⑦。Xiao和Xiang（2009）以天津、上海、北京等6个城市1995—2006年的数据为实

① 邸俊鹏，韩清. 最低工资标准提升的收入效应研究［J］. 数量经济技术经济研究，2015（7）.

② LEIGH A. Employment Effects of Minimum Wages：Evidence from a Quasi-Experiment［J］. Australian Economic Review，2003，36（4）：361-373.

③ 马双，张劼，朱喜. 最低工资对中国就业和工资水平的影响［J］. 经济研究，2012（5）.

④ 罗小兰，丛树海. 基于攀比效应的中国企业最低工资标准对其他工资水平的影响［J］. 统计研究，2009（6）.

⑤ 丁守海. 最低工资管制的就业效应分析——兼论《劳动合同法》的交互影响［J］. 中国社会科学，2010（1）.

⑥ CARD D，KRUEGER A B. Minimum Wages and Employment：A Case Study of the Fast-Food Industry in New Jersey and Pennsylvania：Reply［J］. The American Economic Review，2000，90（5）：1397-1420.

⑦ STEWART M B. The Employment Effects of the National Minimum Wage［J］. The Economic Journal，2004，114（494）：C110-C116.

证分析对象，发现最低工资标准上涨后，员工的工作总时长与人均工作时间随之显著增加，但就业人数并未显著变化①。

其他学者的研究则发现，最低工资有利于就业。如韩兆洲等（2007）针对深圳市最低工资标准调整与就业的相关性进行实证分析发现，最低工资标准的提高与劳动力失业之间不存在显著的相关性，反而可以促进劳动力供给的提高②。罗燕等（2013）基于广东省21个城市2004—2011年的面板数据研究发现，广东省最低工资标准每上升10%，就业量会显著增加1.86%③。田贵贤（2015）基于2003—2011年全国30个省份（除西藏外）建筑业面板数据的实证分析发现，最低工资制度的实施有利于促进制造业就业，该影响存在阈值，当最低工资标准小于该阈值时，提高最低工资标准会减少就业；当最低工资标准大于该阈值时，提高最低工资标准则会增加就业④。刘苓玲等（2015）则基于我国2004—2011年省际面板数据回归分析发现，现阶段我国最低工资标准提升与城镇劳动力就业水平呈显著的正相关关系⑤。

最低工资对就业的影响存在争议，可能的原因是最低工资制度对就业存在异质性影响。如Ni等（2011）的研究结果表明，总体而言，2000—2005年最低工资标准上涨对我国就业的影响不显著，但不同区域之间存在差异，中部和西部地区最低工资标准上涨有利于就业，而东部地区最低工资标准上涨则显著降低了就业水平⑥。但张璐等（2014）运用2004—2011年的面板数据的研究却得出了相反的结论，东部地区最低工资与劳动力就业呈正相关，而

① XIAO X Y, XIANG B L. The Impact of Minimum Wage Policy on Wages and Employment in China [C]. 2009 International Conference on Information Management, Innovation Management and Industrial Engineering, 2009: 102-105.

② 韩兆洲，安宁宁．最低工资、劳动力供给和失业——基于VAR模型的实证研究［J］．暨南学报（哲学社会科学版），2007（1）．

③ 罗燕，韩冰．广东省最低工资标准的就业效应研究——基于21个城市面板数据的实证分析［J］．产经评论，2013（4）．

④ 田贵贤．最低工资对就业的影响及其作用机制——基于建筑业面板数据的分析［J］．财经论丛，2015（5）．

⑤ 刘苓玲，黄钢．最低工资标准的就业效应研究——基于30个省际面板数据的实证分析［J］．产经评论，2015（1）．

⑥ NI J, WANG G, YAO X. Impact of Minimum Wages on Employment: Evidence from China [J]. Chinese Economy, 2011, 44 (1): 18-38.

中部地区最低工资标准的提升对劳动力就业具有负效应①。贾朋等（2012）的研究结果则表明，尽管最低工资标准的提升有利于提高低技能男性和青年女性的工资水平，但不利于中年女性的就业②。

收入效应和替代效应的相对大小，决定了最低工资制度影响劳动收入份额的方向。翁杰和徐圣（2015）利用2002—2012年中国工业部门的省级面板数据研究最低工资制度对收入分配的影响，结果发现最低工资标准的提高对劳动收入份额有明显的降低作用③。何欢浪和张娟（2019）基于1998—2007年中国城市层面最低工资数据和中国工业企业数据库，探究最低工资制度对企业劳动收入份额的影响，发现最低工资制度显著降低了劳动收入份额，最低工资标准每上升10%，制造业企业劳动收入份额整体下降约0.3%④。万江滔和魏下海（2020）认为，最低工资制度通过提高企业工资水平，促使企业转变要素投入方式，以资本替代劳动，导致企业资本集约度上升，使得企业劳动收入份额下降。基于1998—2013年全国2600多个区县和中国工业企业数据库的实证研究发现，最低工资制度显著降低了企业的劳动收入份额，最低工资标准每上涨10%，劳动收入份额下降1.43个百分点⑤。杜鹏程等（2022）利用2001—2007年中国工业企业数据库和最低工资数据，研究最低工资标准上涨带来的要素成本上升如何影响劳动收入份额，发现最低工资标准的上涨提高了劳动力成本，降低了中间品的相对价格，使得企业减少劳动力投入而增加中间品投入，导致劳动收入份额下降，表明最低工资制度的替

① 张璐，徐雷．最低工资水平对城镇正规部门劳动力就业的效应分析［J］．首都经济贸易大学学报，2014（1）．

② 贾朋，张世伟．最低工资标准提升的就业效应——一个基于自然实验的经验研究［J］．财经科学，2012（5）．

③ 翁杰，徐圣．最低工资制度的收入分配效应研究——以中国工业部门为例［J］．中国人口科学，2015（3）．

④ 何欢浪，张娟．最低工资会提高中国企业的劳动收入份额吗？［J］．世界经济文汇，2019（4）．

⑤ 万江滔，魏下海．最低工资规制对企业劳动收入份额的影响——理论分析与微观证据［J］．财经研究，2020（7）．

代效应超过了收入效应①。

以上研究集中于讨论最低工资制度对工资、就业水平和劳动收入份额的影响，但存在以下几点不足：一是缺乏针对不同行业特点的系统性研究。如一地区主要发展资本密集型行业，面对最低工资标准上涨，企业选择增加资本投入的可能性较大，最低工资制度可能会降低该地区的就业水平。若当地劳动密集型企业较多，情况可能会有所不同。二是缺乏统一框架将最低工资制度的收入效应和替代效应纳入在内。收入效应表现为劳动者工资水平受最低工资制度的影响，替代效应表现为劳动者就业状况受最低工资制度的影响。两者相乘正好为劳动所得。因此，最低工资制度对民营企业劳动收入份额的影响可分解为收入效应和替代效应。三是缺乏针对民营企业的相关研究。本书第二章和第三章分别从实证和理论的角度探讨了现阶段发展民营经济与提高劳动收入份额的矛盾。已有研究发现，民营企业普遍存在最低工资覆盖率偏低的现象②。因此，探讨最低工资制度能否提高民营企业劳动收入份额，对于化解发展民营经济与提高劳动收入份额的矛盾具有重要意义。

针对以上问题，本章基于2005—2008年和2011—2013年中国工业企业数据库民营企业面板数据，尝试构建“最低工资制度—工资/资本劳动比—民营经济劳动收入份额”的分析框架，深入研究最低工资制度对不同类型的民营经济劳动收入份额的影响，探讨最低工资制度对我国民营经济劳动收入份额的影响。

二、最低工资影响民营经济劳动收入份额的理论分析

假设经济体中的某家民营企业只投入资本与劳动两种要素进行生产，生产方式可用CES生产函数解释：

---

① 杜鹏程，刘睿雯，张烁珣. 要素成本与劳动收入份额：来自最低工资与进口关税的证据[J]. 世界经济，2022（2）.

② 叶静怡，杨洋. 最低工资标准及其执行差异：违规率与违规深度[J]. 经济学动态，2015（8）.

$$Y=A\ (aK^{\rho}+bL^{\rho})^{1/\rho} \tag{4-1}$$

其中，Y 为企业总产出；K 为企业资本存量；L 为企业投入的劳动力数量；A 为技术系数；a 和 b 是资本和劳动对产出的作用系数，有 a，$b \in (0, 1)$，$a+b=1$；$\rho<1$，$1/(1-\rho)$ 为资本与劳动的替代弹性 σ，$\sigma \in (1, \infty)$。假设不存在税收，企业的产出所得将在资本与劳动之间进行分配，即有 $Y=rK+wL$。民营企业劳动收入份额可以表示为：

$$LS=\frac{wL}{Y}=\frac{w}{(Y/L)}=\frac{w}{A\ (ak^{\rho}+b)^{1/\rho}} \tag{4-2}$$

其中，k 为企业资本劳动比 K/L。劳动收入份额的变化可以分解为工资水平的变化与资本劳动比的变化。如果最低工资制度提高了工资水平，民营企业倾向于以资本替代劳动，将导致资本劳动比提高。资本劳动比的变化蕴含着民营企业就业的变化以及最低工资制度的替代效应。因此，以劳动收入份额为研究对象可以将最低工资制度的收入效应和替代效应纳入统一分析框架。将产品价格 P 单位化为 1，假设在最低工资标准提升前，民营企业满足利润最大化条件，工资水平等于边际产品价值：

$$w=Ab\ (ak^{\rho}+b)^{(1-\rho)/\rho} \tag{4-3}$$

最低工资制度引起企业工资水平外生性增长，设最终上涨到 $\bar{w}$ 的水平。令 w_0 为民营企业初始工资水平，k_0 为民营企业初始资本劳动比水平，有 $\bar{w}>w_0$。企业将面临以下情况：

$$\bar{w}>w_0=Ab\ (ak_0^{\rho}+b)^{(1-\rho)/\rho} \tag{4-4}$$

工资水平上涨意味着企业劳动力成本增加，劳动力的边际成本大于边际收益。为实现利润最大化，企业选择提高劳动力的边际收益。对式（4-4）求导可得：

$$\frac{\mathrm{d}w}{\mathrm{d}k}=Aab\ (1-\rho)\ k^{\rho-1}\ (ak^{\rho}+b)^{(1-2\rho)/\rho} \tag{4-5}$$

由于 $\rho<1$，式（4-5）恒大于 0，因此面对工资水平上涨，企业必定选择以资本替代劳动，提高自身的资本劳动比。根据最低工资调整次数的不同，可以将最低工资制度影响劳动收入份额的情况分为两类：单次调整和多次调

整。两类情况的区别在于，单次调整最低工资标准的情况下，民营企业具有充足的时间调整自身的要素投入比例，最终可使劳动力边际成本与边际收益再次相等，企业生产状况再次达到均衡；多次调整最低工资标准的情况下，由于最低工资标准调整频率较高，企业没有充足的时间调整自身的要素投入比例，民营企业将长期处于劳动力边际成本不等于劳动力边际收益的状况下。

(一) 单次调整最低工资标准

若最低工资标准仅调整一次，民营企业为实现利润最大化，选择改变要素投入比例，提高资本劳动比 k 以提高劳动力的边际产出水平，假设资本劳动比最终提高到 $\bar{k}$，此时有：

$$\bar{w}=Ab(a\bar{k}+b)^{(1-\rho)/\rho} \tag{4-6}$$

由于 $\bar{w}>w_0$，因此有 $\bar{k}>k_0$。当最低工资制度导致民营企业工资水平外生性增长时，企业资本劳动比 k 也将上涨，要素投入中资本所占比例提高。工资水平 w 与资本劳动比 k 的变化将直接影响企业劳动收入份额。根据式（4-6），工资调整后的劳动收入份额变为：

$$\overline{LS}=\frac{\bar{w}}{A\ (a\bar{k}+b)^{1/\rho}}=\frac{\bar{w}}{A\left[\ (\bar{w}/Ab)^{\rho/(1-\rho)}\ \right]^{1/\rho}}=A^{\frac{\rho}{1-\rho}}b^{\frac{1}{1-\rho}}\bar{w}^{\frac{-\rho}{1-\rho}}=\psi\bar{w}^{\frac{-\rho}{1-\rho}} \tag{4-7}$$

其中，$A^{\frac{\rho}{1-\rho}}b^{\frac{1}{1-\rho}}=\psi$。将调整后的劳动收入份额对 $\bar{w}$ 求导可得：

$$\frac{\partial\ \overline{LS}}{\partial\ \bar{w}}=\psi\left(-\frac{\rho}{1-\rho}\right)\ \bar{w}^{-\frac{1}{1-\rho}} \tag{4-8}$$

由式（4-8）可知，最低工资标准提高对企业劳动收入份额的影响依赖于 ρ 的大小。根据已有研究，我国企业的资本与劳动之间普遍存在显著的替代关系①，即 $0<\rho<1$，资本与劳动的替代弹性 $\sigma=1/(1-\rho)>1$。此时，单次调整最低工资标准不利于提高民营企业劳动收入份额。

① 陈登科，陈诗一．资本劳动相对价格、替代弹性与劳动收入份额［J］．世界经济，2018（12）．

(二)多次调整最低工资标准

本文搜集的最低工资标准数据显示，2005—2013 年，样本中的 347 个城市（包括直辖市、地级市、省直管市、自治州等）共调整最低工资标准 1980 次，每个城市 9 年内平均调整约 5.71 次，约 1.58 年便会调整 1 次最低工资标准，而孙睿君（2010）研究发现企业面对外部冲击平均需要 2.56 年的时间完成劳动力调整的 50%①。民营企业所在城市平均 1.58 年便会调整一次最低工资标准，而需要花费 2.56 年才能调整 50%的劳动力，因此现实是民营企业没有充足的时间对要素投入比例进行充分调整以达到再次均衡，民营企业长期处于劳动力边际成本不等于边际收益的情况。最低工资标准提升导致企业工资水平由 w 迅速调整至 $\bar{w}$，但企业资本劳动比调整起来比较缓慢，将长期处于 k_0 与 $\bar{k}$ 之间。不妨设此时资本劳动比为 k_t，于是有 $k_0<k_t<\bar{k}$。此时，民营企业劳动收入份额变为：

$$\overline{LS}=\frac{\bar{w}}{A\ (ak_t+b)^{1/\rho}} \tag{4-9}$$

最低工资制度导致民营企业工资水平由 w 上涨至 $\bar{w}$，为民营企业劳动收入份额带来正向的收入效应。与此同时，企业资本劳动比 k_t 缓慢上涨。将 $\overline{LS}$ 对 k_t 求导可得：

$$\frac{\partial\ \overline{LS}}{\partial\ K_t}=\left(-\frac{1}{\rho}\right)\left(\frac{a\bar{w}}{A}\right)\ (ak_t+b)^{\frac{-1}{\rho-1}} \tag{4-10}$$

由于 $0<\rho<1$，即民营企业资本与劳动之间存在替代关系，此时式（4-10）小于 0。这表明民营企业以资本替代劳动的行为导致自身劳动收入份额下降，带来替代效应。但是，由于此时资本劳动比小于均衡状态下的水平，替代效应存在小于收入效应的可能性，即在多次调整最低工资标准的情况下，由于企业无法及时调整自身资本与劳动投入比例，存在最低工资制度有利于提高民营企业劳动收入份额的可能性。最低工资制度对民营企业劳动收入份额的

---

① 孙睿君. 我国的动态劳动需求及就业保护制度的影响：基于动态面板数据的研究［J］. 南开经济研究，2010（1）.

总效应依赖于收入效应和替代效应的大小。

根据以上分析结果，本章得出以下假设：

假设 1：最低工资制度为民营企业劳动收入份额带来两种效应：一是提高工资水平的收入效应；二是企业以资本替代劳动导致企业资本劳动比上升的替代效应。最低工资制度对民营企业劳动收入份额的影响依赖于收入效应和替代效应的相对大小。

假设 2：短期内多次调整最低工资标准导致民营企业没有充分的时间调整自身要素投入结构，因此存在替代效应小于收入效应的可能性。最低工资制度可能有利于提升民营企业劳动收入份额。

三、最低工资影响民营经济劳动收入份额的实证研究设计

（一）实证模型构建与变量说明

结合理论分析，本章设定最低工资制度影响民营经济劳动收入份额的实证模型为：

$$LS_{ict}=\alpha_0+\alpha_1\ln mwage_{ct}+\delta\boldsymbol{Z}_{ict}+\theta\boldsymbol{X}_{ct}+\gamma_i+\gamma_c+\gamma_t+\varepsilon_{ict} \tag{4-11}$$

其中，被解释变量 LS 表示民营企业劳动收入份额。针对劳动收入份额中过高或过低的极端值，本章对 LS 进行缩尾处理（即将大于 99%和小于 1%分位的数据按 99%和 1%分位数处理，减少异常值的影响）($P=0.05$)。$\ln mwage$ 表示地区滞后一期最低工资标准的自然对数值，是核心解释变量。向量 $\boldsymbol{Z}$ 是一系列民营企业控制变量。向量 $\boldsymbol{X}$ 为民营企业所在城市的一系列经济发展变量。i、c、t 分别表示企业、城市、年份。γ_i、γ_c 和 γ_t 分别表示企业、城市和年份固定效应，ε_{ict} 表示随机扰动项。

参考文雁兵和陆雪琴（2018）的研究结果①，本章引入的企业控制变量组 ***Z*** 包括：垄断定价能力 *markup*，以“（主营业务收入-主营业务成本）÷主营业务收入”计算得到；企业融资约束 *loanrate*，以“利息支出÷负债总额”计算得到；企业税收负担，以企业间接税率 *indirecttax* 和所得税实际税率 *incometax* 表示，分别以“（主营业务税金+应缴增值税+管理费用中的税金）÷主营业务收入”和“应缴所得税÷利润总额”计算得到；企业利润率 *profitrate*，用“利润总额÷资产总额”计算得到；企业杠杆率 *leverage*，用“负债总额÷产出总额”计算得到；企业规模 ln*revenue*，用主营业务收入的自然对数值计算得到。城市控制变量组 ***X*** 包括企业所在城市的人均生产总值水平 *gdpper*、城镇在职人员数量 *job*、城镇单位在岗职工平均工资 *locwage*，分别用“所在城市地区生产总值÷城市年末人口数的自然对数值”“城镇在职人员数量的自然对数值”和“城镇单位在岗职工平均工资水平的自然对数值”计算得到。

此外，为考察最低工资制度对民营企业的收入效应和替代效应，本章引入民营企业工资水平 ln*wage* 和资本劳动比 ln*K*_ *L*，分别用“民营企业工资水平的自然对数值”和“固定资本合计÷从业人员总数的自然对数值”计算得到。

（二）数据说明与统计描述

本章采用的数据为 2005—2013 年中国城市层面最低工资标准和民营企业劳动收入份额数据，分别来自中国工业企业数据库与各省（区、市）相关政府文件。

中国工业企业数据库（2005—2013 年）为本章提供了被解释变量民营企业劳动收入份额数据。考虑企业法人代码的唯一性，本章按照企业法人代码将不同年份的民营企业（包括私营独资企业、私营合伙企业、私营有限责任公司、私营股份有限公司）进行匹配筛选。由于 2009 年和 2010 年中国工业企业数据库未公布企业应付工资总额数据，无法计算劳动收入份额和工资水平，因此将 2009 年和 2010 年数据舍掉，最终得出 24194 家民营企业 2005—

① 文雁兵，陆雪琴．中国劳动收入份额变动的决定机制分析——市场竞争和制度质量的双重视角［J］．经济研究，2018（9）．

2008 年和 2011—2013 年的微观企业面板数据，具有良好的大样本性质。参考白重恩等（2008）①、魏下海等（2017）② 的做法，本章利用要素成本增加值（value added at factor cost）测算民营企业层面劳动收入份额。计算公式为劳动收入份额=应付工资总额÷（应付工资总额+营业利润+累计折旧+利息支出+应付增值税）。

各省（区、市）相关政府文件为本章提供了主要解释变量最低工资标准数据。考虑不同省（区、市）调整最低工资标准的时间不同，本文选取企业所在城市滞后一期的最低工资标准，以其自然对数值计算得到。

主要变量的描述性统计如表 4-1 所示。

表 4-1 主要变量描述性统计

变量名	含义	观测值	平均值	标准差	最小值	最大值
LS	劳动收入份额	161956	0. 2581	0. 1544	0. 0504	0. 5950
ln*mwage*	最低工资标准	161956	6. 5728	0. 3680	5. 5013	7. 3563
ln*wage*	工资水平	161956	11. 998	0. 7080	2. 6838	21. 047
ln*K_L*	资本劳动比	161044	3. 9100	1. 2038	−5. 6560	13. 260
markup	垄断定价能力	161956	0. 0138	0. 0973	−6. 6770	0. 9998
loanrate	融资约束	161650	0. 0629	0. 6450	−4. 8773	110. 5
indirecttax	间接税率	142074	0. 0403	0. 0327	−0. 1760	0. 6194
incometax	所得税实际税率	151326	0. 1728	0. 8694	−206. 5	153
profitrate	利润率	161935	0. 1718	3. 3346	−8. 5910	1335. 1
leverage	杠杆率	161931	0. 4273	0. 7498	−0. 4760	167. 30
ln*revenue*	企业规模	161956	11. 030	1. 1231	6. 7558	17. 265
gdpper	人均生产总值水平	265	10. 967	0. 7315	7. 8814	13. 054
job	城镇在职人员数量	265	3. 5018	1. 1075	0. 4187	6. 5145
locwage	在岗职工工资水平	265	10. 424	0. 4356	7. 5856	11. 462

① 白重恩，钱震杰，武康平. 中国工业部门要素分配份额决定因素研究［J］. 经济研究，2008（8）.

② 魏下海，董志强，蓝嘉俊. 地区性别失衡对企业劳动收入份额的影响：理论与经验研究［J］. 世界经济，2017（4）.

从表4-1中可以看出，我国民营企业劳动收入份额均值为25.81%，处于较低水平。2013年，样本包含的24194家民营企业中有118家企业月工资水平低于当地最低工资标准，占比0.49%，比重较小。表面来看，最低工资制度对民营企业的影响应集中在这118家企业之中。但是，已有研究表明，最低工资制度可能对工资水平存在溢出效应，从而对其他民营企业产生影响。最低工资制度对不同行业民营企业工资水平的影响将在下文实证部分进行详细分析。

（三）估计策略

提高最低工资对不同类别企业的工资水平存在不同影响。对于传统劳动密集型产业，技术含量较低，最低工资上涨的影响较大①，而是否存在溢出效应则不确定②。对于资本密集型产业，由于比较优势和资源禀赋的差异，其技术进步的方向可能与劳动密集型产业存在不同。而对于技术密集型企业，由于其本身工资水平较高，最低工资标准是否对其有外溢效果仍需检验，还需进一步检验技术进步的方向。因此，在考察最低工资对劳动收入份额的影响时，还需区分其对不同类型企业的影响。

国泰安中国非上市公司数据库中收纳了企业所属行业变量，以行业代码的形式予以分类。数据库中民营企业主要集中于采矿业，制造业，电力、燃气及水的生产和供应业三类。依据行业代码，选取劳动密集型、资本密集型和技术密集型产业的典型行业。由于学界没有统一的分类标准，考虑1998—2007年对应我国市场化进程快速推进的阶段，产业结构发生巨大变化，很多原有的劳动密集型产业已经通过引入先进的机械设备而变为资本密集型产业，因此在选取典型行业时需要考虑产业升级的动态性。基于企业的行业差异，本章将企业分为劳动密集型、资本密集型和技术密集型三类，参考郭克莎

① 马双，张劼，朱喜．最低工资对中国就业和工资水平的影响［J］．经济研究，2012（5）．

② 邸俊鹏，韩清．最低工资标准提升的收入效应研究［J］．数量经济技术经济研究，2015（7）．

(2005)[①]、黄桂田（2009)[②] 的研究成果，具体分类标准如下：

劳动密集型行业包括食品制造业，饮料制造业，烟草制造业，纺织业，纺织服装、鞋、帽制造业，皮革、毛皮、羽毛（绒）及其制品业，木材加工及木、竹、藤、棕、草制品业，家具制造业，印刷业和记录媒介的复制，文教体育用品制造业，橡胶制品业，塑料制品业。

资本密集型行业包括煤炭开采和洗选业，石油和天然气开采业，黑色金属矿采选业，有色金属矿采选业，非金属矿采选业，其他采矿业，农副食品加工业，造纸及纸制品业，石油加工、炼焦及核燃料加工业，化学纤维制造业，非金属矿物制品业，黑色金属冶炼及压延加工业，有色金属冶炼及压延加工业，金属制品业，工艺品及其他制造业，废弃资源和废旧材料回收加工业，电力、热力的生产和供应业，燃气生产和供应业，水的生产和供应业。

技术密集型行业包括化学原料及化学制品制造业，医药制造业，通用设备制造业，专用设备制造业，交通运输设备制造业，电气机械及器材制造业，通信设备、计算机及其他电子设备制造业，仪器仪表及文化、办公用机械制造业。

此外，将民营企业所在城市的最低工资标准与劳动收入份额进行回归，可能面临内生性问题：一是最低工资制度与劳动收入份额之间存在反向因果关系，即一个地区的劳动收入份额会对最低工资制度产生影响。调整最低工资标准需要考虑当地的经济发展水平和人均收入水平，属于收入类指标；而劳动收入份额是劳动所得占全部产值的比重，本质上也是收入类指标，有可能对当地的最低工资标准产生影响，即可能存在反向因果关系。二是遗漏变量偏误问题。如果误差项中影响最低工资标准的相关因素不能被完全控制，那么实证分析将得到有偏估计。对此，本章一方面引入滞后一期最低工资标准自然对数值作为核心解释变量，考察滞后一期最低工资标准的变化率对当年民营企业劳动收入份额的影响，可消除当年劳动收入份额与最低工资制度

---

① 郭克莎. 我国技术密集型产业发展的趋势、作用和战略［J］. 产业经济研究，2005（5）.

② 黄桂田. 劳动密集型制造业：划分方法和产业规模度量——基于1993—2007年行业数据的模糊聚类方法［C］//社会主义经济理论研究集萃——纪念新中国建国60周年（2009）. 全国高校社会主义经济理论与实践研讨会第23次会议，2009.

之间的反向因果关系；另一方面引入企业所在城市控制变量组和城市固定效应，尽量降低企业所在城市特点对最低工资制度和民营企业劳动收入份额的内生性影响。

四、最低工资影响民营经济劳动收入份额的实证分析

（一）基准估计结果

表 4-2 报告了基准回归的估计结果，其中回归结果（1）以民营企业劳动收入份额作为被解释变量，引入企业控制变量组 $\boldsymbol{Z}$、城市控制变量组 $\boldsymbol{X}$、企业固定效应 γ_i、城市固定效应 γ_c 和年份固定效应 γ_t；回归结果（2）～（4）分别考察最低工资制度对劳动密集型、资本密集型、技术密集型民营企业劳动收入份额的影响。

表 4-2　基准回归结果

变量	(1) 全样本	(2) 劳动密集型	(3) 资本密集型	(4) 技术密集型
ln*mwage*	0.0033 (0.0036)	0.0041 (0.0065)	0.0174*** (0.0064)	−0.0212** (0.0065)
markup	−0.2365*** (0.0042)	−0.2073*** (0.0075)	−0.2704*** (0.0078)	−0.2047*** (0.0072)
loanrate	−0.0006 (0.0005)	−0.0005 (0.0007)	−0.0001 (0.0007)	0.0002 (0.0022)
indirecttax	−0.5496*** (0.0119)	−0.6660*** (0.0222)	−0.4369*** (0.0205)	−0.5391*** (0.0204)
incometax	−0.0004 (0.0003)	−0.0007 (0.0005)	−0.0002 (0.0004)	0.0001 (0.0013)
profitrate	−0.0002*** (0.0001)	−0.0435*** (0.0021)	−0.0001 (0.0001)	−0.0244*** (0.0016)

续表

变量	(1) 全样本	(2) 劳动密集型	(3) 资本密集型	(4) 技术密集型
leverage	−0. 0030*** (0. 0004)	−0. 0133*** (0. 0015)	−0. 0022*** (0. 0005)	−0. 0029** (0. 0013)
ln*revenue*	−0. 0401*** (0. 0006)	−0. 0346*** (0. 0012)	−0. 0419*** (0. 0011)	−0. 0393*** (0. 0011)
gdpper	−0. 0093*** (0. 0029)	−0. 0101* (0. 0053)	−0. 0155*** (0. 0053)	−0. 0029 (0. 0049)
job	−0. 0006 (0. 0017)	−0. 0116*** (0. 0030)	0. 0056* (0. 0035)	0. 0047 (0. 0034)
locwage	−0. 0128*** (0. 0040)	−0. 0224*** (0. 0073)	−0. 0054 (0. 0075)	−0. 0073 (0. 0069)
企业固定效应	是	是	是	是
城市固定效应	是	是	是	是
年份固定效应	是	是	是	是
样本量	135792	44905	41229	44954

回归结果（1）显示，最低工资制度对民营企业劳动收入份额的影响不显著，可能的原因在于，在多次调整最低工资标准的情况下，民营企业资本与劳动之间存在替代关系，负向的替代效应抵消了最低工资标准提升带来的正向收入效应，因此还需要进一步将收入效应和替代效应进行分解。回归结果（2）～（4）显示，最低工资制度对劳动密集型民营企业劳动收入份额的影响为正，但不显著；对资本密集型民营企业劳动收入份额存在显著的正向影响，最低工资标准每提高 1 个百分点，该类企业劳动收入份额提高 0. 0174 个百分点；对技术密集型民营企业劳动收入份额存在显著的负向影响，最低工资标准每提高 1 个百分点，该类企业劳动收入份额下降 0. 0212 个百分点。

控制变量的结果显示，民营企业垄断定价能力、间接税率、利润率、杠杆率和企业规模与自身劳动收入份额之间存在负相关关系，该结论与文雁兵等（2018）① 一致。民营企业所在地人均生产总值越高，劳动收入份额越低，说明我国民营经济仍处于劳动收入份额随经济增长而下降的阶段。

（二）收入效应和替代效应估计

为了进一步验证理论假说，本章进一步将民营企业的工资水平和资本劳动比作为被解释变量，同样以滞后一期的最低工资标准作为解释变量，构建实证回归模型，估计最低工资制度影响民营企业工资水平和资本劳动比的收入效应和替代效应，进而分析最低工资制度的影响机制。具体回归模型如下：

$$\ln wage_{ict}=\beta_0+\beta_1 lmwage_{ct}+\eta \boldsymbol{Z}_{ict}+\lambda \boldsymbol{X}_{ct}+\mu_i+\mu_c+\mu_t+\tau_{ict} \tag{4-12}$$

$$\ln K\_L_{ict}=c_0+c_1 lmwage_{ct}+d\boldsymbol{Z}_{ict}+f\boldsymbol{X}_{ct}+g_i+g_c+g_t+\rho_{ict} \tag{4-13}$$

其中，民营企业工资水平 ln*wage* 和民营企业资本劳动比 ln*K_ L* 为被解释变量，μ_i、g_i 均表示企业固定效应，μ_c、g_c 均表示城市固定效应，μ_t、g_t 均表示年份固定效应。本章重点关注 β_1 和 c_1 的显著性，两者分别代表了最低工资制度对民营企业工资水平和资本劳动比的影响。

表 4-3　间接机制估计

变量	收入效应				替代效应			
	(1)	(2)	(3)	(4)	(5)	(6)	(7)	(8)
	全样本	劳动密集型	资本密集型	技术密集型	全样本	劳动密集型	资本密集型	技术密集型
ln*mwage*	0. 1184***	0. 1440***	0. 2046***	0. 0303	0. 2765***	0. 3996***	0. 1731***	0. 2333***
	(0. 0202)	(0. 0360)	(0. 0381)	(0. 0379)	(0. 0288)	(0. 0498)	(0. 0502)	(0. 0516)
Z	是	是	是	是	是	是	是	是
X	是	是	是	是	是	是	是	是
企业固定效应	是	是	是	是	是	是	是	是
城市固定效应	是	是	是	是	是	是	是	是
年份固定效应	是	是	是	是	是	是	是	是
样本量	135792	44905	41229	44954	134896	44622	40980	44674

① 文雁兵，陆雪琴．中国劳动收入份额变动的决定机制分析——市场竞争和制度质量的双重视角［J］．经济研究，2018（9）．

表4-3回归结果（1）～（4）报告了最低工资制度对民营企业工资水平的影响，估计系数表明最低工资制度提高了民营企业的工资水平，这一影响主要集中于劳动密集型企业和资本密集型企业，对技术密集型民营企业影响不显著，即最低工资制度对技术密集型民营企业不存在溢出效应。最低工资标准每提高1个百分点，劳动密集型和资本密集型民营企业的工资水平将分别上升0.1440个和0.2046个百分点，使得整体民营企业工资水平上升0.1184个百分点，三个回归结果均通过了显著性水平为1%的统计检验。回归结果（5）～（8）报告了最低工资制度对民营企业资本劳动比的影响，估计系数表明最低工资制度提高了民营企业的资本劳动比。无论所在行业是劳动密集型、资本密集型还是技术密集型，民营企业都会选择以资本替代劳动，导致资本深化程度加深。最低工资标准每提高1个百分点，劳动密集型、资本密集型、技术密集型民营企业的资本劳动比将分别提高0.3996个、0.1731个、0.2333个百分点，民营企业整体资本劳动比将提高0.2765个百分点。以上结果均通过显著性水平为1%的统计检验。为什么最低工资制度对技术密集型民营企业的工资水平无显著影响，但却会引起该类企业以资本替代劳动，导致资本劳动比显著提升？原因在于最低工资制度引起劳动密集型、资本密集型民营企业工资水平的上涨为技术密集型民营企业决策者带来了工资上涨的信号与预期，技术密集型民营企业决策者面对未来用工成本上升的可能，选择以资本替代劳动，因此出现最低工资制度对技术密集型民营企业工资水平无显著影响，却导致其资本劳动比上升的现象。最低工资制度提高了企业的工资水平和资本劳动比，带来了收入效应和替代效应，从而验证了假设1。

（三）收入效应和替代效应分解

前文分别探讨了最低工资制度对民营企业劳动收入份额、工资水平和资本劳动比的影响。本章接下来结合最低工资制度对工资和资本劳动比的影响及其对劳动收入份额的影响，分解收入效应和替代效应。将民营企业工资水平 $\ln wage$ 和资本劳动比 $\ln K\_L$ 引入式（4-11），得到式（4-14）：

$$LS_{ict}=\omega_0+\omega_1\ln mwage_{ct}+\omega_2\ln wage_{ict}+\omega_3\ln K\_L_{ict}+m\boldsymbol{Z}_{ict}+n\boldsymbol{X}_{ct}+h_i+h_c+h_t+\vartheta_{ict} \tag{4-14}$$

其中，ω_1 为最低工资制度影响民营企业劳动收入份额的其他效应，ω_2 为最低工资制度影响民营企业劳动收入份额的收入效应，ω_3 为最低工资制度影响民营企业劳动收入份额的替代效应。通过对式（4-14）进行回归分析，可以估计最低工资制度影响民营企业劳动收入份额的其他效应 ω_1 以及工资、资本劳动比与劳动收入份额的相关关系。在此基础上，结合表 4-2 和表 4-3 的回归结果，估计最低工资制度影响民营企业劳动收入份额的收入效应和替代效应。式（4-14）的部分回归结果见表 4-4。

表 4-4　式（4-14）的部分回归结果

变量	(1) 全样本	(2) 劳动密集型	(3) 资本密集型	(4) 技术密集型
ω_1	0.0125*** (0.0031)	0.0194*** (0.0055)	0.0120** (0.0054)	-0.0074 (0.0056)
ω_2	0.0889*** (0.0005)	0.0962*** (0.0009)	0.0872*** (0.0009)	0.0888*** (0.0008)
ω_3	-0.0492*** (0.0004)	-0.0529*** (0.0006)	-0.0484*** (0.0007)	-0.0475*** (0.0006)

表 4-4 第（1）列报告了民营企业全样本的回归结果。结果显示，在控制民营企业工资和资本劳动比后，最低工资制度其他效应的回归系数 ω_1 为 0.0125，通过了显著性水平为 1%的统计检验。这表明，除收入效应和替代效应外，最低工资制度还存在提升民营企业劳动收入份额的其他效应。该效应可能源于最低工资制度与其他劳动保护制度相结合，同时影响民营企业劳动收入份额。民营企业工资水平的回归系数 ω_2 为 0.0889，通过了显著性水平为 1%的统计检验。这表明，民营企业工资水平与劳动收入份额之间存在显著的正相关关系。资本劳动比的回归系数 ω_3 为-0.0492，通过了显著性水平为 1%的统计检验，表明民营企业资本劳动比与劳动收入份额之间存在显著的负相关关系。结合表 4-3 的回归结果，即最低工资制度提高了民营企业的工资水

平和资本劳动比，可以认为，存在两种最低工资制度影响民营企业劳动收入份额的作用机制：一是通过提高民营企业工资水平进而提高劳动收入份额的收入效应；二是通过提高资本劳动比进而影响劳动收入份额的替代效应。

表4-4的第（2）~（4）列分别以劳动密集型、资本密集型、技术密集型民营企业为样本进行回归。结果显示：第一，对于劳动密集型民营企业而言，最低工资制度其他效应的回归系数为0.0194，通过了显著性水平为1%的统计检验，表明最低工资制度对劳动密集型民营企业劳动收入份额存在显著为正的其他效应；第二，对于资本密集型民营企业而言，最低工资制度其他效应的回归系数为0.0120，通过了显著性水平为5%的统计检验，表明最低工资制度对资本密集型民营企业劳动收入份额存在显著为正的其他效应；第三，对于技术密集型民营企业而言，最低工资制度的回归系数为-0.0074，未通过显著性水平为10%的统计检验，表明最低工资制度对技术密集型民营企业劳动收入份额不存在显著的其他效应。三类民营企业工资水平的回归系数均为正，资本劳动比的回归系数均为负，且均通过了显著性水平为1%的统计检验，再次表明工资与劳动收入份额之间的正相关关系以及资本劳动比与劳动收入份额之间的负相关关系。

结合表4-2~表4-4的结果，可以对比分析最低工资制度的收入效应、替代效应和总效应。

1. 最低工资制度影响民营企业劳动收入份额的收入效应

将式（4-12）和式（4-13）代入式（4-14），得到式（4-15）：

$$LS_{ict}=\omega_0+\omega_1\beta_0+\omega_3c_0+(\omega_1+\omega_2\beta_1+\omega_3c_1)\ln mwage_{ct}+m\boldsymbol{Z}_{ict}+n\boldsymbol{X}_{ct}+p_i+p_c+p_t+q_{ict} \tag{4-15}$$

式（4-15）中β_1和c_1来自式（4-12）和式（4-13），$\omega_2\beta_1$为最低工资制度影响民营企业劳动收入份额的收入效应，ω_3c_1为最低工资制度影响民营企业劳动收入份额的替代效应。收入效应的具体计算过程见表4-5。

表 4-5 最低工资制度影响民营企业劳动收入份额的收入效应

变量	全样本	劳动密集型	资本密集型	技术密集型
β_1	0.1184***	0.1440***	0.2046***	0.0000
ω_2	0.0889***	0.0962***	0.0872***	0.0888***
$\omega_2\beta_1$	0.0105	0.0139	0.0178	0.0000

注：在计算最低工资标准对民营企业劳动收入份额的不同效应时考虑了回归系数的显著性，将未达到10%显著性水平的回归系数记为0，导致本表与表4-3和表4-4的结果略有不同。表4-3中最低工资对技术密集型企业工资水平的回归系数为0.0303，未通过显著性检验，因此在本表中记为0。

表4-5显示，在样本考察期内，我国最低工资标准每提高1个百分点，民营企业职工工资水平提高0.1184个百分点；而民营企业职工工资水平每提高1个百分点，民营企业劳动收入份额提高0.0889个百分点，两种机制的共同影响即代表最低工资标准提高对民营企业劳动收入份额的收入效应。经过简单计算可以发现，考察期内我国最低工资标准每提高1个百分点，收入效应就会使民营企业劳动收入份额水平上升0.0105个百分点，这便是我国最低工资制度影响民营企业劳动收入份额的收入效应。

对不同行业而言，在样本考察期内，我国最低工资标准每提高1个百分点，劳动密集型民营企业职工工资水平提高0.1440个百分点，资本密集型民营企业职工工资水平提升0.2046个百分点，对技术密集型民营企业职工工资水平无显著影响。三类民营企业劳动收入份额与工资水平的相关系数分别为0.0962、0.0872与0.0888。因此简单计算可得，最低工资制度对劳动密集型、资本密集型和技术密集型民营企业劳动收入份额的收入效应分别为0.0139、0.0178和0.0000。

总之，最低工资制度显著提高了民营企业职工的工资水平。由于工资上涨对民营企业劳动收入份额具有正向作用，因此最低工资制度对民营企业劳动收入份额有显著为正的收入效应。总体而言，最低工资标准每提高1个百分点，会为全行业民营企业带来0.0105的收入效应。最低工资制度的收入效应存在行业异质性，在资本密集型行业最高，为0.0178；劳动密集型行业其次，为0.0139；技术密集型行业无显著的收入效应。因此，随着我国民营企业从劳动密集型向资本密集型和技术密集型升级，最低工资制度的收入效应将呈现先上升后下降的倒“U”形变化趋势。

2. 最低工资制度影响民营企业劳动收入份额的替代效应

式（4-15）中，$\omega_3 c_1$ 为最低工资制度影响民营企业劳动收入份额的替代效应。替代效应的具体计算过程见表 4-6。

表 4-6　最低工资制度影响民营企业劳动收入份额的替代效应

变量	全样本	劳动密集型	资本密集型	技术密集型
c_1	0.2765***	0.3996***	0.1731***	0.2333***
ω_3	-0.0492***	-0.0529***	-0.0484***	-0.0475***
$\omega_3 c_1$	-0.0136	-0.0211	-0.0084	-0.0111

表 4-6 显示，在样本考察期内，我国最低工资标准每提高 1 个百分点，民营企业资本劳动比平均上升 0.2765 个百分点；而民营企业资本劳动比每提高 1 个百分点，民营企业劳动收入份额下降 0.0492 个百分点，两种机制的共同影响即代表最低工资制度影响民营企业劳动收入份额的替代效应。经过简单计算发现，样本考察期内我国最低工资标准每提高 1 个百分点，民营企业劳动收入份额平均将下降 0.0136 个百分点，这便是我国最低工资制度对民营企业劳动收入份额的替代效应。

对不同行业而言，在样本考察期内，我国最低工资标准每提高 1 个百分点，劳动密集型民营企业资本劳动比平均上升 0.3996 个百分点，资本密集型民营企业资本劳动比平均上升 0.1731 个百分点，技术密集型民营企业资本劳动比平均上升 0.2333 个百分点。而三类行业的民营企业劳动收入份额与资本劳动比之间的回归系数分别为-0.0529、-0.0484 和-0.0475。因此简单计算可得，最低工资制度影响劳动密集型、资本密集型和技术密集型民营企业劳动收入份额的替代效应分别为-0.0211、-0.0084 和-0.0111。

总之，最低工资制度显著提高了民营企业的资本劳动比。由于资本劳动比对民营企业劳动收入份额存在负向作用，因此最低工资制度为民营企业劳动收入份额带来了显著为负的替代效应。总体而言，最低工资标准每上升 1

个百分点，会为全行业民营企业带来-0.0136的替代效应。最低工资制度的替代效应存在行业异质性，在劳动密集型行业最高，为-0.0211；技术密集型行业其次，为-0.0111；资本密集型行业最低，为-0.0084。整体而言，随着我国民营企业从劳动密集型向资本密集型和技术密集型升级，最低工资制度的替代效应将呈现先减弱后增强的变化趋势。

3. 最低工资制度影响民营企业劳动收入份额的总效应

综合最低工资制度影响民营企业劳动收入份额的收入效应和替代效应，可得出最低工资制度影响民营企业劳动收入份额的总效应（见表4-7）。

表4-7 最低工资制度影响民营企业劳动收入份额的总效应

变量	全样本	劳动密集型	资本密集型	技术密集型
ω_1	0.0125***	0.0194***	0.0120**	0.0000
$\omega_2\beta_1$	0.0105	0.0139	0.0178	0.0000
$\omega_3 c_1$	-0.0136	-0.0211	-0.0084	-0.0111
总效应	0.0094	0.0122	0.0214	-0.0111

注：本表在计算最低工资标准对民营企业劳动收入份额的不同效应时同样考虑了回归系数的显著性，将未达到10%显著性水平的回归系数记为0。表4-4中技术密集型民营企业ω_1的回归系数未通过显著性检验，在本表中记为0.0000。

从表4-7中可以看出，整体而言，最低工资制度为民营企业劳动收入份额带来显著为正的总效应，表明最低工资制度有利于提高民营企业劳动收入份额。分行业而言，对于劳动密集型和资本密集型民营企业而言，最低工资制度带来了正向的收入效应，两类行业民营企业工资水平显著提高。最低工资标准每提高1个百分点，带来的收入效应将导致两类企业劳动收入份额分别上升0.0139个和0.0178个百分点。由于技术密集型民营企业工资水平较高，最低工资制度并未给此类企业带来显著的收入效应。与此同时，无论是劳动密集型、资本密集型还是技术密集型民营企业，面对当地最低工资标准的上升，均会选择以资本替代劳动，从而产生最低工资制度影响民营企业劳动收入份额的替代效应。最低工资标准每提高1个百分点，带来的替代效应将导致三类企业劳动收入份额分别下降0.0211个、0.0084个、0.0111个百分点。此外，最低工资标准提升为劳动密集型、资本密集型民营企业带来了显著的其他效应，这一效应的来源可能是2008年《劳动合同法》强化了最低工资标准的实施①。最低工资制度对劳动密集型民营企业的收入效应小于替代效应，但是由于存在正向的其他效应，最低工资制度对该类企业劳动收入份额的总效应为正，最低工资制度有利于提高劳动密集型民营企业劳动收入份额；最低工资制度对资本密集型民营企业的收入效应大于替代效应，外加正向的其他效应，最低工资制度对该类企业劳动收入份额的总效应也为正，最低工资制度有利于提高资本密集型民营企业劳动收入份额；最低工资制度对技术密集型民营企业的收入效应和其他效应均不显著，但替代效应为负，导致最低工资制度的总效应为负，最低工资制度不利于提高技术密集型民营企业的劳动收入份额。

（四）民营企业资本劳动替代弹性估计

前文理论分析认为，最低工资制度影响民营企业劳动收入份额的替代效应依赖于自身资本劳动替代弹性的大小，当资本与劳动存在替代关系时，替代效应为负。为验证这一结论，本章使用CES生产函数的线性近似式估计三类企业的资本劳动替代弹性。具体公式如下：

$$\ln Y_{ict}=\phi_0+\phi_1\ln K_{ict}+\phi_2\ln L_{ict}+\phi_3\left[\ln(K/L)\right]_{ict}^2+\xi_{ict} \tag{4-16}$$

根据式（4-16）的回归结果，可计算出民营企业的资本替代弹性为：

$$\sigma=\frac{1}{1-\rho}=\frac{\phi_1\phi_2}{\phi_1\phi_2-2\phi_3} \tag{4-17}$$

其中：

$$\rho=\frac{2\phi_3}{\phi_1\phi_2} \tag{4-18}$$

通过对全样本、劳动密集型、资本密集型、技术密集型民营企业的回归，可以得出民营企业资本劳动替代弹性（见表4-8）。

---

① 丁守海．最低工资管制的就业效应分析——兼论《劳动合同法》的交互影响［J］．中国社会科学，2010（1）．

表 4-8　民营企业资本劳动替代弹性估计结果

变量	全样本	劳动密集型	资本密集型	技术密集型
ϕ_1	0.3930*** (0.0063)	0.3698*** (0.0101)	0.4135*** (0.0109)	0.3837*** (0.0123)
ϕ_2	0.6070*** (0.0063)	0.6302*** (0.0101)	0.5865*** (0.0109)	0.6163*** (0.0123)
ϕ_3	0.0115*** (0.0008)	0.0126*** (0.0013)	0.0095*** (0.0013)	0.0123*** (0.0015)
ρ	0.0964	0.1081	0.0783	0.1040
σ	1.1067	1.1212	1.0850	1.1161

表 4-8 的估计结果显示，无论是劳动密集型、资本密集型还是技术密集型民营企业，ρ 均小于 1，符合 CES 生产函数的假设条件，资本劳动替代弹性 σ 大于 1，表明资本与劳动之间存在显著的替代关系，这一替代关系不具有行业异质性。资本与劳动间的替代关系是最低工资制度产生替代效应的根本原因，导致最低工资制度对民营企业劳动收入份额存在负向影响。但是由于最低工资标准调整的频率较高，民营企业没有充足的时间将资本劳动比提高到均衡水平，因此存在替代效应的负向影响小于收入效应的正向影响的可能性（如表 4-7 中的资本密集型民营企业），从而验证了假设 2。

五、最低工资影响民营经济劳动收入份额的稳健性检验

本节针对上文最低工资制度影响民营企业劳动收入份额的研究进行稳健性检验，主要包括以下两个部分：一是以 2007 年福建省调整最低工资标准为准自然实验，构建双重差分（DID）模型，实证分析福建省 2007 年调整最低工资标准对本地民营企业劳动收入份额的影响；二是构建交互项，检验最低工资制度对民营企业劳动收入份额的影响是否通过改变企业的工资水平和资本劳动比来实现，并考察这一影响机制在《劳动合同法》实施背景下是否具有稳健性。

(一)福建省提高最低工资标准的准自然实验

2006—2007 年广东省除深圳市外未提升最低工资标准，而相邻的福建省最低工资标准的提高为学者们提供了一次准自然实验。2006—2007 年福建省、广东省最低工资标准见表 4-9。

表 4-9 2006—2007 年福建省、广东省各市最低工资标准统计

省份	城市	2006 年/元	2007 年/元	涨幅/%
福建省	南平、龙岩、三明、宁德	480	570	18.75
	厦门	650	750	15.38
	泉州	600	650	8.33
	漳州、莆田	550	650	18.18
	福州	570	650	14.04
广东省	东莞、中山、佛山、珠海	690	690	—
	广州	780	780	—
	江门、汕头、惠州	600	600	—
	深圳	810	850	4.94
	肇庆、茂名、阳江、韶关、湛江、清远、潮州、河源、汕尾、梅州、云浮、揭阳	500	500	—

资料来源：马双，张劼，朱喜. 最低工资对中国就业和工资水平的影响［J］. 经济研究，2012（5）.

从表 4-9 中可以看出，2007 年福建省大幅提高了最低工资标准，除泉州市最低工资增幅仅 8.33%以外，其他地区涨幅均为 14%～19%。而广东省除深圳市最低工资标准在 2007 年有 4.94%的上涨外，其他地区最低工资标准并未出现变化，适合构建控制组与处理组，用双重差分法进行检验。实证数据仍来自国泰安中国非上市公司数据库，整理两省相同企业 2006—2007 年的数据，最终获得 4795 家福建省民营企业、6303 家广东省民营企业两年的面板数据。本章将福建省民营企业作为处理组，广东省（除去深圳市）民营企业作为控制组，使用双重差分法分析 2007 年福建省提高最低工资标准对民营企业劳动收入份额的影响。考虑控制企业固定效应、城市固定效应和年份固定效应会与处理组虚拟变量和年份虚拟变量产生多重共线性，因此本文对双重差分方法进行调整，基本回归方程为：

$$Y_{ict}=\beta_0+\beta_1 treat_c\times time_t+\delta Z_{ict}+\theta X_{ct}+\gamma_i+\gamma_c+\gamma_t+\varepsilon_{ict} \tag{4-19}$$

其中，i、c、t 分别表示企业、城市、年份。被解释变量 Y_{ict} 表示 c 市 i 企业在 t 年的劳动收入份额，计算方式与前文相同。$treat_c$ 为处理组虚拟变量，若 c 市在 2007 年调整了最低工资标准，取值为 1；若在 2007 年没有调整最低工资标准，则取值为 0。$time_t$ 为年份虚拟变量，在 2006 年取值为 0，在 2007 年取值为 1。其他变量含义与式（4-11）相同。式（4-19）的回归结果见表 4-10。

表 4-10 双重差分法回归结果

变量	(1) 全样本	(2) 劳动密集型	(3) 资本密集型	(4) 技术密集型
treat×time	0.0161*** (0.0058)	-0.0108 (0.0094)	0.0263*** (0.0094)	0.0410*** (0.0122)
markup	-0.2785*** (0.0302)	-0.2740*** (0.0472)	-0.3145*** (0.0510)	-0.2070*** (0.0620)
loanrate	-0.0028 (0.0069)	-0.0009 (0.0069)	0.0014 (0.0331)	0.0378 (0.0922)
indirecttax	-0.6847*** (0.0760)	-0.8048*** (0.1372)	-0.5109*** (0.1099)	-0.8928*** (0.1669)
incometax	0.0035 (0.0038)	-0.0116 (0.0139)	0.0079* (0.0041)	-0.0350** (0.0160)
profitrate	-0.0819*** (0.0103)	-0.0718*** (0.0139)	-0.0719*** (0.0166)	-0.2030*** (0.0363)
leverage	-0.0108 (0.0072)	0.0065 (0.0181)	-0.0191* (0.0101)	-0.0035 (0.0125)
ln*revenue*	-0.0252*** (0.0069)	-0.0130 (0.0110)	-0.0279** (0.0120)	-0.0274** (0.0138)
gdpper	0.0602 (0.0851)	-0.0266 (0.1438)	-0.0829 (0.1387)	0.4581*** (0.1645)

续表

变量	(1) 全样本	(2) 劳动密集型	(3) 资本密集型	(4) 技术密集型
job	0.0085 (0.0143)	-0.0266 (0.0192)	0.0562** (0.0266)	-0.0062 (0.0376)
locwage	-0.0980** (0.0499)	-0.1779** (0.0730)	0.0988 (0.0838)	-0.3058*** (0.1185)
企业固定效应	是	是	是	是
城市固定效应	是	是	是	是
年份固定效应	是	是	是	是
观测值	6074	2318	2184	1566

表4-10中回归结果（1）显示，2007年福建省提高最低工资标准对民营企业劳动收入份额存在显著的正向影响，表现为全样本回归结果中 *treat×time* 的回归系数为0.0161，通过了显著性水平为1%的统计检验。回归结果（2）显示，2007年福建省提高最低工资标准对劳动密集型民营企业劳动收入份额的回归系数未通过显著性统计检验。回归结果（3）显示，2007年福建省提高最低工资标准对资本密集型民营企业劳动收入份额的回归系数为0.0263，通过了显著性水平为1%的统计检验，表明2007年福建省提高最低工资标准显著提高了本地资本密集型民营企业的劳动收入份额。回归结果（4）显示，2007年福建省提高最低工资标准对技术密集型民营企业劳动收入份额的回归系数为0.0410，通过了显著性水平为1%的统计检验，表明2007年福建省提高最低工资标准显著提高了本地技术密集型民营企业的劳动收入份额。

与前文类似，接下来继续讨论最低工资制度影响工资和资本劳动比的间接作用机制。表4-11报告了2007年福建省提高最低工资标准对当地民营企业工资和资本劳动比的回归结果。

表 4-11　双重差分法中介机制回归结果

变量	收入效应				替代效应			
	(1)	(2)	(3)	(4)	(5)	(6)	(7)	(8)
	全样本	劳动密集型	资本密集型	技术密集型	全样本	劳动密集型	资本密集型	技术密集型
ln*mwage*	0. 1402*** (0. 0230)	0. 0905** (0. 0365)	0. 1529*** (0. 0377)	0. 1645*** (0. 0499)	0. 0952*** (0. 0273)	0. 0959** (0. 0451)	0. 0693 (0. 0427)	0. 1398** (0. 0598)
Z	是	是	是	是	是	是	是	是
X	是	是	是	是	是	是	是	是
企业固定效应	是	是	是	是	是	是	是	是
城市固定效应	是	是	是	是	是	是	是	是
年份固定效应	是	是	是	是	是	是	是	是
样本量	6074	2318	2184	1566	6074	2318	2184	1566

表 4-11 中回归结果（1）～（4）报告了 2007 年福建省提高最低工资标准对民营企业工资水平的影响，估计系数表明 2007 年福建省提高最低工资标准提高了民营企业的工资水平，这一影响在劳动密集型、资本密集型和技术密集型企业均显著。2007 年福建省提高最低工资标准使得本地劳动密集型、资本密集型和技术密集型民营企业的工资水平分别上升了 0. 0905 个、0. 1529 个和 0. 1645 个百分点，使得整体民营企业工资水平上升了 0. 1402 个百分点，四个回归结果均通过了显著性水平为 5%的统计检验。回归结果（5）～（8）报告了 2007 年福建省提高最低工资标准对民营企业资本劳动比的影响，估计系数表明最低工资制度提高了民营企业的资本劳动比。从不同行业来看，2007 年福建省提高最低工资标准导致本地劳动密集型、技术密集型民营企业资本劳动比提高。劳动密集型、技术密集型民营企业资本劳动比平均分别提高了 0. 0959 个、0. 1398 个百分点，使得民营企业整体资本劳动比平均提高了 0. 0952 个百分点。总之，以 2007 年福建省提高最低工资标准为准自然实验的研究发现，最低工资制度整体上提高了民营企业的工资水平和资本劳动比。

接下来分解 2007 年福建省提高最低工资标准影响当地民营企业劳动收入份额的收入效应和替代效应（见表 4-12）。

表 4-12　福建省提高最低工资标准的收入效应和替代效应

变量	(1) 全样本	(2) 劳动密集型	(3) 资本密集型	(4) 技术密集型
其他效应	0. 0000	-0. 0186	0. 0000	0. 0243
收入效应	0. 0224	0. 0150	0. 0240	0. 0255
替代效应	-0. 0064	-0. 0071	0. 0000	-0. 0089
总效应	0. 0160	-0. 0107	0. 0240	0. 0409

注：与表 4-5 类似，本表在计算最低工资标准对民营企业劳动收入份额的不同效应时考虑了回归系数的显著性，将未达到 10%显著性水平的回归系数记为 0。

从表 4-12 中可以看出，2007 年福建省提高最低工资标准对当地民营企业劳动收入份额同样存在收入效应和替代效应。具体而言：

第一，收入效应方面，平均而言，2007 年福建省提高最低工资标准，通过收入效应使当地民营企业劳动收入份额水平平均上升 0. 0224 个百分点。对不同行业而言，2007 年福建省提高最低工资标准，通过收入效应使当地劳动密集型民营企业劳动收入份额平均上升 0. 0150 个百分点，使当地资本密集型民营企业劳动收入份额平均上升 0. 0240 个百分点，使当地技术密集型民营企业劳动收入份额平均上升 0. 0255 个百分点。

第二，替代效应方面，平均而言，2007 年福建省提高最低工资标准，通过替代效应使当地民营企业劳动收入份额水平平均下降 0. 0064 个百分点。对不同行业而言，2007 年福建省提高最低工资标准，通过替代效应使当地劳动密集型民营企业劳动收入份额平均下降 0. 0071 个百分点，使当地技术密集型民营企业劳动收入份额平均下降 0. 0089 个百分点，对当地资本密集型民营企业劳动收入份额不存在显著的替代效应。

第三，总效应方面，整体而言，2007 年福建省提高最低工资标准的收入效应大于替代效应，有利于提高当地民营企业劳动收入份额。平均来看，2007 年福建省提高最低工资标准，当地民营企业劳动收入份额平均上升 0. 0160 个百分点。对不同行业而言，2007 年福建省提高最低工资标准对当地劳动密集型民营企业劳动收入份额的总效应为负，但也为当地资本密集型、技术密集型民营企业劳动收入份额带来显著为正的总效应。

以2007年福建省提升最低工资标准作为准自然实验的实证分析结果与前文分析结果略有出入，可能的原因在于福建省产业结构的特殊性，但这一特殊性并未影响最低工资制度对民营企业劳动收入份额的整体效应，研究结论具有一定的稳健性。

(二)交互项检验与《劳动合同法》实施虚拟变量的检验

收入效应和替代效应可通过构建交互项进行检验。通过引入最低工资标准与工资水平的交互项 JHX_1、最低工资标准与资本劳动比的交互项 JHX_2，可实证分析最低工资制度影响民营企业劳动收入份额的两种机制，为本章提供稳健性检验。此外，理论分析认为，民营企业之所以提高资本劳动比，是因为工资水平上涨，因此最低工资制度产生的收入效应也是民营企业提高资本劳动比的作用机制。

样本期内民营企业的工资水平和资本劳动比可能受2008年《劳动合同法》实施的影响，因此本部分选取代表《劳动合同法》实施的虚拟变量 *LAW*，当 $year \leqslant 2007$ 时取值为0，当 $year \geqslant 2008$ 时取值为1，考虑同时控制《劳动合同法》实施虚拟变量 *LAW* 和年份固定效应可能导致多重共线性问题，因此在引入《劳动合同法》实施虚拟变量 *LAW* 时不再控制年份固定效应。表4-13报告了交互项检验与引入《劳动合同法》实施虚拟变量检验的回归结果。

表4-13 交互项检验与引入《劳动合同法》实施虚拟变量检验的回归结果

变量	交互项检验		《劳动合同法》实施检验			
	(1) *LS*	(2) ln*K_L*	(3) *LS*	(4) ln*wage*	(5) ln*K_L*	(6) *LS*
ln*mwage*	0.0001 (0.0059)	0.1179** (0.0466)	0.0109*** (0.0032)	0.0928*** (0.0191)	0.0934*** (0.0257)	-0.0250*** (0.0057)
ln*wage*	0.0893*** (0.0005)	0.5720*** (0.0037)	—	—	—	0.0870*** (0.0005)
JHX_1	0.0030*** (0.0006)	0.0118** (0.0047)	—	—	—	0.0043*** (0.0005)

续表

变量	交互项检验		《劳动合同法》实施检验			
	(1) *LS*	(2) ln*K_L*	(3) *LS*	(4) ln*wage*	(5) ln*K_L*	(6) *LS*
ln*K_L*	-0.0290*** (0.0039)	—	—	—	—	-0.0377*** (0.0039)
JHX_2	-0.0031*** (0.0006)	—	—	—	—	-0.0018*** (0.0006)
LAW	—	—	0.0068*** (0.0009)	0.2587*** (0.0056)	0.1619*** (0.0075)	-0.0068*** (0.0008)
Z	是	是	是	是	是	是
X	是	是	是	是	是	是
企业固定效应	是	是	是	是	是	是
城市固定效应	是	是	是	是	是	是
年份固定效应	是	是	否	否	否	否
样本量	134896	134896	135792	135792	134896	134896

表4-13中回归结果（1）是以民营企业劳动收入份额为被解释变量，同时引入工资水平、JHX_1、资本劳动比、JHX_2 的回归结果。结果显示，交互项的系数均在1%的水平上显著，且 JHX_1 的系数为正，JHX_2 的系数为负，最低工资标准 ln*mwage* 的系数变得不显著，说明收入效应和替代效应是最低工资制度影响民营企业劳动收入份额的两种重要机制。回归结果（2）是以民营企业资本劳动比为被解释变量，同时引入工资水平、JHX_1 的回归结果。结果显示，交互项 JHX_1 为正，证实前文理论假设，最低工资制度提高了民营企业工资水平，企业面对用工成本上涨，选择以资本替代劳动，从而提高了自身资本劳动比，收入效应是产生替代效应的机制。

回归结果（3）~（6）是引入《劳动合同法》实施虚拟变量的回归结果。回归结果（3）显示，在控制《劳动合同法》实施虚拟变量后，最低工资制度提高了民营企业的劳动收入份额。回归结果（4）和（5）表明，在控制《劳动合同法》实施变量后，最低工资制度提高了民营企业的工资水平和资本劳动比。回归结果（6）同时引入民营企业工资水平、JHX_1、资本劳动比、JHX_2，交互项的系数均在1%的水平上显著，且 JHX_1 的系数为正，JHX_2 的系数为负。在控制《劳动合同法》实施的情况下，提高工资水平和资本劳动比仍是最低工资制度影响民营企业劳动收入份额的两种重要机制。

此外，《劳动合同法》和工会的设立也有利于促进我国最低工资标准的执行。丁守海（2010）认为，《劳动合同法》可以从以下3个方面强化对最低工资执行情况的监管：一是强制约定雇主在签订劳动合同时的法律责任。如《劳动合同法》第十条规定，对于已经建立劳动关系，但没有同时订立书面劳动合同的情况，要求用人单位与劳动者应当自用工之日起一个月内订立书面劳动合同。若超过一个月不满一年未与劳动者订立书面合同，应当按照《劳动合同法》第八十二条规定向劳动者每月支付两倍的工资，若超过一年未与劳动者订立合同，视为用人单位与劳动者已订立无固定期限劳动合同（《劳动合同法》第十四条）。二是明确了劳动报酬的组成，防止企业模糊基本工资、加班工资与福利保险等的薪酬概念以躲避最低工资的执行。三是对试用期工资作出明确规定，试用期工资不得低于用人单位所在地的最低工资标准（《劳动合同法》第二十条）①。孙中伟和贺霞旭（2012）的研究结果显示，工会对外来工的最低工资符合率具有显著的保障作用②。因此，《劳动合同法》与工会组织制度的建设都会强化最低工资标准的执行情况，促进最低工资制度对民营企业劳动收入份额提高作用的有效发挥。

---

① 丁守海. 最低工资管制的就业效应分析——兼论《劳动合同法》的交互影响［J］. 中国社会科学，2010（1）.

② 孙中伟，贺霞旭. 工会建设与外来工劳动权益保护——兼论一种“稻草人机制”［J］. 管理世界，2012（12）.

六、最低工资影响民营经济劳动收入份额的异质性分析

从前文的分析中不难看出，最低工资制度对民营企业劳动收入份额的影响从提高企业工资水平开始，因此有必要在讨论最低工资制度对不同类型企业劳动收入份额的影响的同时，进一步分析最低工资制度对工资的外溢效应。理论上讲，最低工资制度只对工资低于最低工资标准的劳动者产生影响，因此只影响工资水平较低的民营企业的劳动收入份额。但是，如果最低工资制度对工资的影响存在显著的溢出效应，即也显著提高高工资劳动者的收入水平，那么最低工资制度对劳动收入份额的影响将会扩展至所有行业。研究最低工资对不同类型企业职工工资水平的影响有两种方法。一是采用表 4-2 所有国泰安中国非上市公司数据库的企业混合截面数据，但是由于将每次提高的最低工资标准作为主要解释变量，无法考察最低工资制度影响工资水平的时效性，即有可能将相邻两次最低工资标准提高对工资水平的影响混在一起；二是采用表 4-10 中的双重差分法，单独考察 2007 年福建省调整最低工资标准的影响。本部分采用双重差分估计方法，用福建省和广东省（除深圳市外）2006—2007 年的数据初步分析最低工资制度对工资水平是否具有溢出效应。

分析最低工资制度对工资的溢出效应主要采用两种方法：一是分位数回归估计方法，分析最低工资制度对不同工资分位的影响①；二是直接将样本按资本劳动比进行分类，研究最低工资制度对不同资本密集度的企业工资水平的影响②。本文同时采用两种方法，具体结果见图 4-1。

① 邸俊鹏，韩清．最低工资标准提升的收入效应研究［J］．数量经济技术经济研究，2015（7）．

② 马双，张劼，朱喜．最低工资对中国就业和工资水平的影响［J］．经济研究，2012（5）．

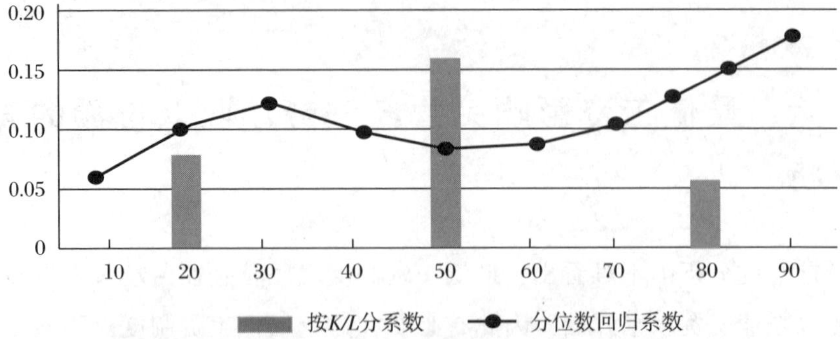

图 4-1　2007 年福建省提高最低工资标准的溢出效应

注：分位数回归系数中，除 10 分位系数外，其他系数均在 1%的显著性水平下通过了统计检验，10 分位的系数在 5%的显著性水平下通过了统计检验；按 *K/L* 分系数是指，按两省民营企业 2006 年资本劳动比由低到高将企业分成三类并分别进行回归所得的系数；横坐标值为分位数回归系数对应分位，并不适用于按 *K/L* 分系数；以上系数均为 DID 回归分析中交互项 *treat×time* 的系数。

从图 4-1 中可以看出，2007 年福建省最低工资标准的提高显著提高了各个收入层次职工的工资水平，因此存在显著的溢出效应，且这一效应并不随工资分位数的上升而减弱。以提高工资为引线，最低工资制度将给不同类型民营企业的劳动收入份额带来影响。

七、本章小结

本章通过构建“最低工资制度—工资水平/资本劳动比—民营企业劳动收入份额”的理论分析框架，基于中国工业企业数据库 2005—2008 年和 2011—2013 年的民营企业面板数据进行实证分析，得出以下结论：

第一，若单次调整最低工资标准，企业将有充足的时间调整自身的要素投入比例，在资本与劳动存在替代关系的条件下，最低工资制度最终将降低民营企业劳动收入份额；若多次频繁提高最低工资标准，企业没有充足的时间使自身要素投入比例达到均衡，最低工资制度对企业劳动收入份额的影响可分解为提升工资水平的收入效应和提升资本劳动比的替代效应，在资本与劳动存在替代关系的条件下，最低工资制度影响民营企业劳动收入份额的总效应取决于收入效应和替代效应的相对大小。

第二，最低工资制度为整体民营企业、劳动密集型民营企业、资本密集型民营企业带来正向的收入效应，工资水平的上涨导致企业以资本替代劳动，在资本与劳动存在替代关系的情况下，替代效应为负，外加正向的其他效应，最终最低工资制度提高了整体民营企业、劳动密集型民营企业和资本密集型民营企业的劳动收入份额。对技术密集型民营企业而言，最低工资制度的收入效应不显著，但由于企业面对其他行业工资水平上涨，也选择以资本替代劳动，带来负向的替代效应，因此最低工资制度降低了技术密集型民营企业的劳动收入份额。福建省 2007 年调整最低工资标准的双重差分分析、引入交互项和《劳动合同法》实施虚拟变量的稳健性检验也得出相似结论。

最低工资制度整体上提高了民营企业的劳动收入份额，对“共享”发展理念的落实、“毫不动摇地鼓励、支持和引导非公有制经济发展”、“大力支持民营企业发展壮大”具有重要的政策指导意义。首先，资本与劳动的替代关系导致最低工资制度对民营企业劳动收入份额产生负向的替代效应。这要求企业和政府重视劳动者技能培训，以技能提升带动资本与劳动的互补性，尤其关注技术密集型民营企业劳动力的技能培训，推动“共享”发展理念的落实。其次，我国民营企业劳动收入份额较低，民营企业比重上升将拉低整体劳动收入份额。最低工资制度有利于提高民营企业的劳动收入份额，要求当地政府重视对最低工资制度的实施监管，在鼓励发展民营企业的同时提高民营企业劳动收入份额。最后，表 4-13 的回归结果（3）显示，2008 年《劳动合同法》的实施可以提高民营企业的劳动收入份额，《劳动合同法》第七十四条、第八十五条明确规定了企业所在地人民政府劳动行政部门需要对用人单位执行最低工资制度的情况进行监督检查。将《劳动合同法》与最低工资制度相配合，能够切实保障民营企业劳动者收入权益，在推动民营企业发展的同时提高劳动收入份额。

第五章　《劳动合同法》与民营经济劳动收入份额

"毫不动摇地鼓励、支持、引导非公有制经济发展"是我国社会主义初级阶段基本经济制度的要求，提高劳动收入份额是共享发展的基本要求。本书第二章的数据显示，1998年至2015年，我国国民经济中民营经济比重大幅上升，我国劳动收入份额却从51.54%下降至47.89%，最低时为2007年的42.86%，民营经济发展与劳动收入份额呈现出此消彼长的关系，这有悖于两者都要发展的基本要求。本书第二章的实证研究也发现了民营经济发展反而不利于提高劳动收入份额，这与已有研究结论保持一致①②。民营经济发展反而不利于劳动收入份额的提高，不仅与我国鼓励非公有制经济发展的政策相悖，也与国际经验不符。2005年17个OECD国家的劳动收入份额平均值超过65%，显著高于我国，而其民营经济比重更高③。

本书第三章系统梳理了发展民营经济与提高劳动收入份额之间的矛盾，提出民营经济之所以不利于我国劳动收入份额提高，可能与我国民营企业劳

---

① 罗长远，张军. 劳动收入占比下降的经济学解释——基于中国省级面板数据的分析［J］. 管理世界，2009（5）.

② 李稻葵，刘霖林，王红领. GDP中劳动份额演变的U型规律［J］. 经济研究，2009（1）.

③ 王晓霞，白重恩. 劳动收入份额格局及其影响因素研究进展［J］. 经济学动态，2014（3）.

动者权益保障与监管不足有关。民营经济企业主法治观念薄弱、员工维权意识不强、劳动保障监察机制长期低效能运行等导致我国民营经济劳动关系混乱①，民营企业与员工签订劳动合同的概率较低，员工在签订与解除合同、举证维权等方面处于不利地位，民营经济内部劳动者权益得不到保障，不利于发挥其提升劳动收入份额的作用。本书第四章讨论了最低工资制度对民营企业劳动收入份额的影响，接下来本书继续讨论劳动保护类法律制度对民营企业劳动收入份额的影响。

长期以来，我国劳动力供大于求的形势导致劳动者工资增长缓慢②，其增长速度低于经济增长速度，尤其是就业弱势群体的收入增长问题更加严峻，因此一些学者建议政府通过制定法律保障劳动者的权益③，提高劳动者的工资收入。为保护劳动者权益，2008 年我国颁布了《劳动合同法》，从劳动合同的订立、劳动合同的履行和变更、劳动合同的解除和终止三个角度对劳动合同、试用期的期限与工资要求、工作内容、工作时间、劳动报酬、社会保险、劳动保护、无固定期限劳动合同的适用以及劳动合同终止时的提前告知和经济补偿金等方面进行了明确规定，有效提高了劳动合同的签订率④⑤，增强了对工人的劳动保护，加大了对违法企业的惩处力度⑥。2012 年全国人民代表大会常务委员会第三十次会议决定对《劳动合同法》进行修订，具体规定了劳动派遣的用人单位要求、行政许可、劳动者报酬、用工形式等。然而，《劳动合同法》对提高劳动者收入的作用在理论界和实务界引起了争议，部分学者担忧《劳动合同法》实施会给就业带来负面影响。《劳动合同法》的颁布与实施势必会影响民营经济内部的劳资关系，进而影响劳动收入份额水平。到目前为止，《劳动合同法》已经实施了 15 年。它的实施效果如何？能否扭

---

① 徐吉平. 我国私营企业劳动关系研究：现状、原因及对策［J］. 特区经济，2010（6）.

② 张车伟.《劳动合同法》将开启劳动关系的新时代［J］. 经济管理，2008（9）.

③ 汤建光，李江，庄士诚. 就业弱势群体就业问题探索［J］. 当代财经，2006（11）.

④ 常凯，邱婕. 中国劳动关系转型与劳动法治重点——从《劳动合同法》实施三周年谈起［J］. 探索与争鸣，2011（10）.

⑤ 刘媛媛，刘斌. 劳动保护、成本黏性与企业应对［J］. 经济研究，2014（5）.

⑥ 李小瑛，FREEMAN R. 新《劳动合同法》如何影响农民工的劳动权益？［J］. 劳动经济研究，2014（3）.

转民营经济对劳动收入份额的不利影响？这就需要评估和检验《劳动合同法》对民营企业劳动收入份额的效应。本章将《劳动合同法》对民营企业劳动收入份额的效应分解为影响工资水平的收入效应和影响资本劳动比的替代效应，基于“中国私营企业调查”2008年、2010年、2012年的三次调查数据，引入各省法律环境指数，以处理效应模型（treatment effects model）进行实证回归分析，研究《劳动合同法》的实施对民营企业劳动收入份额的不同效应，为在发展民营经济的同时提高劳动收入份额提供政策建议。

一、《劳动合同法》影响劳动收入份额的研究现状

国内外关于劳动法律制度对劳动收入份额的收入效应方面的研究主要分为以下两个方面：一方面，劳动法律制度的实施在合同签订、报酬支付等方面为劳动者提供了更多的保护，直接影响了劳动者的收入水平；另一方面，工资水平的上涨提高了企业雇佣成本，以利润最大化为目标的企业为降低成本，倾向于以资本替代劳动，从而影响了劳动者就业。两个方面对应劳动法律制度影响劳动收入份额的收入效应和替代效应。

（一）《劳动合同法》影响劳动收入份额的收入效应

第一，劳动法律制度的实施对于提高劳动收入具有积极效应。早期局内人—局外人理论（insider-outsider theory）认为劳动保护制度提高了在职职工的工资水平①，这一结论得到了实证结果的验证②。罗润东等（2009）基于2007年1—6月与2008年同期山东省的制造业数据，比较两年的劳动收入变化，发现《劳动合同法》的实施显著提高了劳动者的绝对收入水平与相对收

① BERTOLA G. Job Security，Employment and Wages [J]. European Economic Review，1990，34（4）：851-879.

② CARNEIRO F G. Insider Power in Wage Determination：Evidence from Brazilian Data [J]. Review of Development Economics，1999，3（2）：155-169.

入水平①。卢峰（2012）认为《劳动合同法》实施后，我国劳动者的工资水平得到提高，以农民工工资为例，国家统计局农调队的调查数据显示，2003—2007 年农民工工资平均增长率为 10.63%，2008 年为 13.68%，2010 年上涨至 19.27%②。国外学者分别基于英国公司的时间序列数据③、欧美五国（瑞士、挪威、芬兰、德国和美国）公司的横截面数据④、巴西公司的时间序列数据⑤、葡萄牙公司的时间序列数据⑥和荷兰公司的员工调查数据⑦进行实证分析，也发现劳动法律制度显著提高了在职职工的工资水平。

第二，劳动法律制度的实施通过保障劳动者权益，间接提高了劳动收入水平。早期 Oi（1962）就提出劳动保护政策的实施提高了企业解雇成本，因此员工被解雇的可能性降低⑧。在此基础上，Bertola（1990）提出了局内人—局外人理论，即由于劳动保护政策的实施提高了在职职工的谈判能力，因此在职职工的工资水平超出完全竞争条件下的工资水平⑨。国内学者认为《劳动合同法》可以降低工资拖欠率、缓解工资扭曲、提高职工保障比例，从而间接提高在职员工工资水平。如罗润东等（2008）依据 2007 年 1—6 月和 2008 年 1—6 月山东省地市级制造业的调研数据对比分析《劳动合同法》实施前后劳动者工资水平的变化，发现《劳动合同法》的实施显著提高了劳动

---

① 罗润东，王杰．“新劳动法”的收入分配效应解析——基于山东省制造业的经验数据［J］．经济社会体制比较，2009（4）．

② 卢峰．中国农民工工资走势［J］．中国社会科学，2012（7）．

③ BLANCHFLOWER D G，OSWALD A J，GARRETT M D．Insider Power in Wage Determination［J］．Economica，1990，57（226）：143-170．

④ HOLMLUND B，ZETTERBERG J．Insider Effects in Wage Determination：Evidence from Five Countries［J］．European Economic Review，1991，35（5）：1009-1034．

⑤ CARNEIRO F G．Insider Power in Wage Determination：Evidence from Brazilian Data［J］．Review of Development Economics，1999，3（2）：155-169．

⑥ MARTINS P．Dismissals for Cause：The Difference that Just Eight Paragraphs Can Make［J］．Journal of Labor Economics，2009，27（2）：257-279．

⑦ WIEL K V D．Better Protected，Better Paid：Evidence on How Employment Protection Affects Wages［J］．Labour Economics，2010，17（1）：16-26．

⑧ OI W．Labor as a Qussi-Fixed Factor［J］．Journal of Political Economy，1962（70）：538-555．

⑨ BERTOLA G．Job Security，Employment and Wages［J］．European Economic Review，1990，34（4）：851-879．

者的工资收入①。陈祎等（2010）以《劳动合同法》实施 10 个月后的北京市调研数据分析进城务工人员的工资水平，发现《劳动合同法》实施后，签订劳动合同提高了进城务工人员的收入水平，该结果在控制合同工自身素质之后仍具有稳健性，签订劳动合同使得进城务工人员小时收入提高了 18.2%~21.5%，月收入提高了 14.0%~14.9%②。李小瑛等（2014）利用我国珠三角地区 2006 年、2008 年、2009 年 3 年的调查问卷数据进行实证分析，发现《劳动合同法》的实施促使企业增加了临时员工签订劳动合同的比例和社会保障参与覆盖面，降低了员工工资的拖欠率③。杨振兵等（2015）认为《劳动合同法》的实施可显著缓解我国实际工资低于劳动力边际产品价值的工资扭曲现象④。沈永建等（2017）认为 2008 年工资水平上涨是中国经济持续增长后的必然结果，《劳动合同法》的实施并未影响微观企业工资水平的上涨趋势，但可以通过改善职工维权环境间接提高企业五险一金比例⑤。

关于《劳动合同法》等劳动法律制度的收入效应，已有研究存在争议。李钢等（2009）以 2008—2009 年大连、深圳、四川、温州与杭州的调研数据分析《劳动合同法》实施后劳动者工资水平的变化及其影响因素，认为劳动者工资水平的上涨源于我国劳动力市场供求关系的改变，而非《劳动合同法》的实施，《劳动合同法》的实施只是恰逢其时⑥。Leonardi 和 Pica（2013）研究发现，1990 年意大利的劳动保护政策导致企业将解雇成本转嫁到员工工资

---

① 罗润东，刘文.《劳动合同法》的理论与实际效应分析［J］. 劳动经济评论，2008（1）.

② 陈祎，刘阳阳. 劳动合同对于进城务工人员收入影响的有效性分析［J］. 经济学（季刊），2010（2）.

③ 李小瑛，FREEMAN R. 新《劳动合同法》如何影响农民工的劳动权益？［J］. 劳动经济研究，2014（3）.

④ 杨振兵，张诚.《劳动合同法》改善了工资扭曲吗？——来自中国工业部门的证据［J］. 产业经济研究，2015（5）.

⑤ 沈永建，范从来，陈冬华，等. 显性契约、职工维权与劳动力成本上升：《劳动合同法》的作用［J］. 中国工业经济，2017（2）.

⑥ 李钢，沈可挺，郭朝先. 中国劳动密集型产业竞争力提升出路何在——《劳动合同法》实施后的调研［J］. 中国工业经济，2009（9）.

上去，使得工资水平和就业水平较低地区的年轻蓝领员工的收入出现下降①。

（二）《劳动合同法》影响劳动收入份额的替代效应

劳动法律制度在对员工收入水平产生影响的同时，也会给就业带来负面影响。国内外关于劳动法律制度对劳动收入份额的替代效应方面的研究主要分为以下三类：

第一，劳动法律制度的实施导致工人面临失业危机进而影响劳动收入。国内学者基于上市公司数据从不同视角实证研究了《劳动合同法》实施前后就业水平的变化，发现该法的实施对就业产生负面影响。《劳动合同法》的实施可能会导致企业搬迁或倒闭，致使工人失业，进而给就业带来不利影响。董保华（2007）认为《劳动合同法》中关于解雇工人方面的限制条款，将提高企业整合和优化人力资源配置的成本，并且随着企业用工成本的上升，农民工的就业水平反而下降②。丁守海（2010）认为《劳动合同法》加大了最低工资监管力度，会给农民工就业带来不利冲击③。孙睿君（2010）认为就业保护虽然有利于保护在职劳动者的权益，但会影响失业人群和新进入劳动力市场的劳动者就业④。黄平（2012）认为《劳动合同法》的实施提高了企业解雇员工的成本，导致人力资本密集度较低的劳动密集型产业缩小员工规模，不利于人力资本存量较低的员工就业⑤。刘庆玉（2016）利用“中国民营企业竞争力”微观调查数据的研究发现《劳动合同法》确实能够降低民营企业的雇佣水平⑥。蒋帆和于大川（2021）基于 2012 年中国劳动力动态调查

① LEONARDI M，PICA G. Who Pays for It? The Heterogeneous Wage Effects of Employment Protection Legislation［J］. The Economic Journal，2013，123（573）.

② 董保华. 论劳动合同法的立法宗旨［J］. 现代法学，2007（6）.

③ 丁守海. 最低工资管制的就业效应分析——兼论《劳动合同法》的交互影响［J］. 中国社会科学，2010（1）.

④ 孙睿君. 我国的动态劳动需求及就业保护制度的影响：基于动态面板数据的研究［J］. 南开经济研究，2010（1）.

⑤ 黄平. 解雇成本、就业与产业转型升级——基于《劳动合同法》和来自中国上市公司的证据［J］. 南开经济研究，2012（3）.

⑥ 刘庆玉.《劳动合同法》对企业雇佣水平的影响——基于无固定期限劳动合同条款的研究［J］. 中国经济问题，2016（5）.

数据，以《劳动合同法》的实施为准自然实验构建双重差分模型，探讨解雇规制对就业稳定性的影响，研究发现《劳动合同法》有关无固定期限劳动合同的规定，显著提高了在职时间接近但不足10年的雇员的离职概率，说明解雇规制对部分劳动者的就业稳定性造成了负面影响，这种影响在人力资本较低、私有部门以及小型单位的雇员中间表现得更加显著①。

第二，劳动法律制度的实施导致企业以资本投入替代劳动投入。为应对劳动保护程度提高导致的劳动力成本上升，企业将选择资本密集度更高的投资，引起企业资本对人工的替代效应②③。劳动力价格变化会引起资本要素的需求变化，因此会增大企业对机器设备的投入。国内学者关于《劳动合同法》实施对劳动收入份额替代效应影响的研究得出类似结论。《劳动合同法》的实施导致民营企业解雇成本提高，因此企业会选择加大资本投入，缩小员工规模④，引起要素间产生相互替代⑤。刘媛媛等（2014）认为《劳动合同法》的实施提高了企业以机器设备替代人工的可能性，且这一现象在民营企业更加明显⑥。国外相关研究也认为，劳动保护政策的实施提高了企业人均资本的调整频率⑦，刺激企业加大资本投入⑧，导致企业以资本替代劳动⑨，从而影响劳动力相对就业水平。如Kedra等（2010）基于欧洲公司面板数据进行实

---

① 蒋帆，于大川. 解雇规制对就业稳定性的影响——基于《劳动合同法》实施效果的实证研究［J］. 劳动经济研究，2021（6）.

② KOENIGER W，LEONARDI M. Capital Deepening and Wage Differentials：Germany Versus US［J］. Economic Policy，2007，22（49）：71-116.

③ DEMMOU L. The Effect of Employment Protection and Product Market Regulation on Labour Market Performance：Substitution or Complementarity?［J］. Applied Economics，2011，43（4）：449-464.

④ 黄平. 解雇成本、就业与产业转型升级——基于《劳动合同法》和来自中国上市公司的证据［J］. 南开经济研究，2012（3）.

⑤ 耿嘉川，王杰. "新劳动法"对行业工资差异的影响——新劳动法七省微观数据［J］. 管理评论，2012（12）.

⑥ 刘媛媛，刘斌. 劳动保护、成本黏性与企业应对［J］. 经济研究，2014（5）.

⑦ CINGANO F，LEONARDI M，MESSINA J，et al. The Effects of Employment Pritection Legislation and Financial Market Imperfections on Investment：Evidence from a Firm-level Panel of EU Countries［J］. Economic Policy，2010，25（61）：117-163.

⑧ ALESINA A，ZEIRA J. Technology and Labour Regulations［J］. NBER Working Paper，2006，No. 12581.

⑨ AMABLE B，DEMMOU L，GATTI D. The Effect of Employment Protection and Product Market Regulation on Labour Market Performance：Substitution or Complementarity?［J］. Applied Economics，2011，43（4-6）.

证分析，研究发现劳动保护程度的提高将加速企业调整人均资本的频率①。

第三，劳动保护政策提高了企业成本黏性，降低了劳动的流动性。Kan 和 Lin（2011）利用我国台湾地区时间序列数据的实证研究表明，20 世纪末我国台湾地区劳动保护规定的变化降低了企业员工的流动性②。Banker 等（2013）以 19 个 OECD 国家的上市公司数据为研究对象，实证结果表明各国劳动保护法律指数之间的差异是造成成本黏性差异的重要因素③。

一些学者发现劳动法律制度引起资本替代劳动的现象存在行业差异。张志明等（2017）基于世界投入产出数据库数据的研究发现，《劳动合同法》的实施仅导致劳动密集型低技术行业的用工成本上升，而对知识技术密集型的中高技术行业无显著影响，因此低技术行业出于降低成本和提高竞争力的考虑，会利用技术和资本投入来替代劳动投入④。但也有研究发现劳动密集型企业在面对《劳动合同法》引起的用工成本上升时，反而会由于自身雇员较多导致企业固定投资下降⑤。

综上发现，第一，已有文献缺乏将政策实施时效性纳入劳动收入份额分析框架的研究。国内对《劳动合同法》实施效果的研究只停留在 2008 年前后几年，未考虑政策实施出现效果的时限问题，面对外部冲击，企业往往需要较长时间才能完成劳动力调整⑥。第二，《劳动合同法》的实施既会影响劳动者的收入水平，又会影响劳动力的就业，考察《劳动合同法》对劳动收入份

---

① KEDRA M, BOGDANIK T. The Effects of Employment Protection Legislation and Financial Market Imperfections on Investment: Evidence From a Firm-Level Panel of EU Countries [J]. Economic Policy, 2010, 25 (61): 117-163.

② KAN K, LIN Y L. The Effects of Employment on the Labor Turnover: Empirical Evidence from Taiwan [J]. Economic Inquiry, 2011 (49): 398-433.

③ BANKER R D, BYZALOV D, CHEN L T. Employment Protection Legislation, Adjustment Costs and Cross-Country Differences in Cost Behavior [J]. Journal of Accounting and Economics, 2013, 55 (1): 111-127.

④ 张志明，崔日明，代鹏. 贸易开放、《劳动合同法》实施与中国制造业用工行为——基于增加值贸易视角 [J]. 国际贸易问题，2017 (4).

⑤ 潘红波，陈世来.《劳动合同法》、企业投资与经济增长 [J]. 经济研究，2017 (4).

⑥ 孙睿君. 我国的动态劳动需求及就业保护制度的影响：基于动态面板数据的研究 [J]. 南开经济研究，2010 (1).

额的影响需同时考察这两种效应。若通过影响就业进而影响劳动收入份额的替代效应大于通过工资影响劳动收入份额的收入效应，《劳动合同法》的实施将导致劳动收入份额下降，劳动者收益受损；只有当收入效应显著高于替代效应时，《劳动合同法》才会带来正向的政策效应。第三，已有文献缺乏将收入效应和替代效应同时纳入劳动收入份额分析框架的研究。以《劳动合同法》为代表的劳动法律制度通过两种机制对劳动收入份额带来影响：影响工资水平的收入效应与影响企业要素投入比例的替代效应。多数学者认为《劳动合同法》在提高职工工资水平的同时，也会引起企业以资本替代劳动，但未同时考虑两种效应对劳动收入份额的影响。

本章基于我国省级分产业数据，对比分析《劳动合同法》实施前后劳动者的工资水平、资本劳动比以及劳动收入份额的变化，在探析《劳动合同法》对我国劳动收入份额整体影响的基础上实证分析《劳动合同法》实施对民营企业劳动收入份额的影响。

二、《劳动合同法》实施前后工资水平、资本劳动比和劳动收入份额的变化

在讨论《劳动合同法》实施对民营企业劳动收入份额的影响之前，先看一下《劳动合同法》实施前后工资水平、资本劳动比和劳动收入份额的变化。

（一）《劳动合同法》对劳动者工资水平的规定及执行监管

《劳动合同法》直接对劳动报酬、加班工资、实习期工资作出了明确规定。该法第十七条规定了劳动合同的必备条款，强调劳动报酬为劳动合同必须具备的内容。第二十条规定“劳动者在试用期的工资不得低于本单位相同岗位最低档工资或者劳动合同约定工资的百分之八十，并不得低于用人单位所在地的最低工资标准”明确了试用期劳动报酬的标准。第三十一条强调“用人单位应当严格执行劳动定额标准，不得强迫或者变相强迫劳动者加班。

用人单位安排加班的，应当按照国家有关规定向劳动者支付加班费”。这些衔接紧密的法规条款对劳动报酬中各类工资作出明确规定，使之前法律关于基本工资、试用期工资、加班工资等方面的模糊规定明晰化，可有效避免劳动者收益的损害，保护了劳动者的收入权益，直接提高了劳动者的收入水平。

《劳动合同法》强化了工资制度的监管力度。在《劳动合同法》实施之前，企业通过避免签订合同、模糊工资界限、安排试用期等手段规避最低工资规定①。《劳动合同法》第八十五条对工资制度的执行作出规定，明确了用人单位未及时足额支付劳动者报酬、低于当地最低工资标准支付劳动者工资、不支付加班费及解除或者终止劳动合同未支付经济补偿的法律责任，强调“由劳动行政部门责令限期支付劳动报酬、加班费或者经济补偿；劳动报酬低于当地最低工资标准的，应当支付其差额部分；逾期不支付的，责令用人单位按应付金额百分之五十以上百分之一百以下的标准向劳动者加付赔偿金”，明确了劳动行政部门的监督事项，强化了最低工资执行的监管力度。

（二）《劳动合同法》对我国劳动者工资水平的影响

《劳动合同法》实施已 15 年，对劳动者工资水平的影响已经显现。本节根据国家统计局网站、《中国统计年鉴》、各省统计年鉴的数据（未包含西藏自治区），测算 2000—2014 年我国分产业工资增长率的变化（见图 5-1），研究《劳动合同法》对我国劳动者工资水平的影响。

---

① 丁守海．最低工资管制的就业效应分析——兼论《劳动合同法》的交互影响［J］．中国社会科学，2010（1）．

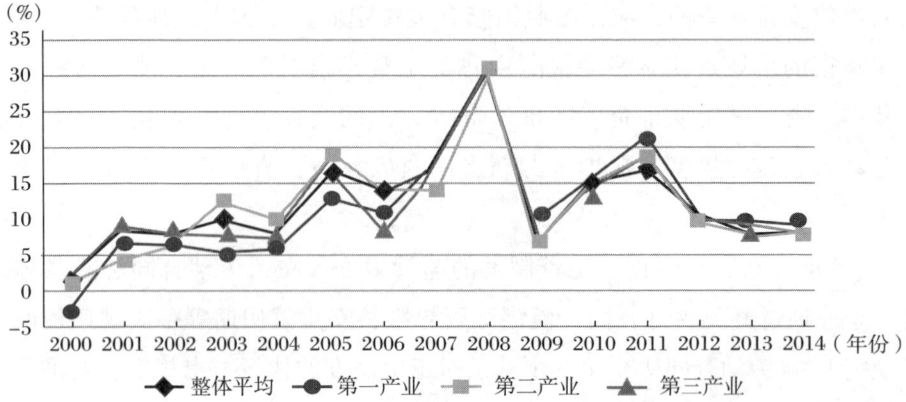

图 5-1　2000—2014 年我国分产业工资增长率变化示意图

注：①第一产业为农林牧渔业，第二产业包括采矿业，制造业，电力、燃气及水的生产和供应业，建筑业，其他产业归为第三产业（下同），产业内职工工资水平为所包含的各行业工资平均值。②测算结果为全国平均值。③工资增长率明显高于其他学者的测算值，本节估计职工平均工资水平的方法可能是原因所在。国家统计局公布的各行业工资数据为城镇职工工资数据，考虑城镇工资水平高于农村，因此在测算时需要对其进行调整。具体调整方法为：根据国家统计局公布的各省劳动者报酬数据，除以相应的就业总人数，得出当年职工工资水平，其与城镇职工工资水平的比值为 δ，各行业职工工资水平可由 δ 与城镇职工工资水平之积求得。城镇职工工资增长率高于农村职工工资增长率，导致了本节工资增长率的高估，但这一高估对变化趋势的影响较小。

从图 5-1 中可以看出，2008 年工资水平大幅提高，出现“突变”，以此为分界线，工资增长率可以分为《劳动合同法》实施前和实施后两个阶段来分析：

第一，《劳动合同法》实施前，从工资增长率来看，在 2008 年之前，工资增长率出现平稳上涨的趋势，2000 年整体平均工资增长 2.07%，之后工资增长率逐渐上升，2007 年工资增长率为 16.61%；2008 年工资出现大幅上涨，工资增长率上升至 30.89%。从工资增长率的涨幅变化来看，2000—2007 年工资增长率年均上涨 2.08 个百分点，2008 年整体平均工资增长率上涨 14.28 个百分点，超额涨幅达 12.20 个百分点。各产业内部工资水平的变化趋势与全产业平均工资变化相似。《劳动合同法》的实施使得 2008 年工资出现“突变”，显著超出原有增长水平。

第二，2008 年《劳动合同法》实施后，工资增长出现大幅波动，2012 年之后趋于平稳。《劳动合同法》实施之后企业与市场需要对冲击作出调整，导致工资增长率出现大幅波动。一些学者研究认为当企业遇到外部冲击时，需要 2.56 年的时间才能完成劳动力调整的 50%①。2008 年工资大幅上涨以及金融危机的影响，既提高了企业成本，又降低了企业收益，从而限制了 2009 年工资的上涨幅度，工资增长率大幅下降，整体平均工资增长率降至 8.65%。此外，该法实施之后，合同期限的改变也导致工资变化的波动。人社部的调查研究显示，《劳动合同法》实施之后劳动合同的签署年限主要为 3 年②，在 2008 年签署合同 3 年后，2011 年新一轮合同签订开始，使得 2011 年整体平均工资增长率又上升至 17.27%。《劳动合同法》提高了劳动者在谈判中的地位，工资增长率也随之上涨。2012 年之后工资增长率变化波动性减弱，说明市场与企业已逐渐度过了调整期，工资变化再次趋于平稳，涨幅也降至 2008 年之前的水平。

总之，《劳动合同法》的实施使得我国劳动者工资水平在 2008 年大幅上涨，之后受市场与企业调整以及合同期限变化的影响，工资增长出现大幅波动。随着调整的完成，工资增长率在 2012 年回落至正常水平。《劳动合同法》短期内显著提高了劳动者工资水平。

（三）《劳动合同法》实施前后企业要素投入结构的变化

《劳动合同法》在短期内提高了工资增长率，但是若对就业的负面影响更大，将不利于劳动收入份额的整体上涨，因此考察《劳动合同法》对劳动者的收益效应还需分析《劳动合同法》对企业资本劳动比的影响。本节根据国家统计局网站、《中国统计年鉴》、各省统计年鉴的数据（未包含西藏自治区），以 2004—2014 年我国各产业内部资本劳动比为衡量指标，分析《劳动合同法》的实施对企业资本劳动比的间接影响，结果如图 5-2 所示。

---

① 孙睿君. 我国的动态劳动需求及就业保护制度的影响：基于动态面板数据的研究［J］. 南开经济研究，2010（1）.

② 常凯，邱婕. 中国劳动关系转型与劳动法治重点——从《劳动合同法》实施三周年谈起［J］. 探索与争鸣，2011（10）.

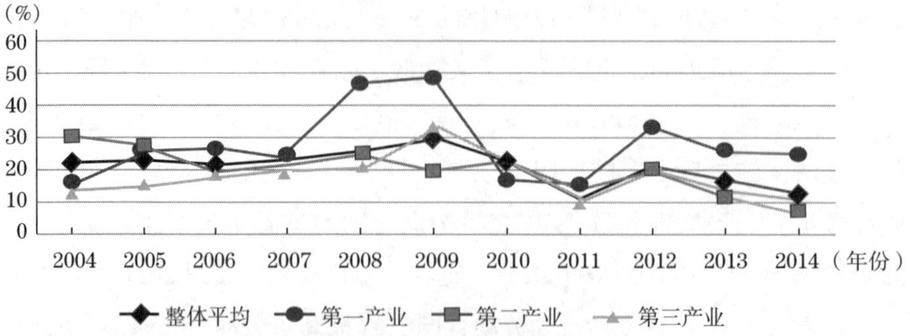

图 5-2　2004—2014 年我国分产业资本劳动比增长率变化示意图

注：①资本劳动比表示为 K/L，其中 K 为分行业固定资产投资总额，L 为分行业就业人员数；②测算结果为全国平均值。

从图 5-2 中可以看出，我国资本劳动比呈现持续增长趋势，整体平均增长率一直维持在 10%以上，资本劳动比的变化比工资增长率的变化更平缓，并未出现个别年份增长率“突变”的现象。

与工资变化不同，除第一产业外，2008 年当年各产业的资本劳动比并未发生显著变化。2004—2007 年我国各产业的资本劳动比较为稳定，整体平均资本劳动比年均增长 23.04%，2008 年整体平均资本劳动比为 25.15%，增幅不大。《劳动合同法》实施后资本劳动比的变化主要集中在 2009 年，整体平均、第一产业、第三产业的资本劳动比增长率均出现大幅上涨，相比 2004—2007 年平均增长率分别上涨 7.03 个、25.26 个、16.14 个百分点，整体平均资本劳动比增长率达到 30.06%，为 2004—2014 年的最高。第二产业资本劳动比未出现显著变化。

2009 年之后，资本劳动比增长率出现波动。同样，在法规实施之后市场与企业会对自身劳动力结构进行调整，导致各产业资本劳动比增长率在《劳动合同法》实施之后也出现大幅波动。2009 年之后，各产业资本劳动比增长率显著下降，整体平均资本劳动比增长率最低降至 2011 年的 12.34%，在 2012 年又上升至 20.14%，之后趋于平稳。

综上，《劳动合同法》的实施短期内促使企业以资本替代劳动，提高了企业资本劳动比，在度过市场与企业的调整期之后，资本劳动比同样在 2012 年趋于平稳，稳定在《劳动合同法》实施前的水平。

(四)《劳动合同法》实施前后劳动收入份额的变化

劳动收入份额表示为 wL/Y，其中 w 为劳动者工资，L 为就业人员数，Y 为对应产业的总产值。《劳动合同法》一方面显著提高了劳动者工资水平 w，对劳动收入份额有向上的提升效应；另一方面促使企业以资本替代劳动，间接降低劳动者的就业水平 L 或提高企业资本劳动比 K/L，对劳动收入份额产生向下的压力。可以通过考察《劳动合同法》实施前后劳动收入份额变化，比较两种效应的大小。若《劳动合同法》实施后劳动收入份额上升，说明《劳动合同法》的实施对工资的提升作用较大，抵消了对就业水平的负向效应；若劳动收入份额出现下降，则说明《劳动合同法》的实施对资本劳动比的影响更大，不利于提高劳动收入份额。

根据《中国统计年鉴》、各省统计年鉴的数据（未包含西藏自治区），测算了 2000—2014 年我国整体以及分产业劳动收入份额变化率的变化趋势，结果如图 5-3 所示。

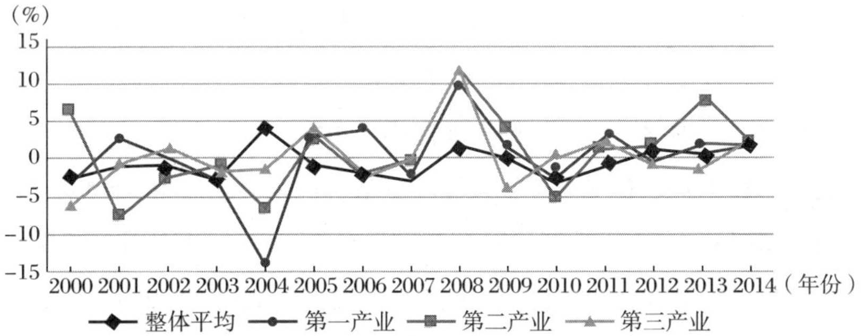

图 5-3　2000—2014 年我国整体及分产业劳动收入份额变化率变化示意图

注：①各省平均劳动收入份额数据来自国家统计局网站公布数据，考虑统计口径的问题，对 2004—2007 年各省劳动收入份额数据进行修正。②各产业数据为第三章中工资与就业人员数的乘积在本产业生产总值中的比重。③测算结果为全国平均值。④基于与图 5-1 相同的原因，各产业工资增长率被高估，使得图 5-3 中各产业劳动收入份额的变化率过高，而整体劳动收入份额为国家统计局公布数据，不存在高估问题，从而出现如 2005 年与 2011 年各产业劳动收入份额增长率为正，而整体劳动收入份额出现负增长的现象。在讨论时着重讨论整体劳动收入份额的变化，以消除高估问题。

各产业劳动收入份额在2008年变化显著，可以将劳动收入份额的变化分为《劳动合同法》实施前和《劳动合同法》实施后两个阶段进行分析：

第一，《劳动合同法》实施前，从图5-3中可以看出，2008年之前，除2004年整体平均劳动收入份额增长率为正外，其他年份的整体平均劳动收入份额增长率均为负，劳动收入份额变化呈整体下降趋势。2004年各产业劳动收入份额增长率均为负，与整体劳动收入份额的变化不符，这一现象是修正统计口径的方法引起的。本节采用第二章的修正方法，由于2004年个体经济营业收入数据被高估，导致劳动者报酬在个体经济中的占比也被高估，因此与2003年可比的2004年劳动收入份额有所提高①，但从各产业数据中可以看出，2004年劳动收入份额下降趋势并未改变。

2008年之前劳动收入份额持续下降的现象可从工资和就业两个角度进行解释。虽然2000—2007年工资增长率呈逐年上升趋势，但无法抵消资本劳动比上升带来的负面影响。2004—2007年资本劳动比的增长率维持在20%以上。此外，《劳动合同法》的实施刺激企业采用劳动节约型技术，间接导致就业水平下降、资本劳动比提升。20世纪90年代中期以后，我国技术进步总体上表现为劳动节约型，经济增长更多地依赖于资本积累，而对劳动的吸纳能力不断下降，导致在初次收入分配中劳动收入份额不断下降②。有关研究也发现，1991—2006年，全要素生产率水平每提高0.01，就业总量则减少0.08%③，间接证实我国技术进步的劳动节约型。《劳动合同法》提高了劳动力成本，促使企业的要素投入向资本倾斜，加大劳动节约型生产技术的研发和利用。以劳动节约为特点的技术进步使得企业在投入要素时更偏重资本，导致在此阶段劳动收入份额持续下降。

第二，《劳动合同法》实施后，为劳动收入份额带来显著的正向效应，无论是整体平均数据还是分产业数据均显示，劳动收入份额不断下降的趋势得

---

① 白重恩，钱震杰. 国民收入的要素分配：统计数据背后的故事［J］. 经济研究，2009（3）.

② 傅晓霞，吴利学. 偏性效率改进与中国要素回报份额变化［J］. 世界经济，2013（10）.

③ 叶仁荪，王光栋，王雷. 技术进步的就业效应与技术进步路线的选择——基于1990~2005年中国省际面板数据的分析［J］. 数量经济技术经济研究，2008（3）.

到扭转，2008 年工资水平的大幅上涨带动整体平均劳动收入份额增长率转负为正，上升至 1.86%。之后的调整期，劳动收入份额增长率出现波动，在 2010 年出现负增长，2012 年之后增长率稳定在 1.23%左右，劳动收入份额保持增长。

综上，《劳动合同法》的实施扭转了 2008 年之前劳动收入份额不断下降的趋势，度过调整期之后，整体劳动收入份额持续增长，《劳动合同法》的实施给劳动收入份额带来了显著为正的政策效应。

三、《劳动合同法》影响民营企业劳动收入份额的理论分析

基于已有研究，本节利用 CES 生产函数分析《劳动合同法》实施对民营企业劳动收入份额的影响路径。《劳动合同法》的实施有利于促进民营企业劳资关系正规化，提高民营企业劳动合同的签订比例，修正原有民营经济企业主法治观念薄弱、员工维权意识不强等问题，劳动合同的签订可有效保障民营企业员工的工资收入，因此有以下假设：

假设 1：《劳动合同法》的实施提高了民营企业职工工资水平，带来显著的收入效应。

企业为应对工资水平的变化，将选择相对“便宜”的要素，要素投入比例随之改变。在要素市场，工资水平的变化会引起劳动力需求的变化，产生收入效应和替代效应。收入效应表示劳动价格即工资水平 w 的变化；替代效应表示因劳动价格变化引起企业要素投入比例的变化，即资本劳动比 K/L 的变化。引入不含技术进步的 CES 生产函数：

$$Y=\left[\alpha K^{\frac{\sigma-1}{\sigma}}+(1-\alpha)L^{\frac{(\sigma-1)}{\sigma}}\right]^{\frac{\sigma}{\sigma-1}} \tag{5-1}$$

其中 $0<\alpha<1$，σ 为资本和劳动和替代弹性，有 $\sigma>0$。假定《劳动合同法》实施前为完全竞争市场，企业工资水平等于边际商品价值：

$$w=P\cdot\frac{\partial Y}{\partial L} \tag{5-2}$$

由 CES 生产函数整理可得：

$$w=P(1-\alpha)[\alpha(K/L)^{\frac{\sigma-1}{\sigma}}+(1-\alpha)]^{\frac{\sigma}{\sigma-1}} \tag{5-3}$$

《劳动合同法》实施作为一种外部冲击，强制性地影响了民营企业工资水平。此时，为调整劳动边际产品价值，民营企业只有选择调整资本劳动比 K/L，产生替代效应，因此有以下假设：

假设 2：《劳动合同法》提高了企业用工成本，以利润最大化为目标的民营企业将选择以资本替代劳动，促进资本深化，企业资本劳动比随之提高。

劳动收入份额可以表示为 $LS=wL/Y=w/(Y/L)$，因此劳动收入份额可以分解为工资 w 与劳动生产率（劳均产出）Y/L 两部分，民营企业劳动收入份额可表示为：

$$LS=\frac{wL}{Y}=\frac{w}{Y/L}=\frac{w}{[\alpha k^{\frac{\sigma-1}{\sigma}}+(1-\alpha)]^{\frac{\sigma}{\sigma-1}}} \tag{5-4}$$

式（5-4）表明，在完全竞争市场条件下，民营企业劳动收入份额受两种因素的影响：一是企业工资水平；二是劳均资本，即资本劳动比。如果《劳动合同法》的实施显著提高了民营企业职工工资水平，劳动收入份额会随工资水平上涨而提高，产生收入效应；但是由式（5-4）可知，随着民营企业用工成本的提高，最大化利润的民营企业选择加大投资，减少劳动的投入比重，民营企业资本劳动比随之提高。

基于式（5-4），以劳动收入份额 LS 对资本劳动比 k 求偏导数可得：

$$\frac{\partial LS}{\partial k}=\frac{\partial\{w/[\alpha k^{\frac{\sigma-1}{\sigma}}+(1-\alpha)]^{\frac{\sigma}{\sigma-1}}\}}{\partial k}=-w\alpha k^{\frac{-1}{\sigma}}[\alpha k^{\frac{1-\sigma}{\sigma}}+(1-\alpha)]^{\frac{2\sigma-1}{1-\sigma}}<0 \tag{5-5}$$

由于 $0<\alpha<1$，因此，劳动收入份额对资本劳动比的偏导数始终小于 0。综上所述，工资水平与劳动收入份额之间存在正向关系，而资本劳动比与劳动收入份额之间则存在负向关系。因此有以下假设：

假设 3：工资水平的上升提高了民营企业劳动收入份额水平，企业通过促进资本深化、提高资本劳动比以应对用工成本上涨则会降低劳动收入份额，两种效应综合影响民营企业的劳动收入份额水平。

四、《劳动保护法》影响民营企业劳动收入份额的实证分析

本节运用处理效应模型对 2008 年、2010 年、2012 年“中国私营企业调查”数据进行实证分析，研究我国《劳动合同法》的实施对民营企业劳动收入份额的影响路径与政策效应，为今后我国完善劳动保护政策提供理论依据与经验分析。

（一）引入法律环境指数分析《劳动合同法》的收入效应和替代效应

1. 数据描述

本书实证分析使用数据来自中共中央统战部、中华全国工商联合会、国家工商行政管理总局、中国民营经济研究会私营企业研究课题组主持进行的“中国私营企业调查”。由中国社会科学院私营企业主群体研究中心负责日常管理的“中国私营企业调查”数据发布平台为该调查数据正式受权发布渠道。“中国私营企业调查”每两年进行一次，截至目前已进行了 11 次，通过采用多阶段抽样方法，首先确定抽样总数和 31 个省、自治区、直辖市的抽样户数，然后按经济发展水平与行政区类别确定县与县级市，之后按城乡比例和行业分布随机抽取企业，具有抽样规模大、地域分布广、调查内容丰富和连续性强的特点①。数据涵盖企业主政治面貌与家庭情况、企业开办时间、企业出资人和资本构成、企业上市和收购情况、企业决策机制、企业经营状况以及企业的党团工会建设等内容。考虑到调查数据与变量选择的一致性，本节

① 中国私营企业调查介绍［EB/OL］. 中国社会科学网，［2016-09-14］. http：//www. ssm. cass. cn/sjzy/201609/t20160914_ 3202846. shtml.

使用2008年、2010年、2012年三次调查数据。2008年第八次“中国私营企业调查”针对《劳动合同法》实施后民营企业用工情况和应对策略进行了详细调查。针对《劳动合同法》的实施，民营企业主主要反映了以下情况：一是企业用工成本显著增加。61.8%的民营企业主反映《劳动合同法》的实施增加了企业用工成本，40%的民营企业主反映《劳动合同法》的实施增加了企业用人风险。二是民营企业采取不同策略应对用工成本增加。64.7%的民营企业选择“加强劳动管理，提高劳动效率”，29.9%的民营企业选择“扩大生产经营规模提升产品附加值，抵消劳动成本的增加”，23.5%的民营企业选择“减少用工人数”。由此可见，《劳动合同法》的实施在提高劳动者收入的同时，也会引起民营企业以资本替代劳动，产生替代效应。

实证分析之前，需要对样本数据进行处理，剔除劳动收入份额大于1或小于0、企业资产负债率小于0、工资水平为0的不合理样本，并对工资水平和资产总量模拟缩尾处理，最终得到2007年、2009年、2011年3年共3652个民营企业样本。表5-1给出了主要变量在不同年份的描述性统计。

表5-1　主要变量描述性统计

年份	变量名	观测值	均值	标准差	最小值	最大值
2007	LS	687	0.4518	0.2361	0.0035	0.9938
	$\ln w$	687	9.3843	0.7556	6.6766	11.4259
	$\ln (K/L)$	687	11.5063	1.4650	6.7019	18.5504
2009	LS	1148	0.4589	0.2314	0.0086	0.9945
	$\ln w$	1148	9.5903	0.5164	8.3986	10.7397
	$\ln (K/L)$	1148	11.4518	1.5273	4.8200	18.7632
2011	LS	1817	0.4678	0.2482	0.0070	0.9975
	$\ln w$	1817	9.9342	0.6281	8.2940	11.4360
	$\ln (K/L)$	1817	11.7643	1.5997	4.4215	17.8960

从表5-1中可以看出，我国民营企业劳动收入份额偏低但呈现逐年提高的趋势。国家统计局数据显示，2015年我国整体劳动收入份额为47.89%，表5-1中民营企业劳动收入份额均值低于这一水平。

2. 模型设立与变量解释

实证分析《劳动合同法》的实施对民营企业劳动收入份额的影响，首先需要引入《劳动合同法》实施的变量。由于法规实施带有强制性和明确性的特点，一些学者引入《劳动合同法》实施虚拟变量，2008 年之前取值为 0，2008 年之后取值为 1①②。其他学者基于我国各地区法律环境的差异性，采用法律环境指数作为《劳动合同法》实施的代理变量③。2008 年全球金融危机爆发，对我国经济运行产生了负面影响，单纯以 2008 年为界限设立虚拟变量，无法规避金融危机的影响。尽管法规实施具有强制性和明确性的特点，但是各省份在法规执行力度方面存在差异。法律环境较好的省份《劳动合同法》的执行效率较高，而法律环境较差的省份《劳动合同法》的执行情况则可能较差。因此，本章引入代表各省份法律环境的变量作为《劳动合同法》实施的代理变量。樊纲等（2011）得出的 2008 年法律环境指数包含 4 项指数：市场中介组织的发育、对生产者合法权益的保护、知识产权保护、消费者权益保护④，很好地反映了各地区的法律执行效率⑤。根据 2008 年各地区的法律环境指数，引入代表法律环境差异的变量 *LAW*，将 2008 年各省级地区由高到低分为 5 组，赋值为 5 至 1，2008 年之前取值为 0。参考马双等（2012）⑥ 和魏下海等（2013）⑦ 的实证模型，引入《劳动合同法》实施变量，本章所用实证模型如下：

---

① 陈东，刘金东. 劳动保护有助于缩小就业弱势群体的相对收入差距吗——以新《劳动合同法》的实施为例［J］. 财贸经济，2014（12）.

② 倪骁然，朱玉杰. 劳动保护、劳动密集度与企业创新——来自 2008 年《劳动合同法》实施的证据［J］. 管理世界，2016（7）.

③ 廖冠民，陈燕. 劳动保护、劳动密集度与经营弹性：基于 2008 年《劳动合同法》的实证检验［J］. 经济科学，2014（2）.

④ 樊纲，王小鲁，朱恒鹏. 中国市场化指数——各地区市场化相对进程 2011 年报告［M］. 北京：经济科学出版社，2011：22-50.

⑤ 郑志刚，邓贺斐. 法律环境差异和区域金融发展——金融发展决定因素基于我国省级面板数据的考察［J］. 管理世界，2010（6）.

⑥ 马双，张劼，朱喜. 最低工资对中国就业和工资水平的影响［J］. 经济研究，2012（5）.

⑦ 魏下海，董志强，黄玖立. 工会是否改善劳动收入份额？——理论分析与来自中国民营企业的经验证据［J］. 经济研究，2013（8）.

$$Y_{it}=\alpha_0+\alpha_1\times LAW_{it}+\alpha_2\times tech_{it}+\alpha_3\times export_{it}+\alpha_4\times dta_{it}+\alpha_5\times prf_{it}+\alpha_6\times human_{it}+\alpha_7\times age_{it}+\alpha_8\times PC_{it}+\alpha_9\times union_{it}+\mu_{it} \quad (5-6)$$

式（5-6）中，当被解释变量 $Y=\ln LS$ 时，模型的被解释变量为劳动收入份额，以企业劳动收入份额的对数值表示，其中劳动收入份额 *LS* 采用要素成本增加值法计算，表示为工资奖金总额÷（工资奖金总额+净利润+缴税金额+交费金额）。当被解释变量 $Y=\ln w$ 时，模型的被解释变量为企业的工资水平，以年平均工资的对数值衡量，年平均工资为工资奖金总额除以年均用工人数所得。当被解释变量 $Y=\ln(K/L)$ 时，模型的被解释变量为企业的资本劳动比，以企业资产总额与年均用工人数比值的对数值表示。

其他控制变量包括研发投入（*tech*），以企业是否投入研发经费的虚拟变量衡量；出口（*export*），以企业是否向境外出口产品或服务的虚拟变量衡量；企业资产负债率（*dta*）；企业盈利能力（*prf*），以企业净利润与资产之比衡量；人力资本（*human*），以企业是否投入培训费用的虚拟变量衡量；企业年龄（*age*）。企业主特征变量包括企业主政治身份（*PC*），以企业主是否为人大代表或政协委员的虚拟变量衡量。由于设立工会也会显著影响私营企业的工资水平和资本劳动比，因此本文引入代表工会设立的虚拟变量 *union*。考虑第四章中的结论认为人均资本的提升会提高工资水平，因此当被解释变量为 $\ln w$ 时，引入企业资本劳动比 $\ln(K/L)$ 作为控制变量。

3. 内生性问题

企业是否设立工会是一个自我选择的结果，如企业主政治身份等因素均可能影响企业设立工会的行为，因此设立工会并非随机分配的结果，直接使用 OLS 回归可能出现内生性问题，从而出现有偏结果。本章引入处理效应模型以修正设立工会带来的内生性问题。由于实验组与对照组的初始条件不完全相同，因此存在是否加入项目的选择偏差（selection bias），解决方法是直接对处理变量进行结构建模。代表是否加入工会的虚拟变量 *union* 可被模拟为一个不可观测的潜在线性变量 $union^*$。而 $union^*$ 可被以下线性处理方程（treatment equation）估计：

$$union^*=\gamma X+\varepsilon \quad (5-7)$$

而变量 *union* 和 $union^*$ 之间存在以下关系：

$$union=\begin{cases}1, & 当\ 0<union^*\ 时\\0, & 当\ 0>union^*\ 时\end{cases} \tag{5-8}$$

假设扰动项 μ 和 ε 服从二维正态分布，相关系数为 ρ。可通过检测扰动项的相关系数 ρ 的显著性，判断模型是否存在内生性问题。若 $\rho\neq0$，则模型存在内生性问题，需要采用处理效应模型进行回归分析；若 $\rho=0$，则说明模型不存在内生性，可以直接采用 OLS 进行估计。

处理效应模型需要引入工会的工具变量集 $\boldsymbol{X}$，本节引入的工具变量包括企业年龄（*age*）、企业是否投入培训费用（*human*）、企业主受教育程度（*education*，学历越高，得分越高①）、企业主政治身份（*PC*）、企业所在省份工会密度（*union_density*）。法律环境越好的省份，企业设立工会的可能性越大，因此在工具变量集中引入《劳动合同法》实施（*LAW*）变量。

4\. 实证结果

利用处理效应模型的最大似然估计法（MLE）对回归模型进行实证分析，实证结果见表 5-2。

表 5-2 《劳动合同法》实施对民营企业内部劳动收入份额的影响

变量	(1) ln*w*	(2) ln（*K*/*L*）	(3) ln*LS*	(4) ln*LS*
LAW	0.0859*** (0.0069)	0.0263* (0.0147)	0.0059 (0.0074)	−0.0100 (0.0067)
tech	−0.0057 (0.0221)	−0.0786 (0.0527)	−0.0370 (0.0273)	−0.0517** (0.0236)
export	0.0828*** (0.0309)	−0.1675** (0.0737)	0.0207 (0.0383)	−0.0397 (0.0332)
dta	−0.0004 (0.0004)	0.0199*** (0.0009)	0.0000 (0.0005)	0.0047*** (0.0004)

① 调查问卷将问题“您的文化程度是?”的答案整理分成六种，分别是小学及以下（1）；初中（2）；高中、中专（3）；大专（4）；大学（5）；研究生（6）。

续表

变量	(1) ln*w*	(2) ln (*K/L*)	(3) ln*LS*	(4) ln*LS*
prf	0.0251 *** (0.0056)	-0.1844 *** (0.0135)	-0.0654 *** (0.0069)	-0.1138 *** (0.0061)
human	-0.0852 *** (0.0332)	-0.5241 *** (0.0751)	0.1519 *** (0.0385)	0.0877 *** (0.0336)
age	-0.0037 (0.0027)	-0.0237 *** (0.0696)	0.0110 *** (0.0032)	0.0087 *** (0.0028)
PC	-0.2789 *** (0.0309)	-0.2492 *** (0.0696)	-0.0102 (0.0356)	0.0426 (0.0310)
union	0.6789 *** (0.0868)	1.5693 *** (0.1677)	-0.7574 *** (0.0874)	-0.7257 *** (0.0759)
ln*w*	—	—	—	0.2776 *** (0.0176)
ln*K/L*	0.1257 *** (0.0069)	—	—	-0.2646 *** (0.0077)
ρ	-0.5533	-0.6385	0.5840	0.5975
H_0: $\rho=0$	18.71 ***	32.52 ***	20.68 ***	20.56 ***

注：括号中的数值为标准误。***、**、* 分别表示参数估计在 1%、5%、10%水平下通过统计显著性检验；H_0：$\rho=0$ 中 *** 表示在 1%的显著水平下拒绝 $\rho=0$ 的原假设。

从表 5-2 中可以看出：

第一，采用处理效应模型进行回归分析的结果更具有稳健性。四个实证结果均在 1%的显著水平下拒绝了 $\rho=0$ 的原假设，证明在工会设立方面存在内生性问题，需要使用处理效应模型进行回归分析。

第二，《劳动合同法》的实施显著提高了民营企业职工工资水平，带来收入效应。列（1）中代表《劳动合同法》实施的变量 *LAW* 系数显著为正。《劳动合同法》实施后，法律执行环境更好的省份民营企业职工工资水平更高，相邻两个法律执行环境的省份民营企业职工工资相差 8.59 个百分点，假设 1 得以验证。

第三，《劳动合同法》的实施显著提高了民营企业资本劳动比，带来替代效应。列（2）中 *LAW* 的系数显著为正。《劳动合同法》实施后，法律执行环境更好的省份其民营企业资本劳动比更高，法律执行环境每提升 1 个档次，民营企业资本劳动比上升 2.63 个百分点，假设 2 得到验证。这也验证了第八次“中国私营企业调查”的调研结果。面对用工成本的上升，民营企业选择以资本替代劳动，提高资本在生产过程中的投入比重，导致企业资本劳动比上升。

第四，《劳动合同法》提高了民营企业劳动收入份额水平，但提升作用不显著。《劳动合同法》的实施一方面提高了民营企业职工工资水平，具有显著的收入效应，有利于提高民营企业劳动收入份额；另一方面导致企业加大投资，以资本替代劳动，带来显著的替代效应。综合两种效应，《劳动合同法》的实施虽提高了民营企业劳动收入份额，但这一效应不显著［见列（3）］。此外，列（4）中资本劳动比 $\ln(K/L)$ 的系数显著为负，工资水平 $\ln w$ 的系数显著为正，假设 3 得以验证。

其他控制变量方面，研发经费的投入（*tech*）降低了民营企业的劳动收入份额，可能的原因是民营企业的技术进步存在资本偏向；企业资产负债率（*dta*）越高，越不倾向于加大资本投入，劳动收入份额较高；盈利能力（*prf*）较高的企业，职工工资水平较高，资本劳动比较低，但是其劳动收入份额也较低，可能的原因是盈利能力较高的企业技术水平较高，且具有明显的资本偏向；企业投资人力资本（*human*）显著提高了劳动收入份额水平；运营时间（*age*）越久的企业可能自身人力资本水平较高，越不倾向于以资本替代劳动，因此具有较高的劳动收入份额；设立工会（*union*）的民营企业工资水平较高，但由于自身资本劳动比更高，导致劳动收入份额下降。

（二）《劳动合同法》对三次产业民营企业劳动收入份额的效应分析

由于不同行业民营企业的资源禀赋与比较优势不同，在面对《劳动合同法》实施这一外部冲击时采取的措施可能也不相同。根据“中国私营企业调查”中“您企业主要从事的行业是什么?”的调查结果，将样本数据分成三次产业①，同样采用处理效应模型进行回归分析，实证结果见表 5-3。

表 5-3 《劳动合同法》对三次产业民营企业劳动收入份额影响的实证结果

产业	变量	(1) lnw	(2) ln (K/L)	(3) lnLS	(4) lnLS
第一产业	LAW	0.0814*** (0.0256)	-0.0121 (0.0582)	-0.0034 (0.0308)	-0.0277 (0.0281)
	lnw	—	—	—	0.3153*** (0.0559)
	ln (K/L)	0.1383*** (0.0260)	—	—	-0.2979*** (0.0271)
第二产业	LAW	0.0794*** (0.0077)	0.0442** (0.0183)	-0.0026 (0.0091)	-0.0166** (0.0084)
	lnw	—	—	—	0.3041*** (0.0245)
	ln (K/L)	0.1168*** (0.0098)	—	—	-0.2404*** (0.0110)
第三产业	LAW	0.0955*** (0.0095)	0.0427* (0.0253)	-0.0017 (0.0116)	-0.0172 (0.0105)
	lnw	—	—	—	0.2850*** (0.0272)
	ln (K/L)	0.1407*** (0.0107)	—	—	-0.3162*** (0.0119)

注：①括号中的数值为标准误。***、**、* 分别表示参数估计在 1%、5%、10%水平下通过统计显著性检验。②实证方法为处理效应模型中的最大似然估计法。③表中节选三次产业民营企业主要解释变量与被解释变量的相关系数，其他控制变量的实证结果未列出。

---

① 第一产业包括农林牧渔业；第二产业包括采矿业，制造业，电力、燃气及水的生产和供应业，建筑业；第三产业包括交通运输、信息服务、批发零售、住宿餐饮、金融、房地产、租赁、科研技术、公共设施、居民服务、教育、卫生、文化体育、公共管理。

从表 5-3 中可以看出：

第一，《劳动合同法》为不同行业民营企业的工资水平均带来了显著的正向效应。三次产业在《劳动合同法》实施之后工资水平均显著上涨。第一产业大多为劳动密集型产业，工资水平较低，劳动状况较差，因此《劳动合同法》对其影响较大；第二产业资本与投资的比重较大，劳动者在谈判中的地位相对较低，因此《劳动合同法》的影响较小；第三产业职工人力资本水平较高，拥有较强的话语权，《劳动合同法》影响较大。

第二，《劳动合同法》对民营企业资本劳动比的影响存在行业差异。《劳动合同法》的实施显著提高了第二产业和第三产业民营企业的资本劳动比，对第一产业则无显著影响。可能是由于第一产业的劳动密集属性导致企业增加资本投入存在困难。与非劳动密集型企业相比，劳动密集型企业需要更多的雇员，导致第一产业资本劳动比无显著变化。

第三，《劳动合同法》对民营企业劳动收入份额的影响需要进一步分解。表 5-3 第（3）列结果显示，《劳动合同法》对三次产业民营企业劳动收入份额的影响均不显著，可能是因为《劳动合同法》通过工资和资本劳动比影响劳动收入份额的作用互相抵消，因此还需要进一步分解《劳动合同法》对劳动收入份额的影响。

五、《劳动合同法》对民营企业劳动收入份额的效应分解

表 5-2 和表 5-3 的实证结果初步体现出《劳动合同法》对民营企业劳动收入份额的线性影响。类比本书第四章，分析《劳动合同法》对民营企业劳动收入份额的效应，还需要将这一效应分解为收入效应与替代效应。本节基于收入效应与替代效应的定义，将《劳动合同法》通过提高工资水平进而影响劳动收入份额的效应定义为收入效应，以《劳动合同法》实施对工资水平的影响系数和劳动收入份额与工资水平的弹性的乘积表示；将通过提高资本

劳动比进而影响劳动收入份额的效应定义为替代效应，以《劳动合同法》实施对资本劳动比的影响系数和劳动收入份额与资本劳动比的弹性的乘积表示；收入效应、替代效应与其他效应之和为总效应。三次产业效应分解结果见表5-4。

表 5-4 《劳动合同法》对民营企业劳动收入份额的正向效应

变量	总体水平	第一产业	第二产业	第三产业
收入效应	0.0238	0.0257	0.0241	0.0272
替代效应	-0.0070	0.0000	-0.0106	-0.0135
其他效应	0.0000	0.0000	-0.0166	0.0000
总效应	0.0168	0.0257	-0.0031	0.0137

注：若实证结果不显著，则计为0，例如表5-3列（4）中代表《劳动合同法》对第一产业和第三产业劳动收入份额其他效应的 *LAW* 的系数不显著，反映在本表中为总体水平下其他效应为0。

从表5-4中可以看出：

第一，《劳动合同法》的实施给各行业民营企业劳动收入份额均带来了显著的收入效应，而替代效应则存在行业差异。《劳动合同法》实施环境每提升1档，带来的工资水平提高将拉动民营企业劳动收入份额总体提高2.38个百分点，三次产业的民营企业劳动收入份额分别提高2.57个、2.41个、2.72个百分点；带来的资本替代劳动将导致民营企业劳动收入份额总体下降0.7个百分点，第二产业与第三产业的民营企业劳动收入份额分别下降1.06个和1.35个百分点。由于《劳动合同法》的实施对第一产业民营企业的资本劳动比不存在显著影响，因此对第一产业的民营企业劳动收入份额不存在替代效应。

第二，除第二产业外，《劳动合同法》的实施显著提高了民营企业的劳动收入份额。《劳动合同法》实施环境每提升1档，民营企业劳动收入份额总体提高1.68个百分点，其中第一产业的民营企业劳动收入份额提高2.57个百分点，第二产业的民营企业劳动收入份额下降0.31个百分点，第三产业的民营企业劳动收入份额提高1.37个百分点。《劳动合同法》对第二产业的民营企业劳动收入份额总效应为负，主要因为存在负向的其他效应。《劳动合同法》可以通过强化最低工资管制对劳动力就业产生间接影响①，第二产业较高的资本密集度可能导致这一间接影响更加显著。

因此，伴随着我国产业结构不断升级，《劳动合同法》对民营企业的劳动收入份额的影响会经历“U”形变化趋势，整体上提高了我国民营企业的劳动收入份额，有利于化解发展民营经济与提高劳动收入份额之间的矛盾。

六、本章小结

本章在第四章的基础上，继续讨论化解发展民营经济与提高劳动收入份额之间矛盾的制度因素。通过将《劳动合同法》实施对民营企业劳动收入份额的影响分解为收入效应和替代效应，基于“中国私营企业调查”2008 年、2010 年、2012 年三次调查数据，利用处理效应模型实证分析 2008 年我国《劳动合同法》实施对民营企业劳动收入份额的收入效应与替代效应，研究发现，《劳动合同法》的实施提高了各行业民营企业的工资水平，带来了显著的收入效应，而仅引起第二产业和第三产业的民营企业以资本替代劳动，产生替代效应。《劳动合同法》的实施总体上提高了民营企业的劳动收入份额，有助于化解发展民营经济与提高劳动收入份额之间的矛盾。

基于以上结论，本章的政策建议如下：

第一，以构建劳动保障法律体系为基础。自 1995 年《中华人民共和国劳动法》实施以来，我国先后颁布实施了职业病防治法、安全生产法、劳动合同法、就业促进法、劳动争议调解仲裁法、社会保险法等法律法规，目前已经形成了较为完备的劳动保障法律体系②，但仍存在一定的完善空间。《最低工资规定》《女职工劳动保护特别规定》和《工伤保险条例》等规定的出台

① 丁守海. 最低工资管制的就业效应分析——兼论《劳动合同法》的交互影响［J］. 中国社会科学，2010（1）.

② 郑斌.《劳动法》实施 20 年来我国已形成较完备劳动保障法律体系［N］. 经济日报，2015-02-03（03）.

在一定程度上弥补了最低工资、女性就业保障等劳动保障体系方面的不足，但是由于未上升到法律层面，仍然无法比肩有关法律的实施效果。2021 年起实施的《中华人民共和国民法典》从合同的一般规定、订立、效力、履行、保全、变更和转让、权力义务终止、违约责任等对一般合同作出了规定，仍需出台与最低工资、雇佣平等等相关的法律法规，以全方位、多层次地有效保障劳动者的合法权益，做到各类情况均有法可依。

第二，以细化劳动合同规定细则为核心。细化《劳动合同法》关于劳动合同种类、劳动合同内容和劳动合同终止情况的规定，可从根本上明确劳动者各类权益与解决方案，有效降低劳资冲突的可能性。通过细化《劳动合同法》各类规定，可以有效提高《劳动合同法》对私营企业劳动者权益的保护力度与保护范围，缩小容易导致劳资冲突的模糊范围，充分发挥《劳动合同法》提高民营企业劳动收入份额的积极作用。

第三，以强化劳动法律监管力度为保障。《劳动合同法》的实施提高了我国劳动者的整体劳动收入份额，需要贯彻法规实施情况，改善我国法律制度环境，缩小地区间法律执行差异，发挥法规的强制性作用，保障法规对劳动收入份额和劳动经济权益的积极作用，强化《劳动合同法》的执行情况，做到有法可依后的有法必依、执法必严与违法必究。可尝试建立《劳动合同法》实施的巡视机制，配合政府与企业工会严格监测各地区法规的执行与实施情况，并通过提高违法的处罚力度，确保《劳动合同法》在民营企业内部得到有效执行。

第六章　工会与民营经济劳动收入份额

在讨论完最低工资制度和《劳动合同法》实施对民营企业劳动收入份额的影响后，本章继续讨论化解发展民营经济与提高劳动收入份额矛盾的第三个制度因素——工会。本章延续第五章的研究方式，以“中国私营企业调查”数据为基础，采用处理效应模型分析工会组织制度对民营企业劳动收入份额的影响，探讨工会是否能够化解发展民营经济与提高劳动收入份额的矛盾。

一、工会组织影响劳动收入份额的文献综述

国内外学者关于劳动保护制度对员工工资和就业水平的影响进行了大量研究，发现劳动保护制度的实施存在不同的政策效果，综述如下。

（一）工会的设立对工资水平的影响存在争议

劳动者通过工会组织与资方进行谈判，将直接影响劳动者的工资收入，工会组织对工资水平的影响是学者关注的重点，但这方面的研究存在一定的争议。多数研究表明，工会有利于提高职工平均工资水平。Oi（1962）指出，以利润最大化为原则，企业以支付工资与员工的劳动生产率的大小判断是否解雇员工，劳动保护政策的实施提高了企业解雇成本，员工被解雇的可能性

降低①。Ge（2007）基于 2004 年第一次全国经济普查数据②、姚先国等（2009）基于 2004 年浙江省经济普查数据③、魏下海等（2013）基于 2010 年全国民营企业抽样调查数据④的研究均发现，设立工会的企业职工的平均工资水平更高。杨继东等（2013）⑤ 及 Yao 和 Zhong（2013）⑥ 均以小时工资率为被解释变量，发现工会对提高工资率有积极作用。李明等（2014）研究发现，中国工会不仅降低了会员职工的工作时间，也提高了他们的工资率⑦。陈宗仕和张建君（2019）基于 2012 年全国民营企业调查数据，研究发现中国企业工会有助于提升民营企业的工资率，这一作用受企业所在地政府自主性和法治水平的影响：一方面，地方政府的自主性越强，越有意愿和能力推动绩效目标，从而促使工会协助工人更多地服从企业和地方经济的发展目标；另一方面，法制发展为工人运用法律进行个体维权提供了更多的合法机会，加强了工人对司法机关的信任，因此法律维权在一定程度上会替代工会维权⑧。纪雯雯和赖德胜（2019）基于 2013 年流动人口动态监测调查问卷的微观数据，探究工会对流动人口劳动权益的影响，发现工会可以切实维护劳动者权益，且对流动人口维权作用更大：在工资收入方面，流动人口的工会效应为 34.18%，高于平均工会效应 4.36 个百分点；在工作时间方面，流动人口的工会效应为-24.87%，低于平均工会效应 1.86 个百分点⑨。孙兆阳和刘玉锦（2019）基于中国综合社会调查 2008—2015 年混合截面数据分析工会的工资

---

① OI W. Labor as a Qussi-Fixed Factor [J]. Journal of Political Economy, 1962 (70): 538-555.

② GE Y. What do Unions do in China? [Z]. Social Science Electronic Publishing, 2007.

③ 姚先国，李敏，韩军. 工会在劳动关系中的作用——基于浙江省的实证分析 [J]. 中国劳动关系学院学报，2009 (1).

④ 魏下海，董志强，黄玖立. 工会是否改善劳动收入份额？——理论分析与来自中国民营企业的经验证据 [J]. 经济研究，2013 (8).

⑤ 杨继东，杨其静. 工会、政治关联与工资决定——基于中国企业调查数据的分析 [J]. 世界经济文汇，2013 (2).

⑥ YAO Y, ZHONG N. Unions and Workers' Welfare in Chinese Firms [J]. Journal of Labor Economics, 2013, 31 (3): 633-667.

⑦ 李明，徐建炜. 谁从中国工会会员身份中获益？[J]. 经济研究，2014 (5).

⑧ 陈宗仕，张建君. 企业工会、地区制度环境与民营企业工资率 [J]. 社会学研究，2019 (4).

⑨ 纪雯雯，赖德胜. 工会能够维护流动人口劳动权益吗？[J]. 管理世界，2019 (2).

溢价效应，研究发现工会具有显著的工资溢价效应，表现为工会会员小时工资比非工会会员高 4.18%①。靳卫东等（2020）基于中国劳动力动态调查数据（CLDS）的研究发现，工会提高了劳动者收入，增加了劳动合同签订率和社会保障参保率，由此显著改善了劳动权益②。邓睿（2020）利用 2014 年流动人口专题调查数据，运用处理效应模型等多种方法考察工会会员身份对农民工就业质量的影响，研究发现工会会员身份有助于增加农民工的工资收入，提高其签订长期固定劳动合同的概率，同时对其参与城市养老保险和医疗保险具有正向影响③。

工会影响劳动者工资水平的争议点来自工会并非保障了所有劳动者的权益。依据是否参加工会，可将劳动者分为工会会员和非工会会员，从而导致工会对劳动者的工资和就业存在异质性影响，即所谓的局内人—局外人现象。由于工会能够显著提高工会会员的谈判能力，工会会员（即局内人）的工资、工作条件、工作时间等劳动者权益得到有效改善，但也提高了企业用工成本。企业一方面面临不断上涨的用工成本，另一方面面临工会会员谈判能力上升导致的解雇成本上升，会选择降低非工会会员（即局外人）工资水平、减少未来新雇佣人员数，使得非工会会员、正在寻找工作的劳动者权益受损。这便是 Bertola（1990）提出的劳动保护政策提高在职职工工资水平的局内人—局外人理论，该理论指出由于劳动保护政策的实施提高了在职职工的谈判能力，在职职工的工资水平因此超出完全竞争条件下的工资水平，与此相反，临时职工或未就业劳动者则无法从劳动保护政策中获得类似的好处。④

大量学者的研究证明了局内人—局外人理论的结论，即工会的设立普遍

① 孙兆阳，刘玉锦．工会对企业员工工资有什么影响？——基于中国综合社会调查 2008—2015 年混合截面数据的分析［J］．劳动经济研究，2019（4）．

② 靳卫东，崔亚东，王秀燕．双重职能定位下新时期工会的作用分析［J］．中国经济问题，2020（1）．

③ 邓睿．工会会员身份提高了农民工的就业质量吗？——来自流动人口专题调查的证据［J］．当代经济科学，2020（3）．

④ BERTOLA G. Job Security, Employment and Wages［J］. European Economic Review, 1990, 34（4）: 851-879.

提高了工人工资与福利水平[①②]。Cleveland 等（2003）通过分析加拿大工会对低收入保姆群体的影响发现，虽然工会在组织小公司低收入群体时存在障碍，但是一旦低收入群体加入工会成为会员，就可以提高他们的薪水和福利[③]。在美国，工会会员的工资水平要比非工会会员高出 10%~20%[④]。在英国，工会也存在显著的工资溢价效应，不同时期的实证结果均证实了这一点[⑤⑥]。其他学者基于英国公司的时间序列数据[⑦]、欧美五国（瑞士、挪威、芬兰、德国和美国）公司的横截面数据[⑧]、巴西公司的时间序列数据[⑨]、葡萄牙公司的时间序列数据[⑩]以及荷兰公司的员工调查数据[⑪]的实证结果均证实了劳动保护导致在职职工的工资增加。

局内人—局外人现象不仅来自工会的设立。理论上讲，任何导致在职劳动者解雇成本提升的政策或因素均会潜在地对其他劳动者造成负面影响。1990 年意大利提高了 15 名以下员工的小公司的解雇成本，导致年轻的蓝领、低工资水平和就业水平较低地区的员工的收入出现下降，对在改革期间跳槽

① LEWIS H G. Union Relative Wage Effects [J]. Handbook of Labor Economics, 1986 (2): 1139-1181.

② LAROCHE P, WECHTLER H. The Effects of Labor Unions on Workplace Performance: New Evidence from France [J]. Journal of Labor Research, 2011, 32 (2): 157-180.

③ CLEVELAND G, GUNDERSON M, HYATT D. Union Effects in Low-Wage Services: Evidence from Canadian Childcare [J]. Industrial & Labor Relations Review, 2003, 56 (2): 295-305.

④ 吴忠民. 当前改善我国劳动政策的思路与对策 [J]. 教学与研究, 2009 (2).

⑤ BOOTH A L, BRYAN M L. The Union Membership Wage-Premium Puzzle: Is There A Free Rider Problem? [J]. Industrial & Labor Relations Review, 2004, 57 (3): 402-421.

⑥ BRYSON A. The Effect of Trade Unions on Wages [J]. Reflets et Perspectives de la Vie Économique, 2007, 46 (2): 33-45.

⑦ BLANCHFLOWER D G, OSWALD A J, GARRETT M D. Insider Power in Wage Determination [J]. Economica, 1990, 57 (226): 143-170.

⑧ HOLMLUND B, ZETTERBERG J. Insider Effects in Wage Determination: Evidence from Five Countries [J]. European Economic Review, 1991, 35 (5): 1009-1034.

⑨ CARNEIRO F G. Insider Power in Wage Determination: Evidence from Brazilian Data [J]. Review of Development Economics, 1999, 3 (2): 155-169.

⑩ MARTINS P. Dismissals for Cause: The Difference that Just Eight Paragraphs Can Make [J]. Journal of Labor Economics, 2009 (27): 257-279.

⑪ WIEL K. Better Protected, Better Paid: Evidence on How Employment Protection Affects Wages [J]. Labour Economics, 2010, 17 (1): 16-26.

的员工也产生了负面影响，但对在岗的员工则没有影响，因此劳动保护制度的实施会导致企业将解雇成本转移到员工工资上去，转移效果依赖于员工的谈判能力①。

但一些学者也认为，工会会员与非工会会员之间的工资差异来源于两者之间个体禀赋的差异，这一差异导致劳动者加入工会的动机存在不同，从而影响了两者间的工资差异。通过将工会会员与非工会会员之间的工资差异分解为个体禀赋效应、工会系数效应和交叉效应，易定红等（2015）发现工会会员与非工会会员之间存在显著的工资差别，两者对数工资差异为 0.306，但这一差异主要为个体禀赋差异造成，工会的影响不显著。具有党员身份、在国有企业工作以及学历越高的人群入会动机越强，从而带动工会会员平均工资的上涨，工会组织制度本身并不具有显著影响②。其他学者的相关研究也发现，工会并非提升工资水平的重要因素。孙中伟等（2012）基于 2010 年珠江三角洲和长江三角洲 19 个城市外来务工人员的问卷调查数据，发现工会有效提高了外来工的最低工资执行率和社会保险覆盖率，并防止了强迫劳动等现象的发生，但对工资水平的提高并无显著作用③。袁青川（2015）基于 2010 年中国综合社会调查数据，采用倾向值匹配方法探讨工会会员与非工会会员之间工资差距的产生原因，研究发现在采用倾向值匹配估计后，工会会员和非工会会员的工资差距不再显著，表明工会会员身份对工资的影响不明显，工会会员相比非工会会员的工资溢价主要是工人的资源禀赋差异造成的④。李光勤等（2017）基于 2003—2013 年中国省级面板数据，研究发现工会的发展对平均工资无显著影响⑤。其他针对中国工会影响职工工资水平的研

① LEONARDI M, PICA G. Who Pays for It? The Heterogeneous Wage Effects of Employment Protection Legislation [J]. The Economic Journal, 2013, 123 (573): 1236-1278.

② 易定红，袁青川. 中国工会存在工资溢价吗——基于控制样本选择性偏差的 Blinder-Oaxaca 回归分解 [J]. 经济理论与经济管理，2015 (2).

③ 孙中伟，贺霞旭. 工会建设与外来工劳动权益保护——兼论一种“稻草人机制” [J]. 管理世界，2012 (12).

④ 袁青川. 基于倾向值匹配估计的工会工资溢价研究 [J]. 经济经纬，2015 (3).

⑤ 李光勤，曹建华，邵帅. 维权、工会与工资上涨 [J]. 经济学动态，2017 (5).

究也得出类似的结论①②。

（二）工会组织影响就业或资本劳动比的替代效应同样存在争议

工会组织影响劳动收入份额的替代效应表现为通过促进企业以资本替代劳动，导致企业劳动生产率提升。

第一，工会组织直接提高了劳动保护程度，导致企业解雇成本上升，因此引发企业资本对劳动的替代效应。Alesina 和 Zeira（2006）以及 Koeniger 和 Leonardi（2007）指出：为应对因劳动保护程度的提高而导致的劳动力成本上升的问题，企业将选择资本密集度更高的投资。劳动力价格变化会引起资本要素的需求变化，因而会增大企业对机器设备的投入，这即是要素替代效应③④。Cingano 等（2010）基于欧洲公司面板数据的实证研究证明，劳动保护程度的提高将加快企业调整人均资本的频率⑤，而 Amable 等（2011）基于 OECD 国家公司数据的实证研究也表明，劳动保护程度的提高引起了企业资本对人工的替代效应⑥。

第二，以往学者的研究将工会的替代效应纳入对劳动生产率的影响中加以考量。劳动收入份额可分解为工资与劳动生产率之比。工会组织制度促使企业用资本替代劳动，提高了企业劳动生产率，降低了企业劳动收入份额。

---

① LU Y，TAO Z，WANG Y. Union Effects on Performance and Employment Relations：Evidence from China［J］. China Economic Review，2010，21（1）：202-210.

② BUDD J W，CHI W，WANG Y，et al. What Do Unions in a Workers' Paradise Do? Provincial-Level Evidence on Wages，Employment，Productivity，and Economic Output in China［EB/OL］，2012. http：//ssrn. con/abstract=2019551.

③ ALESINA A，ZEIRA J. Technology and Labour Regulations［Z］. NBER Working Paper，2006，No. 12581.

④ KOENIGER W，LEONARDI M. Capital Deepening and Wage Differentials：Germany Versus US［J］. Economic Policy，2007，22（49）：71-116.

⑤ CINGANO F，LEONARDI M，MESSINA J，et al. The Effects of Employment Pritection Legislation and Financial Market Imperfections on Investment：Evidence from a Firm-level Panel of EU Countries［J］. Economic Policy，2010，25（61）：117-163.

⑥ AMABLE B，DEMMOU L，GATTI D. The Effect of Employment Protection and Product Market Regulation on Labour Market Performance：Substitution or Complementarity?［J］. Applied Economics，2011，43（4）：449-464.

魏下海等（2013）率先将工会对劳动收入份额的影响作为研究对象，其研究证明工会组织不利于我国民营企业内部劳动收入份额的提高。尽管工会组织提高了民营企业职工的工资水平，但是由于工会对劳动生产率的提升作用更显著，总体上导致民营企业劳动收入份额下降。究其原因在于，当工会组织提高职工工资水平后，面对用工成本上涨压力，企业将选择缩小雇佣规模，同时以资本替代劳动，最终导致劳动生产率大幅提高，在要素替代弹性大于1的情况下，劳动生产率提高的幅度超过工资水平上升的幅度，最终的结果反映在要素报酬的分配上，便是劳动收入份额下降①。但是，工会组织是否提高企业劳动生产率存在争议，也就是说，工会组织导致劳动生产率的增幅超过工资水平的增幅从而使得劳动收入份额下降这一机制并非定论。同样以工业增加值与职工人数之比作为衡量劳动生产率的变量，刘海洋等（2013）分别以是否设立工会组织的虚拟变量和工会人数作为解释变量，实证结果表明，工会组织的设立显著降低了企业劳动生产率水平，而提高了企业人均工资水平②。潜在推论是工会既提高了工资水平，又降低了企业劳动生产率，因此会有利于企业劳动收入份额的提升。

国外关于工会影响劳动生产率或企业生产率的研究结论比较一致，基本认为工会有利于提高劳动生产率。如早期 Brown 和 Medoff（1978）③、Freeman 和 Medoff（1984）④ 的实证结果表明，工会由于充当了工人与企业管理层的沟通途径，因此会对企业生产率产生正向效应。Fuchs 等（1998）的研究结果也表明，企业在设立工会组织后生产率随之提高了3.1%⑤。此外，日本1998—2004年5000家企业数据的实证结果也显示，工会的设立对企业生产率产生了

---

① 魏下海，董志强，黄玖立．工会是否改善劳动收入份额？——理论分析与来自中国民营企业的经验证据［J］．经济研究，2013（8）．

② 刘海洋，刘峥，吴龙．工会提高了员工福利和企业效率吗？——来自第一次全国经济普查的微观证据［J］．产业经济研究，2013（5）．

③ BROWN C，MEDOFF J．Trade Unions in the Production Process［J］．The Journal of Political E-conomy，1978，86（3）：355-378．

④ FREEMAN R B，MEDOFF J L．What Do Unions Do？［M］．New York：Basic Books，1984．

⑤ FUCHS V R，KRUEGER A B，POTERBA J M．Economists' Views About Parameters，Values，and Policies：Survey Results in Labor and Public Economics［J］．Journal of Economic Literature，1998，36（3）：1387-1425．

正向影响①。Doucouliagos 和 Laroche（2003）运用 ETA 分析法，分析了 53 篇关于美国工会和企业生产效率的文献，发现工会的设立对企业生产率产生了显著的正向影响，比起未设立工会组织的制造业企业，设立工会的制造业企业的生产效率要高 10%②。

（三）工会组织影响劳动收入份额的研究存在争议

与最低工资制度和劳动法律制度不同的是，工会组织制度对劳动收入份额的影响一直是国外学者研究的重点。已有针对工会组织如何影响劳动收入份额的研究观点主要分为三类：

第一，设立工会有利于提高企业劳动收入份额。Kalleberg 等（1984）③、Droucopoulos 和 Lianos（1992）④ 分别基于美国印刷业和希腊制造业的数据研究发现，工会的设立显著提高了企业劳动收入份额。与之相同，Fichtenbaum（2009，2011）也认为工会组织力量的衰弱是导致劳动收入份额下降的重要因素⑤⑥。

第二，设立工会对企业劳动收入份额无显著影响。大量学者的研究均得

① MORIKAWA M. What Do Japanese Unions Do for Productivity? An Empirical Analysis Using Firm-Level Data [Z]. Research Institute of Economy, Trade and Industry (RIETI) Discussion Paper Series 08-E-027, 2008.

② DOUCOULIAGOS C, LAROCHE P. What Do Unions Do to Productivity? A Meta-Analysis [J]. Industrial Relations: A Journal of Economy and Society, 2003, 42 (4): 650-691.

③ KALLEBERG A L, WALLACE M, RAFFALOVICH L E. Accounting for Labors Share: Class and Income Distribution in the Printing Industry [J]. Industrial & Labor Relations Review, 1984, 37 (3): 386-402.

④ DROUCOPOULOS V, LIANOS T P. Labor's Share and Market Power: Evidence from the Greek Manufacturing Industries [J]. Journal of Post Keynesian Economics, 1992, 15 (2): 263-280.

⑤ FICHTENBAUM R. The Impact of Unions on Labor's Share of Income: A Time-Series Analysis [J]. Review of Political Economy, 2009, 21 (4): 567-588.

⑥ FICHTENBAUM R. Do Unions Affect Labor's Share of Income: Evidence Using Panel Data [J]. American Journal of Economics and Sociology, 2011, 70 (3): 784-810.

出这一结论①②③④。对此，McConnell 等（2005）认为主要出于以下两个原因：其一，工会会员的高工资水平是以牺牲非工会会员工资为代价的，并不会显著降低资本收入占比，因此劳动收入份额也不会出现较大变化；其二，设立工会使得用工成本上升，迫使企业主以资本替代劳动，效率的改进和产品价格的提升可有效防止收入分配由资本向劳动倾斜⑤。

第三，工会组织对劳动收入份额的影响依赖于工会对工资水平和劳动生产率影响的相对大小。劳动收入份额等于工资率除以劳动生产率，劳动收入份额的变化率可表示为工资与劳动生产率增长率之差，因此工会组织对劳动收入份额的影响可以通过分析工会对工资和劳动生产率之差的影响获得。一方面，设立工会将直接影响工资率，工会组织通过建立集体谈判协议，产生工会威胁（或溢出）效应，或者通过直接影响政府政策（如直接影响最低工资标准的设立）来直接影响工资水平⑥⑦。另一方面，工会的设立将间接影响企业的劳动生产率，工会产生的溢价效应使得企业主以资本替代劳动，并引入低成本的技术进步⑧。此外，作为集体发声机制，工会组织能够传达工人的声音，降低工人离职率，从而可以有效促进企业生产效率的提升⑨。若工资水平增幅高于劳动生产率增幅，工会组织的设立有利于提高企业劳动收入份额；

① SULTAN P E. Unionism and Wage-Income Ratios：1929-1951［J］. The Review of Economics and Statistics，1954，36（1）：67-73.

② SIMLER N J. Unionism and Labor's Share in Manufacturing Industries［J］. The Review of Economics and Statistics，1961，43（4）：369-378.

③ BENTOLINA S，SAINT-PAUL G. Explaining Movements in the Labor Share［J］. The B. E. Journal of Macroeconomics，2003，3（1）：1-31.

④ CARTER S. Real Wage Productivity Elasticity Across Advanced Economies，1963-1996［J］. Journal of Post Keynesian Economics，2007，29（4）：573-600.

⑤ MCCONNELL C R，BRUE S L，MACPHERSON D A. Contemporary Labor Economics［M］. McGraw-Hill Education，2005.

⑥ PENCAVEL J，HARTSOG C. A Reconsideration of the Effects of Unionism on Relative Wages and Employment in the United States，1920-1980［J］. Journal of Labor Economics，1984，2（2）：193-232.

⑦ ZAVODNY M. Unions and the Wage-Productivity Gap［J］. Economic Review-Federal Reserve Bank of Atlanta，1999，84（2）：44-53.

⑧ MCCONNELL C R，BRUE S L，MACPHERSON D A. Contemporary Labor Economics［M］. McGraw-Hill Education，2005.

⑨ FREEMAN R B，MEDOFF J L. What Do Unions Do?［M］. New York：Basic Books，1984.

若劳动生产率增幅超过工资水平增幅，工会组织不利于提高企业劳动收入份额。

从以上综述可以看出，工会通过两种机制给劳动收入份额带来影响：一是影响工资水平；二是影响企业劳动生产率。企业劳动生产率可以表示为：

$$Y/L=\left[\alpha k^{\frac{\sigma-1}{\sigma}}+(1-\alpha)\right]^{\frac{\sigma}{\sigma-1}} \tag{6-1}$$

由式（6-1）可知，企业劳动生产率与资本劳动比存在相同的变化趋势。因此，可将工会影响劳动生产率的作用机制等同于本书所提的工会影响资本劳动比的作用机制。工会组织作为劳动者与资方就薪酬、工作时间等雇佣条件进行集体谈判的重要渠道，目的是希望劳资双方能够在一个较平等的情况下订立雇佣合同，以保障劳方权益。已存在的《劳动法》《劳动合同法》等法律法规为劳资双方开展工会工作提供了必要的法律支持。有关研究发现，工会影响存在所有制差异，民营企业职工从工会组织中的受益要小于国有企业职工①，具体来看，国有企业职工的受益主要表现在工资率上，而民营企业、三资企业职工主要表现在工作时间上②。此外，我国民营企业工会还不具备足够的谈判力量，难以就员工待遇与企业主进行实质性的集体协商③。因此工会组织制度的改进也会对我国民营经济劳动收入份额产生影响。本章将延续制度因素影响民营企业劳动收入份额的收入效应和替代效应的研究思路，将工会组织制度对民营企业劳动收入份额的影响分解为提高工资水平的收入效应和提高企业资本劳动比的替代效应，并对两类效应进行实证检验。

---

① 姚洋，钟宁桦．工会是否提高了工人的福利？——来自 12 个城市的证据［J］．世界经济文汇，2008（5）．

② 李明，徐建炜．谁从中国工会会员身份中获益？［J］．经济研究，2014（5）．

③ 朱斌，王修晓．制度环境、工会建设与私营企业员工待遇［J］．经济社会体制比较，2015（6）．

二、工会组织制度影响民营企业劳动收入份额的实证分析

（一）工会组织制度实证分析的数据来源与处理

本章主旨在于探讨工会组织对民营企业劳动收入份额的影响，使用“中国私营企业调查”数据。本章采用2008年、2010年、2012年三次调查数据，以问卷中“在您的企业中，有无下列组织?”中的工会组织答案作为本文主要解释变量工会（*union*）的数据来源。

学者在研究宏观层面的劳动收入份额问题时，往往以收入法核算GDP中劳动者报酬占GDP的比重作为控制劳动收入份额的变量①②③④，而对于微观层面的劳动收入份额问题，学者往往将工资总额占企业增加值的比重作为衡量劳动收入份额的变量⑤⑥⑦。本章参考已有研究经验，采用要素成本增加值，企业劳动收入份额可表示为工资奖金总额÷（工资奖金总额+净利润+缴税金额+交费金额）。其他两个主要被解释变量包括职工工资水平（$\ln w$），以调查数据中工资奖金总额除以年均用工人数的对数值衡量；企业资本劳动比（$\ln K/L$），以企业资产总额与年均用工人数比值的对数值表示，其中资产总额

---

① 方文全. 中国劳动收入份额决定因素的实证研究：结构调整抑或财政效应？[J]. 金融研究，2011（2）.

② 钱晓烨，迟巍. 国民收入初次分配中劳动收入份额的地区差异［J］. 经济学动态，2011（5）.

③ 陈宇峰，贵斌威，陈启清. 技术偏向与中国劳动收入份额的再观察［J］. 经济研究，2013（6）.

④ 张培丽，姜伟. 我国居民收入占比合理性的判断标准［J］. 教学与研究，2015（6）.

⑤ 白重恩，钱震杰，武康平. 中国工业部门要素分配份额决定因素研究［J］. 经济研究，2008（8）.

⑥ 方军雄. 劳动收入比重，真的一致下降吗？——来自中国上市公司的发现［J］. 管理世界，2011（7）.

⑦ 魏下海，董志强. 中国企业劳动收入份额变动分解：代际效应与年龄效应——基于队列分析方法的发现［J］. 财经研究，2013（1）.

由当年所有者权益与资产负债率计算而得。

本章还引入企业特征变量和企业主个人特征变量，企业特征变量包括是否有研发投入（*tech_dummy*），以企业是否投入研发经费的虚拟变量衡量；是否出口（*export_dummy*），以企业是否向境外出口产品或服务的虚拟变量衡量；企业资产负债率（*dta*）；企业盈利能力（*prf*），以企业净利润与资产之比衡量；企业用工人数对数值（$\ln L$）；人力资本（*human_dummy*），以企业是否投入培训费用的虚拟变量衡量；企业年龄（*age*）。企业主特征变量包括企业主政治身份（*PC*），以企业主是否为人大代表或政协委员的虚拟变量衡量。本书第五章讨论了2008年《劳动合同法》的实施对各产业民营企业劳动收入份额的影响，因此本章也引入代表《劳动合同法》实施的虚拟变量*LAW*，2008年之前为1，之后为0。同时，控制行业和省份虚拟变量。

在实证分析前，还需对数据进行适当处理。首先将各年份工资水平和资产总量在1%和99%分位数处模拟做缩尾处理，同时删除其他异常值数据（如劳动收入份额大于1或者小于0、企业资产负债率小于0的企业数据）。最终得到2007年、2009年、2011年3年共3652个样本数。

（二）工会组织制度的描述性分析

2008年、2010年、2012年三次调查数据显示（见表6-1），2007年、2009年、2011年我国民营企业工会组建率平均为54.44%。从表6-1的描述性统计中可以发现，2007年与2009年的数据统计结果一致，相较于没有设立工会的民营企业，设立工会的民营企业职工具有更高的工资水平，但其资本劳动比也较高，表明设立工会的民营企业更倾向于以资本替代劳动，可能导致设立工会的民营企业劳动收入份额较低。但是这一结论无法解释2011年的统计结果，2011年设立工会的民营企业具有更高的工资水平和更低的资本劳动比，按照前文模型推导的结果，设立工会的民营企业应具有更高的劳动收入份额水平。但是统计结果显示，2011年设立工会的民营企业的劳动收入份额比没有设立工会的民营企业平均低4.39个百分点，这一结果与模型结论不符。因此，单纯靠统计性分析而不控制其他变量无法准确衡量工会对民营企业劳动收入份额的影响，具体结论有待实证检验。

表 6-1　工会组织制度实证分析主要解释变量统计结果

年份	项目	非工会企业	工会企业
2007	企业个数/家	274	413
	LS	0. 4588	0. 4471
	w/（元/人）	14873	15816
	K/L/（元/人）	46. 544	52. 351
2009	企业个数/家	527	621
	LS	0. 4741	0. 4460
	w/（元/人）	16049	17133
	K/L/（元/人）	28. 236	33. 308
2011	企业个数/家	863	954
	LS	0. 4908	0. 4469
	w/（元/人）	23117	26355
	K/L/（元/人）	54. 059	47. 825

根据前文理论推导，本章引入以下 3 个实证模型：

模型 1：$\ln LS=\alpha_0+\alpha_1 union+\alpha_2 \boldsymbol{X}+\mu$　　(6-2)

模型 2：$\ln w=\alpha_0+\alpha_1 union+\alpha_2 \boldsymbol{X}+\mu$　　(6-3)

模型 3：$\ln(K/L)=\alpha_0+\alpha_1 union+\alpha_2 \boldsymbol{X}+\mu$　　(6-4)

其中 $\boldsymbol{X}$ 代表前文中描述的各控制变量。

企业是否设立工会是一个自我选择的结果，即企业是否设立工会可能受自身特征，如用工人数、企业主政治身份等因素的影响，而非随机分配的结果，因此可能会带来内生性问题，导致 OLS 估计出现有偏结果。参考魏下海等（2013）[①] 的研究方法，与第五章类似，本章引入处理效应模型以修正工会带来的内生性问题。

① 魏下海，董志强，黄玖立. 工会是否改善劳动收入份额？——理论分析与来自中国民营企业的经验证据［J］. 经济研究，2013（8）.

处理效应模型由 Maddala（1983）[①] 提出，旨在解决评估项目效果时产生的不可测变量导致的选择问题。由于实验组与对照组的初始条件不完全相同，因此存在是否加入项目的选择偏差，解决方法是直接对处理变量 *union* 进行结构建模。以模型 1 为例，代表是否加入工会的虚拟变量 *union* 可被模拟为一个不可观测的潜在线性变量 $union^*$，而 $union^*$ 可被以下线性处理方程估计：

$$union^* = \gamma W + \varepsilon \tag{6-5}$$

而变量 *union* 和 $union^*$ 之间存在以下关系：

$$union = \begin{cases} 1，当\ union^* > 0\ 时 \\ 0，当\ union^* \leqslant 0\ 时 \end{cases} \tag{6-6}$$

假设扰动项 μ 和 ε 服从二维正态分布，相关系数为 ρ。可通过检测扰动项的相关系数 ρ 的显著性，判断模型是否存在内生性问题。若 $\rho \neq 0$，则模型存在内生性问题，需要采用处理效应模型进行回归分析；若 $\rho = 0$，则说明模型不存在内生性，可以直接采用 OLS 进行估计。

处理效应模型需引入工会的工具变量集，本章引入的工具变量包括企业是否投入培训费用（*human_dummy*）、企业年龄（*age*）、企业主受教育程度（*education*）、企业主政治身份（*PC*）、《劳动合同法》实施（*LAW*）的虚拟变量以及企业所在省市工会密度（*union_density*），以衡量当地工会环境对企业自身设立工会行为的影响。

（三）工会组织制度影响民营企业劳动收入份额的实证结果

表 6-2 呈现了是否设立工会对民营企业自身劳动收入份额影响的实证结果，由于处理效应模型有最大似然法和两步法（two-step）两种估计方法，本章分别采用两种方法进行估计，同时将 OLS 的估计结果也列出以进行对比。

---

① MADDALA G S. Limited-Dependent and Qualitative Variables in Econometrics［M］. Cambridge：Cambridge University Press，1983.

表 6-2　工会对民营企业劳动收入份额影响的实证结果

变量	(1) OLS	(2) TEM-MLE	(3) TEM-TS	(4) OLS	(5) TEM-MLE	(6) TEM-TS
union	-0.0000 (0.0279)	-0.8010*** (0.0788)	-1.3459*** (0.4190)	-0.0387 (0.0247)	-0.7336*** (0.0734)	-1.0311*** (0.3564)
tech	-0.0906*** (0.0280)	-0.0848*** (0.0283)	-0.0842*** (0.0282)	-0.0886*** (0.0247)	-0.0859*** (0.0248)	-0.0839*** (0.0248)
export	-0.0294 (0.0352)	-0.0155 (0.0377)	-0.0232 (0.0379)	-0.0775** (0.0307)	-0.0665** (0.0331)	-0.0730** (0.0333)
dta	0.0002 (0.0005)	0.0002 (0.0005)	0.0002 (0.0005)	0.0043*** (0.0005)	0.0043*** (0.0004)	0.0043*** (0.0004)
prf	-0.0656*** (0.0160)	-0.0660*** (0.0067)	-0.0647*** (0.0065)	-0.1113*** (0.0272)	-0.1109*** (0.0060)	-0.1104*** (0.0059)
human	-0.0048 (0.0304)	0.1794*** (0.0369)	0.3090*** (0.1050)	-0.0520** (0.0264)	0.1086*** (0.0329)	0.1795** (0.0890)
age	-0.0014 (0.0025)	0.0117 (0.0031)	0.0204*** (0.0076)	-0.0027 (0.0022)	0.0086*** (0.0028)	0.0134** (0.0064)
PC	-0.1633*** (0.0270)	0.0223 (0.0341)	0.1494 (0.1030)	-0.1046*** (0.0235)	0.0560* (0.0305)	0.1259 (0.0873)
LAW	0.0286 (0.0326)	0.0175 (0.0350)	0.0094 (0.0412)	-0.0514* (0.0284)	-0.0608* (0.0314)	-0.0670* (0.0347)
ln*w*	—	—	—	0.2900*** (0.0234)	0.2883*** (0.0180)	0.2933*** (0.0181)
ln*K/L*	—	—	—	-0.2508*** (0.0109)	-0.2489*** (0.0078)	-0.2495*** (0.0078)
ρ	—	0.6120	—	—	0.6060	—
H_0: $\rho=0$	—	101.40***	—	—	87.35***	
R^2	0.1223	—	—	0.3237	—	—
N	3652	3652	3652	3652	3652	3652

注：括号中的数值为标准误。***、**、*分别表示参数估计在1%、5%、10%显著水平下通过统计显著性检验。

从表 6-2 中可以看出：

第一，实证结果（2）和（5）中ρ的显著性显示，采用处理效应模型显著改善了企业选择设立工会引起的内生性问题。实证结果（2）和（5）中ρ分别为 0.6120 和 0.6060，且都在 1%水平上显著拒绝了$\rho=0$的原假设，因此采用 OLS 估计的结果具有有偏性，以下着重分析处理效应模型的实证结果。

第二，在未控制职工工资与企业资本劳动比时，设立工会显著降低了民营企业的劳动收入份额。实证结果（2）和（3）中是否设立工会的虚拟变量 *union* 的系数显著为负。相较于没有设立工会的民营企业，设立工会的民营企业的劳动收入份额平均低 107% [为实证结果（2）和（3）的平均数]。

第三，初步结果显示，工会通过影响企业职工工资水平和资本劳动比进而影响民营企业劳动收入份额。在实证结果（5）和（6）中，在引入企业职工工资水平的对数值（$\ln w$）和企业资本劳动比（$\ln K/L$）后，工会对民营企业劳动收入份额的影响系数显著变小，而 $\ln w$ 和 $\ln K/L$ 系数则显著不为零。从实证结果（5）和（6）来看，职工工资水平每上涨 1 个百分点，民营企业劳动收入份额显著上升 0.29 个百分点；资本劳动比每上升 1 个百分点，民营企业劳动收入份额显著下降 0.25 个百分点，资本劳动比对民营企业劳动收入份额的影响显著为负。工会影响民营企业劳动收入份额的收入效应和替代效应得以初步证明。

第四，企业特征变量会给民营企业自身劳动收入份额带来显著影响。企业研发投入具有显著的资本偏向型特征，降低了自身劳动收入份额，表现为实证结果（2）（3）（5）（6）中 *tech* 的系数均显著为负；同样，企业投入培训费用提高了职工人力资本水平，因此显著提高了民营企业劳动收入份额，表现为处理效应模型中 *human* 的系数均显著为正；其他方面，盈利能力越强的企业劳动收入份额越低，而经营时间越长的企业劳动收入份额越高，可能的原因在于盈利能力越强的企业劳动生产率越高，而经营时间越长的企业职工人力资本程度和技术水平越高。此外，企业出口、企业资产负债率和劳动收入份额之间具有弱相关性，具有出口行为的企业劳动收入份额较低，这一结论与张杰等（2012）① 的结论一致；而企业负债比重越大，企业在投资和扩张方面受限制，反而可能着重于雇佣低技能工人，提高了企业劳动收入份额。

（四）工会组织制度影响民营企业工资水平和资本劳动比的实证结果

表 6-3 呈现了工会对民营企业职工工资水平和资本劳动比影响的实证结果，实证方法与表 6-2 相同。

表 6-3　工会对民营企业职工工资水平和资本劳动比影响的实证结果

变量	ln$w$			lnK/L		
	(1) OLS	(2) TEM-MLE	(3) TEM-TS	(4) OLS	(5) TEM-MLE	(6) TEM-TS
union	0.0718*** (0.0230)	0.5690*** (0.1099)	1.1147*** (0.3332)	−0.0825 (0.0536)	1.6471*** (0.1560)	2.9754*** (0.8429)
tech	−0.0034 (0.0233)	−0.0058 (0.0227)	−0.0084 (0.0226)	0.0046 (0.0553)	−0.0185 (0.0545)	−0.0098 (0.0542)
export	0.0749*** (0.0276)	0.0703** (0.0302)	0.0699** (0.0303)	−0.1216* (0.0687)	−0.1492** (0.0727)	−0.1357* (0.0734)
dta	−0.0005 (0.0004)	−0.0005 (0.0004)	−0.0005 (0.0004)	0.0184*** (0.0010)	0.0182*** (0.0009)	0.0183*** (0.0009)
prf	0.0247** (0.0114)	0.0236*** (0.0054)	0.0237*** (0.0053)	−0.1777*** (0.0442)	−0.1824*** (0.0130)	−0.1798*** (0.0125)
human	0.0453* (0.0240)	−0.0710** (0.0358)	−0.1982** (0.0835)	−0.1572*** (0.0578)	−0.5549*** (0.0730)	−0.8703*** (0.2124)
age	0.0057*** (0.0021)	−0.0023 (0.0028)	−0.0112* (0.0060)	0.0018 (0.0051)	−0.0261*** (0.0062)	−0.0478*** (0.0153)
PC	−0.0818*** (0.0216)	−0.1972*** (0.0339)	−0.3237*** (0.0818)	0.1611*** (0.0515)	−0.2413*** (0.0678)	−0.5491*** (0.2079)
LAW	0.3853*** (0.0276)	0.3923*** (0.0269)	0.4005*** (0.0325)	0.1465** (0.0603)	0.1726** (0.0692)	0.1902** (0.0854)

① 张杰，陈志远，周晓艳. 出口对劳动收入份额抑制效应研究——基于微观视角的经验证据［J］. 数量经济技术经济研究，2012（7）.

续表

变量	lnw			lnK/L		
	(1) OLS	(2) TEM-MLE	(3) TEM-TS	(4) OLS	(5) TEM-MLE	(6) TEM-TS
lnK/L	0.1172*** (0.0077)	0.1160*** (0.0068)	0.1155*** (0.0069)	—	—	—
ρ	—	-0.4952	—	—	-0.6667	—
H_0: $\rho=0$	—	19.65***	—	—	114.25***	—
R^2	0.2739	—	—	0.2384	—	—
N	3652	3652	3652	3652	3652	3652

注：括号中的数值为标准误。***、**、*分别表示参数估计在1%、5%、10%显著水平下通过统计显著性检验。

从表6-3的实证结果可以看出：

第一，与表6-2相同，处理效应模型显著改善了企业设立工会的选择性带来的内生性问题。实证结果（2）和（5）中的ρ值分别为-0.4952和-0.6667，且均在1%的水平上显著拒绝了$\rho=0$的原假设，因此OLS回归结果有偏，以下分析仍着重分析处理效应模型的回归结果。

第二，设立工会组织的民营企业的职工工资水平显著高于没有设立工会的民营企业。实证结果（2）和（3）中工会*union*的系数分别为0.5690和1.1147，且均在1%的水平上显著。平均而言，相较于没有设立工会的民营企业，设立工会的民营企业职工工资水平高84%，这一结论也验证了表6-1中统计性分析的结果，设立工会有利于提高民营企业的工资水平。

第三，工会的设立提高了用工成本，引起企业资本替代劳动的行为，民营企业的资本劳动投入比例因工会的设立而显著提高。实证结果（5）和（6）中工会*union*的系数分别为1.6471和2.9754，两者均在1%的水平上显著。相较于没有设立工会的民营企业而言，设立工会的民营企业的资本劳动比平均高出231%。尽管稳定就业、保障职工权益是我国工会组织的主要目标，但是民营企业仍选择以资本替代劳动来应对工会设立带来的用工成本上升，主要通过以下两种途径：一是扩大资本投资，并尽量雇佣高技术工人，加大职工培训投入力度，提高劳动生产率，产生替代效应。数据显示，工会企业在职工培训方面平均投入 63787 元，非工会企业平均投入 14292 元。二是加大研发投入力度，大力发展资本偏向型技术进步。资本深化往往伴随着资本偏向型技术进步的提高①②。平均而言，工会企业平均研发投入为 237.15 万元，非工会企业平均研发投入为 31.28 万元。在扩大资本投入的同时，民营企业也会发展资本偏向型技术进步，充分发挥扩大资本投入提高劳动生产率的作用。早在 1932 年，Hicks 便指出当要素价格发生相对变化时，理性的厂商将倾向于使用价格较低的要素替代价格较高的要素（即本书所指的替代效应），要素相对价格的变动也会为生产技术的改进带来激励③。Acemoglu（2002）指出技术进步的方向受价格效应与市场规模效应两种机制的影响，价格效应刺激企业偏向于使用稀缺要素的生产技术，市场规模效应则促使企业偏向于使用丰裕要素的生产技术，两种效应的作用共同决定了技术进步的方向④。参考王林辉等（2015）⑤ 的研究成果，采用包含增进型技术进步的 CES 生产函数：

$$Y=[\alpha\ (E_K K)^{\frac{\sigma-1}{\sigma}}+\ (1-\alpha)\ (E_L L)^{\frac{\sigma-1}{\sigma}}]^{\frac{\sigma}{\sigma-1}} \tag{6-7}$$

其中，E_K 和 E_L 为资本和劳动要素增进型技术进步或资本和劳动技术效率。企业的工资水平等于边际产品价值：

$$w=P\cdot\frac{\partial Y}{\partial L}=P\ (1-\alpha)\ [\alpha\ (E_K)^{\frac{\sigma-1}{\sigma}}\ (k)^{\frac{\sigma-1}{\sigma}}+\ (1-\alpha)\ (E_L)^{\frac{\sigma-1}{\sigma}}]^{\frac{\sigma}{\sigma-1}} \tag{6-8}$$

资本和劳动的边际产出之比为：

$$\frac{\partial Y/\partial K}{\partial Y/\partial L}=\frac{\alpha}{1-\alpha}\left(\frac{K}{L}\right)^{\frac{-1}{\sigma}}\left(\frac{E_K}{E_L}\right)^{\frac{\sigma-1}{\sigma}} \tag{6-9}$$

由于资本和劳动的边际产出比等于要素相对价格 w/r ，假定资本价格不

① 杨俊，邵汉华. 资本深化、技术进步与全球化下的劳动报酬份额［J］. 上海经济研究，2009（9）.

② 王班班，齐绍洲. 有偏技术进步、要素替代与中国工业能源强度［J］. 经济研究，2014（2）.

③ HICKS J R. The Theory of Wages［M］. 2nd edition. Palgrave Macmillan，1963.

④ ACEMOGLU D. Directed Technical Change［J］. The Review of Economic Studies，2002，69（4）：781-809.

⑤ 王林辉，赵景，李金城. 劳动收入份额“U 形”演变规律的新解释：要素禀赋结构与技术进步方向的视角［J］. 财经研究，2015（10）.

变，式（6-9）可化为：

$$\frac{E_K}{E_L}=\left(\frac{\bar{r}}{w}\right)^{\frac{\sigma}{\sigma-1}}\left(\frac{1-\alpha}{\alpha}\right)^{\frac{\sigma}{\sigma-1}}\left(\frac{K}{L}\right)^{\frac{1}{\sigma-1}} \tag{6-10}$$

式（6-10）两边同取自然对数，可得：

$$\ln\left(\frac{E_K}{E_L}\right)=\frac{\sigma}{\sigma-1}\ln\left(\frac{\bar{r}}{w}\right)+\frac{\sigma}{\sigma-1}\ln\left(\frac{1-\alpha}{\alpha}\right)+\frac{1}{\sigma-1}\ln\left(\frac{K}{L}\right) \tag{6-11}$$

进一步整理可得到企业偏向型技术进步，该值越大表明企业技术进步越偏向资本，该值越小表明企业技术进步越偏向劳动：

$$\ln\left(\frac{E_K}{E_L}\right)=\frac{\sigma}{\sigma-1}\ln\left[\frac{\bar{r}\ (1-\alpha)}{\alpha}\right]+\frac{1}{\sigma-1}\ [\ln\ (K/L)\ -\sigma\ln w] \tag{6-12}$$

式（6-12）可以体现出 Acemoglu（2002）关于价格效应和市场规模效应的论证。以本书劳动保护制度导致工资上升的外部冲击为例，工资上涨意味着劳动成本的增加，相对于资本而言劳动更为稀缺，价格效应导致企业偏向于发展劳动偏向型技术进步，在式（6-12）中表现为 $\ln w$ 系数为负；同时，市场规模效应要求企业发展丰裕要素的生产技术，此例中资本相对于劳动而言为丰裕生产要素，因此市场规模效应要求民营企业发展资本偏向型技术进步。价格效应与市场规模效应通过资本劳动比与工资水平加以表现，两者的相对大小共同体现了民营企业技术进步的方向。

因此，可由工资和资本劳动比的变化得出工会设立后民营企业技术进步的方向。根据包含增进型技术进步的 CES 生产函数的结论，在资本对产出的作用系数 α 和资本价格 r 不变的情况下，企业技术进步的偏向型可以体现为资本劳动比 $\ln K/L$ 与 $\sigma\ln w$ 的差值 $\ln K/L-\sigma\ln w$。以表 6-3 中最大似然估计的处理效应模型 TEM-MLE 实证结果为例，工会对 $\ln K/L$ 和 $\ln w$ 的系数分别为 1.6471 和 0.5690。而对于 σ，一般估计结果都认为 $\sigma<2$①②③，因此 $\ln K/L$ 显

---

① 戴天仕，徐现祥. 中国的技术进步方向［J］. 世界经济，2010（11）.

② 王林辉，赵景，李金城. 劳动收入份额"U 形"演变规律的新解释：要素禀赋结构与技术进步方向的视角［J］. 财经研究，2015（10）.

③ 刘志恒，王林辉. 相对增进型技术进步和我国要素收入分配——来自产业层面的证据［J］. 财经研究，2015（2）.

著大于 $\sigma\ln w$，工会的设立刺激民营企业发展资本偏向型技术进步，进一步降低了劳动收入份额。

第四，企业和企业主特征变量也会影响企业工资水平和资本劳动投入。出口境外、利润率较高、成立较久的企业职工工资水平更高。而资本负债率越高、利润率越低、经营时间越长的企业资本深化程度越高。此外，值得一提的是，2008 年《劳动合同法》的实施显著提高了民营企业工资水平，法规实施后工资水平上涨了 40%，资本劳动比提高了 18%，因此，在表 6-3 的实证结果（2）和（3）显示，《劳动合同法》的实施提高了民营企业劳动收入份额，这一结果也再次验证了第五章的结论。

综合表 6-2 和表 6-3 可以看出，工会的设立显著提高了民营企业职工的工资水平，企业为应对工会设立引起的用工成本上升，选择以资本替代劳动，并加大资本偏向型技术进步的研发投入，企业资本劳动比随之提高，最终导致民营企业劳动收入份额显著下降。

三、工会组织制度对不同行业民营企业劳动收入份额的影响

产业结构变化对劳动收入份额的影响一直是学者们研究的重点。一般研究表明，第一产业和第三产业劳动收入份额较高，而第二产业劳动收入份额最低。因此，伴随着产业结构升级，初次分配中劳动收入份额会呈现出先下降后上升的“U”形变化趋势[①②③④]。那么，伴随着民营企业的产业结构升级，工会对不同行业劳动收入份额的影响会有什么不同？本文按照“中国私

① 白重恩，钱震杰. 国民收入的要素分配：统计数据背后的故事［J］. 经济研究，2009（3）.

② 张车伟，张士斌. 中国初次收入分配格局的变动与问题——以劳动报酬占 GDP 份额为视角［J］. 中国人口科学，2010（5）.

③ 范从来，张中锦. 提升总体劳动收入份额过程中的结构优化问题研究——基于产业与部门的视角［J］. 中国工业经济，2012（1）.

④ 王晓霞，白重恩. 劳动收入份额格局及其影响因素研究进展［J］. 经济学动态，2014（3）.

营企业调查”中“您企业主要从事的行业是什么?”的答案，将企业划分为第一产业、第二产业和第三产业，三大产业民营企业的统计性结果如表 6-4 所示。

表 6-4 分行业民营企业统计结果

行业	项目	非工会企业	工会企业
第一产业	企业个数/家	125	161
	LS	0.4356	0.4174
	w/（元/人）	15305	16417
	K/L/（元/人）	61.04	33.34
第二产业	企业个数/家	659	1284
	LS	0.4859	0.4432
	w/（元/人）	18962	21627
	K/L/（元/人）	27.25	35.64
第三产业	企业个数/家	880	543
	LS	0.4824	0.4634
	w/（元/人）	20539	21919
	K/L/（元/人）	55.34	67.78

从表 6-4 中可以得出以下结论：

第一，不同行业的民营企业工会覆盖率不同，其中第三产业最低。表 6-4 的数据显示，三大产业民营企业的工会覆盖率分别为 56.3%、66.1%、38.2%。第二产业民营企业的工会覆盖率最高，而第三产业的工会覆盖情况相对落后。

第二，民营企业分行业劳动收入份额情况与宏观研究结论有差异。一般研究认为，第二产业劳动收入份额最低，第一产业劳动收入份额最高，因此随着产业升级，劳动收入份额会经历先下降后上升的“U”形变化趋势。但是表 6-4 显示，第一产业、第二产业、第三产业民营企业的劳动收入份额分别为 0.4265、0.4646、0.4729（非工会企业与工会企业的算术平均值）。第三产业民营企业劳动收入份额最高，而第一产业最低。第二产业民营企业劳动收入份额较高的原因可能是其资本深化程度较低。平均而言，第二产业民营企业资本劳动比为 31. 45 万元/人，低于第一产业的 47. 19 万元/人和第三产业的 61. 56 万元/人（均为非工会企业与工会企业的算术平均值），较小的资本劳动比和较低的资本深化程度导致第二产业的民营企业劳动收入份额较高。

第三，非工会企业与工会企业之间，劳动收入份额、工资水平和资本劳动比存在差异。与本章前文的实证结果类似，从表 6-4 中可以看出，相比没有设立工会的民营企业，设立工会的民营企业具有较高的工资水平和较高的资本劳动比（第一产业非工会企业的资本劳动比较高），且工会企业劳动收入份额较低。

与前文类似，工会对不同行业民营企业劳动收入份额的影响还需实证检验。表 6-5 列出了工会对不同行业民营企业劳动收入份额影响的实证结果，在此只列出主要变量 *union* 对被解释变量的影响，实证方法为处理效应模型中的 MLE。

表 6-5　工会对不同行业民营企业劳动收入份额影响的实证结果

行业	变量	(1) ln*w*	(2) ln*K/L*	(3) ln*LS*	(4) ln*LS*
第一产业	*union*	0. 8627 *** (0. 2253)	2. 2154 *** (0. 4452)	-1. 0718 *** (0. 2046)	0. 7377 *** (0. 1795)
	ln*w*	—	—	—	0. 3043 *** (0. 0608)
	ln（*K/L*）	0. 1406 *** (0. 0259)	—	—	-0. 3405 *** (0. 0340)
第二产业	*union*	0. 7507 *** (0. 0904)	1. 5465 *** (0. 1831)	-0. 4764 *** (0. 1296)	-0. 0751 (0. 1040)
	ln*w*	—	—	—	0. 3028 *** (0. 0243)
	ln（*K/L*）	0. 1190 *** (0. 0099)	—	—	-0. 2389 *** (0. 0115)

续表

行业	变量	(1) ln*w*	(2) ln*K/L*	(3) ln*LS*	(4) ln*LS*
第三产业	*union*	0.7093*** (0.1299)	1.6556*** (0.3095)	0.3162 (0.2091)	0.5284*** (0.1178)
	ln*w*	—	—	—	0.2760*** (0.0274)
	ln (*K/L*)	0.1465*** (0.0107)	—	—	−0.3150*** (0.0127)

注：括号中的数值为标准误。*** 表示参数估计在1%显著水平下通过统计显著性检验。

从表6-5中可以看出：

第一，不同行业工会对民营企业劳动收入份额的影响机制相同。工会的设立显著提高了民营企业职工的工资水平，并因民营企业改变要素投入比例而提高了资本劳动比。工会对民营企业职工工资水平的提高效果随产业升级而减弱。随着第一产业向第二、第三产业转移，工会对企业资本劳动比的影响也随之减弱。

第二，工会对民营企业劳动收入份额的负面影响也随着产业升级而减弱。相较于没有设立工会的民营企业，设立工会的第一产业民营企业的劳动收入份额平均低107%，第二产业民营企业平均低48%，而工会设立对第三产业民营企业劳动收入份额的影响不显著。原因可能在于第三产业企业职工保障机制较为完善，劳动者权益已得到有效保障。工会虽然提高了第三产业民营企业的工资水平和资本劳动比，但对劳动收入份额的影响则不再显著。从动态角度分析表6-5可以看出，随着我国产业不断由第一产业向第二产业，进而向第三产业升级，设立工会对民营企业工资水平和资本劳动比的影响将减弱，收入效应与替代效应将减小，而工会对民营企业劳动收入份额的负面影响也将减弱。

四、工会组织制度对民营企业劳动收入份额的效应分析

（一）工会组织制度对民营企业劳动收入份额的收入效应

本节综合前文的实证结果，分析工会组织制度对民营企业劳动收入份额的收入效应。工会的设立提高了民营企业职工的工资水平，为提高劳动收入份额带来了显著的收入效应。

在讨论工会组织制度的效应时，分别采用了最大似然估计和两步法估计处理效应模型，表 6-3 显示，设立工会的民营企业工资水平平均分别高出 56.90%和 111.47%，而表 6-2 显示，民营企业工资水平每上涨 1 个百分点，企业劳动收入份额分别提高 0.2883 个和 0.2933 个百分点。因此，计算可得，工会组织制度对民营企业的收入效应分别为 0.1640 和 0.3269。

表 6-5 的实证结果表明，工会的设立提高了第一产业民营企业职工工资水平，工资水平的提高也拉高了劳动收入份额，使得第一产业民营企业的收入效应为 0.2625。同样的机制也存在于第二产业和第三产业，两类企业设立工会的收入效应分别为 0.2273 和 0.1958。工会组织制度影响民营企业劳动收入份额的收入效应具体见表 6-6。

表 6-6　工会组织制度影响民营企业劳动收入份额的收入效应

变量	总体水平		第一产业	第二产业	第三产业
	MLE	TS			
ln*w*-*union*	0. 5690	1. 1147	0. 8627	0. 7507	0. 7093
ln*LS*-ln*w*	0. 2883	0. 2933	0. 3043	0. 3028	0. 2760
收入效应	0. 1640	0. 3269	0. 2625	0. 2273	0. 1958

注：收入效应为 ln*w*-*union* 和 ln*LS*-ln*w* 的乘积。

总体看来，我国工会组织制度为民营企业劳动收入份额带来了显著的收入效应，而这一收入效应存在显著的溢出效应。溢出效应随产业结构升级而

不断减小，工会组织制度的收入效应也随产业结构升级而不断减小。

（二）工会组织制度对民营企业劳动收入份额的替代效应

在讨论完工会组织制度对民营企业劳动收入份额的收入效应后，再来讨论工会组织制度影响民营企业劳动收入份额的替代效应。工会的设立提高了民营企业职工的工资水平，企业为应对用工成本上升，选择以资本替代劳动，从而为企业劳动收入份额带来了显著的替代效应。

表 6-3 显示，设立工会的民营企业资本劳动比显著高于没有设立工会的民营企业。实证结果表明，当采用最大似然估计和两步法估计处理方法时，设立工会的企业资本劳动比分别显著高出 164.71%和 297.54%，而根据表 6-2 的实证结果，民营企业资本劳动比的上升会显著降低劳动收入份额，资本劳动比每提升 1 个百分点，民营企业劳动收入份额分别降低 0.2489 个和 0.2495 个百分点，通过计算可得，整体而言，工会组织制度影响民营企业劳动收入份额的替代效应分别为-0.4100 和-0.7424。

关于工会组织制度替代效应的行业差异，参考表 6-5 的实证结果，设立工会后第一产业民营企业资本劳动比上升 221.54%，考虑资本劳动比上升对民营企业劳动收入份额的不利影响，设立工会对第一产业民营企业劳动收入份额的替代效应为-0.7543，其对第二产业与第三产业的替代效应分别为-0.3695 和-0.5215（见表 6-7）。

表 6-7　工会组织制度影响民营企业劳动收入份额的替代效应

变量	总体水平		第一产业	第二产业	第三产业
	MLE	TS			
ln*K*/*L*-*union*	1.6471	2.9754	2.2154	1.5465	1.6556
ln*LS*-ln*K*/*L*	-0.2489	-0.2495	-0.4305	-0.2389	-0.3150
替代效应	-0.4100	-0.7424	-0.7543	-0.3695	-0.5215

注：替代效应为 ln*K*/*L*-*union* 和 ln*LS*-ln*K*/*L* 的乘积。

从表 6-7 中可以看出，总体而言，工会的设立为民营企业劳动收入份额带来了显著的替代效应，且这一替代效应在三大产业中均显著。分行业来看，设立工会对民营企业劳动收入份额的替代效应在第一产业最大，第三产业其次，第二产业最小，因此，随着我国产业结构的升级，工会组织制度对提高劳动收入份额的替代作用将经历先减小后扩大的“U”形趋势。

（三）工会组织制度对民营企业劳动收入份额的总效应

与前文逻辑相同，工会组织制度的实施一方面提高了民营企业职工的工资水平，从而为提高民营企业劳动收入份额带来了正向的收入效应，另一方面由于用工成本的上升，以最大化利润为目标的民营企业选择以资本替代劳动，为企业劳动收入份额的提高带来负向的替代效应。本节综合收入效应和替代效应，分析工会的设立对提高民营企业劳动收入份额的总效应（见表6-8）。

表6-8 工会组织制度影响民营企业劳动收入份额的总效应

变量	总体水平		第一产业	第二产业	第三产业
	MLE	TS			
实证结果（3）	-0.8010	-1.3459	-1.0718	-0.4764	0.0000
其他影响	-0.7336	-1.0311	0.7377	0.0000	0.5284
收入效应	0.1640	0.3269	0.2625	0.2273	0.1958
替代效应	-0.4100	-0.7424	-0.7543	-0.3695	-0.5215
总效应	-0.9796	-1.4466	0.2459	-0.1422	0.2027
收入效应比重/%	-16.74	-22.60	106.75	-159.85	96.60
替代效应比重/%	41.85	51.32	-306.75	259.85	-257.28

注：实证结果（3）表示表6-3和表6-4中实证结果（3）显示的工会组织制度的总效应；其他影响为实证结果（4）中*union*的系数，表示工会组织制度对劳动收入份额的其他影响，若结果不显著，则统计为零；总效应为收入效应、替代效应、其他效应之和。

从表6-8中可以看出：

第一，整体而言，工会组织制度的实施带来了显著为负的总效应，设立工会大幅降低了民营企业自身的劳动收入份额。无论是最大似然法还是两步法的估计结果均证实了这一点。

第二，工会组织制度对提高劳动收入份额的总效应存在行业差距。工会的设立为第一产业民营企业劳动收入份额带来了显著的收入效应与替代效应，且替代效应大于收入效应，但是由于设立工会可通过强化最低工资制度和《劳动合同法》等制度的实施提高民营企业劳动收入份额水平，因此存在显著为正的其他效应，最终为民营企业提高劳动收入份额带来了正向的总效应。同样的机制也发生在第三产业的民营企业。而对于第二产业的民营企业而言，由于替代效应大于收入效应，负向效应超过了正向效应，且工会组织的其他影响效应不显著，最终为民营企业提高劳动收入份额带来了显著为负的总效应，降低了此类企业的劳动收入份额水平。随着我国产业升级，工会组织制度的总效应将经历正向—负向—正向的“U”形变化趋势，最终会提高民营企业劳动收入份额水平。

五、本章小结

本章通过将工会对民营企业劳动收入份额的影响分解为提高工资的收入效应与提高资本劳动比的替代效应，分析设立工会对民营企业劳动收入份额的影响机制。采用“中国私营企业调查”数据进行实证检验发现，工会组织显著降低了民营企业劳动收入份额。具体结论如下：

第一，工会的设立虽然提高了民营企业职工的工资水平，但也提高了民营企业的资本深化程度，最终导致民营企业劳动收入份额下降。工会显著提高了不同行业民营企业的工资水平，但也导致了用工成本的上升，企业因此选择通过培训员工提高职工的人力资本水平，并增加资本投入和研发投入，发展资本偏向型技术进步，最终导致企业资本劳动比大幅上升，资本深化程度加深。最终，资本深化产生的替代效应超过工资上涨带来的收入效应，民营企业设立工会后劳动收入份额显著下降。

第二，工会对民营企业劳动收入份额的负面影响因产业结构升级而减弱。实证结果表明，工会对不同行业民营企业劳动收入份额的影响不同，对第一产业劳动收入份额的负面影响最大，第二产业其次，而对第三产业劳动收入份额的影响不显著。因此，伴随我国工业化程度的不断加深和民营企业产业结构升级，工会对民营企业劳动收入份额的负面影响将不断减弱。

第三，工会的设立为民营企业劳动收入份额带来显著的收入效应，但是由于替代效应更高，因此总体而言，我国工会组织对民营企业劳动收入份额的总效应为负，降低了民营企业自身的劳动收入份额，从而在现阶段加深了发展民营经济与提高劳动收入份额之间的矛盾。分行业分析发现，无论是第一产业、第二产业还是第三产业，设立工会对劳动收入份额的替代效应均高于收入效应，但是由于第一产业和第三产业在设立工会后，有其他途径为民营企业劳动收入份额带来正向影响，因此工会的设立显著提高了两类企业的劳动收入份额水平。而对于第二产业而言，工会设立的收入效应小于替代效应，导致总效应显著为负，工会的设立降低了第二产业民营企业的劳动收入份额水平。同样，随着我国民营企业的产业升级，我国工会组织制度的总效应也会呈现“U”形变化趋势，最终将提高我国民营企业的劳动收入份额水平，从而化解发展民营经济与提高劳动收入份额的矛盾。

第七章　我国劳动保护制度存在的问题

本书在第四章、第五章和第六章分别探讨了我国的最低工资制度、《劳动合同法》实施和工会组织制度对民营企业劳动收入份额的影响。本章在此基础上，总结现阶段我国最低工资制度、劳动法律规定和工会组织制度存在的问题和不足，为下一步完善我国劳动保护制度、保护民营企业劳动者权益、提升民营企业劳动收入份额提供经验参考。

一、我国最低工资制度存在的问题

通过不断的实践和改进，我国的最低工资制度取得了显著的进步。前文实证结果显示，我国最低工资制度显著提高了民营企业自身的劳动收入份额，保障了在发展非公有制经济的同时提高全国劳动收入份额，但是仍存在一些问题。

（一）最低工资立法层次较低

首先，较低的立法层次导致《最低工资规定》强制性较差。2004 年我国《最低工资规定》的出台标志着我国最低工资制度的全面实施。但是《最低工资规定》并没有以法律的形式进行确立，仅由我国劳动和社会保障部部务会议通过。由于出台部门层次较低，对用人单位的约束性不强。尽管 2008 年《劳动合同法》的实施对最低工资的执行作出规定，但只限于对执行和监管方面作出规定，最低工资制度本身的强制性仍较低。日本的最低工资制度在早期就以法律的形式予以呈现。为制定《最低工资法》，日本政府于 1957 年设立了最低工资局，包括政府官员、企业雇主和工人代表等各行各业的人士共同讨论最低工资的可行性和适用性，保证了 1959 年《最低工资法》的出台及其合理性。我国应以法律形式出台最低工资制度，加强立法的执行度，可保障最低工资制度的贯彻落实。

其次，地方缺乏监督执行最低工资标准的动力，导致最低工资的“软约束”。长期以来，地方为追求招商引资，选择维护地区廉价劳动力的比较优势，不惜长期压低地方工资水平，无视工人的基本劳动权益①，缺乏对最低工资标准执行情况的有效监督。日本设立劳动行政管理部门对最低工资标准执行情况进行监督检查，其中劳动基准监督人员可以直接进入机构或雇主办公室视察记录及文件，并询问相关情况。此外，在最低工资作出调整后，劳动省会在每年 12 月初及春季进行巡查。

（二）最低工资标准的制定过程中缺乏工人的声音

我国《最低工资规定》第八条规定：“最低工资标准的确定和调整方案，由省、自治区、直辖市人民政府劳动保障行政部门会同同级工会、企业联合会/企业家协会研究拟订，并将拟订的方案报送劳动保障部。方案内容包括最低工资确定和调整的依据、适用范围、拟订标准和说明。劳动保障部在收到拟订方案后，应征求全国总工会、中国企业联合会/企业家协会的意见。”可见，我国最低工资标准是由当地劳动保障行政部门、工会和企业联合会/企业家协会共同制定。而我国工会的双重性质导致其集体谈判机制相对缺失，因此我国最低工资标准的制定中缺乏工人的声音。

日本早在 1957 年成立最低工资局时就将工人代表作为主体的一方。在经

---

① 孙中伟，舒玢玢. 最低工资标准与农民工工资——基于珠三角的实证研究［J］. 管理世界，2011（8）.

历《最低工资法》的制定和调整后，“委员会法”逐渐成为主要的最低工资标准确立方式。最低工资标准由最低工资委员会开展调查和磋商确定。而最低工资委员会与最初的最低工资局相似，由劳动者、雇主等各阶层人士组成。各行业劳动者直接参与最低工资标准的制定与调整，可提高最低工资标准的合理性。

（三）最低工资形式单一

我国最低工资标准因行政区域不同而不同。1993 年出台的《企业最低工资规定》第九条规定：“最低工资率应考虑同一地区不同区域和行业的特点，对不同经济发展区域和行业可以确定不同的最低工资率。”但是，之后我国只依据行政区域划分最低工资标准，舍弃了行业差别。2004 年出台的《最低工资规定》第七条规定：“省、自治区、直辖市范围内的不同行政区域可以有不同的最低工资标准。”只按行政区域划分最低工资标准，忽视了行业间的收入差异，形式单一。

在日本，最低工资标准分为行业最低工资额和地区最低工资额。行业最低工资额由个别县劳动局根据县内的行业需要进行设定。而每个县的最低工资额也不同，但是县最低工资额适用于县管辖范围内的所有有资格的工人。如果劳动者既符合行业最低工资标准，又符合地区最低工资标准，将以较高者为标准。日本的最低工资制度考虑了行业和地域的差异，以此制定的最低工资标准可以反映不同地区不同行业劳动者的诉求。

（四）最低工资标准的使用范围存在局限性

首先，我国最低工资标准的使用范围较窄。《最低工资规定》第二条规定：“本规定适用于在中华人民共和国境内的企业、民办非企业单位、有雇工的个体工商户（以下统称用人单位）和与之形成劳动关系的劳动者。国家机关、事业单位、社会团体和与之建立劳动合同关系的劳动者，依照本规定执行。”但是对临时工、兼职工等工作形式并未作出特殊规定。日本最低工资制度的使用对象范围基本涵盖了所有的工资雇员。除实习生外，无论是兼职工、临时工还是全职工人，都适用最低工资制度。而伤残的劳动者只要能够履行相应的工作职责，即可领取最低工资。

其次，《最低工资规定》缺乏“豁免”的规定。关于企业不遵守最低工资的豁免权，《最低工资规定》只在第十三条中规定：“劳动者由于本人原因造成在法定工作时间内或依法签订的劳动合同约定的工作时间内未提供正常劳动的，不适用于本条规定。”而具体什么为正常劳动、未提供正常劳动主要指哪些情况并没有明确规定，也为企业规避最低工资的执行提供了条件。日本的最低工资制度中，雇主可在以下情况下享有最低工资的豁免权：一是工作能力有限的伤残工人；二是以试用形式受聘的工人；三是接受《人力资源发展促进法》规定的职位培训课程的工人；四是在一段非常短的时期内受雇的工人；五是承担职责特别少的工人；六是从事间歇性工作的工人。2007 年日本《最低工资法》修正案进一步提高了企业“豁免”执行最低工资标准的门槛。通过明确企业“豁免”执行最低工资标准的情况，避免了企业在执行过程中“钻空子”的情况。

（五）最低工资在农民工群体内的执行情况较差

针对我国违反最低工资标准现象的研究较多。尽管有关研究表明，最低工资制度具有良好的覆盖率①，但是在农民工群体内的执行情况较差。如叶静怡和杨洋（2015）以农民工工资水平为研究对象发现，尽管月最低工资标准得到了很好的执行，但全日制小时最低工资的执行情况较差。执行情况最差的地区，农民工工资低于最低工资标准的比重接近 50%②。与国有企业和集体企业相比，在民营企业工作的农民工工资水平低于最低月工资标准的概率更高，而且企业可以通过加班规避对小时工资标准的执行，大量的超时加班现象导致以月工资标准衡量最低工资的执行情况时存在低估问题③。

---

① 王美艳. 中国最低工资制度的设计和执行 [J]. 宏观经济研究，2014（7）.

② 叶静怡，杨洋. 最低工资标准及其执行差异：违规率与违规深度 [J]. 经济学动态，2015（8）.

③ 孙中伟，舒玢玢. 最低工资标准与农民工工资——基于珠三角的实证研究 [J]. 管理世界，2011（8）.

（六）最低工资标准设置较低

韩兆洲等（2007）研究发现，截至2005年6月，全国35个大中城市最低工资标准与当地平均工资之比平均为33%①。另有学者计算，截至2008年底，中国各地的月最低工资标准均低于当地职工平均工资的40%，最高的地区也只有38.89%，最低的地区只有17.04%②。孙中伟等（2011）的计算发现，珠三角地区2009年最低工资标准仅相当于当地城镇职工工资的25.7%，远低于国际惯例的40%~60%③。此外，最低工资标准往往成为企业口中的标准工资，企业普遍以最低工资标准支付一线劳动者的基本工资，一些经营状况较好、利润水平较高，甚至处于产业链高端的企业同样如此，违背了最低工资制度保障劳动者在法定时间内获得最低收入的初衷④。

根据本书第一章不同国家和地区工业化水平综合指数的测算结果，我国工业化指数在2017年达到90，接近日本1973年的水平。本书第四章的实证检验发现，最低工资制度有利于提高民营企业自身的劳动收入份额，从而保障发展非公有制经济提升劳动收入份额的作用，化解发展民营经济与提高劳动收入份额的矛盾。因此，需要在已有最低工资制度的基础上，深化最低工资制度改革、完善最低工资制度相关规定，以充分发挥最低工资制度提高民营企业劳动收入份额的积极作用。

二、我国劳动法律制度存在的问题

本书第五章研究发现，我国在2008年实施的《劳动合同法》有效提高了民营企业劳动收入份额，缓解了法规实施前民营企业发展不利于提高我国劳

---

① 韩兆洲，安宁宁．最低工资、劳动力供给和失业——基于VAR模型的实证研究［J］．暨南学报（哲学社会科学版），2007（1）．

② 信卫平．国际金融危机与中国最低工资标准［J］．中国劳动关系学院学报，2010（1）．

③ 孙中伟，舒玢玢．最低工资标准与农民工工资——基于珠三角的实证研究［J］．管理世界，2011（8）．

④ 万向东，孙中伟．农民工工资剪刀差及其影响因素的初步探索［J］．中山大学学报（社会科学版），2011（3）．

动收入份额的局面。但我国《劳动合同法》仍存在以下缺陷：

第一，规定的定期劳动合同种类较少。《劳动合同法》详细规定了三类劳动合同：固定期限劳动合同、无固定期限劳动合同以及以完成一定工作任务为期限的劳动合同。无固定期限劳动合同与我国台湾地区不定期劳工合同类似，其他两类可归为按时间劳动合同和按任务劳动合同。《劳动合同法》特别将按任务劳动合同单独分列，但是对固定期限劳动合同的规定不够丰富。在实践中，劳动关系当事人订立的劳动合同大都是有一定期限的。劳动合同的固定期限可以长至 5~10 年，也可短至 1~2 年，但缺乏对一年期以下固定期限劳动合同的规定。下一步可针对以完成一定工作任务为期限的劳动合同，配合短期性、季节性的劳动合同作出规定。

第二，对劳动合同内容的规定不够详细。《劳动合同法》第十七条明确规定："劳动合同应具备以下条款：（1）用人单位的名称、住所和法定代表人或者主要负责人；（2）劳动者的姓名、住址和居民身份证或者其他有效身份证件号码；（3）劳动合同期限；（4）工作内容和工作地点；（5）工作时间和休息休假；（6）劳动报酬；（7）社会保险；（8）劳动保护、劳动条件和职业危害防护；（9）法律、法规规定应当纳入劳动合同的其他事项。"

可见，《劳动合同法》规定劳动合同的必备条款共九项，但存在以下缺陷：一是对劳动报酬及工作相关费用的规定不够明晰，缺少资遣费、退休金及其他津贴、奖金有关事项，以及劳工应自己负担的膳宿费、工作用具费等有关事项的详细规定，可能会引发相关劳动报酬争议事件。二是将劳动培训与福利相关事项归至可备条款。可备条款是指法律不作强制性规定，由当事人根据意愿选择是否在合同中约定事项，劳动合同缺乏这种条款不影响其效力。其中，"试用期、培训、保守秘密、补充保险和福利待遇等其他事项"作为劳动合同内容的可备条款，不具有强制性。三是缺乏对工作纪律、奖惩有关事项的规定。《劳动合同法》缺乏纪律遵守和奖惩相关事项的规定，不利于在劳动争议问题中起关键性的判别作用。

第三，缺少一些解除劳动合同情况的说明。《劳动合同法》在解除劳动合同方面存在规定不够详细的问题：一是在劳动者无预告解除劳动的情况下，

《劳动合同法》强调了“未依法为劳动者缴纳社会保险费”的情况，但缺乏对“雇主、雇主代理人或其他劳工患有恶性传染病”的规定；二是企业单方解除劳动合同时，为防止企业滥用解除权，《劳动合同法》严格限定了用人单位单方面解除劳动合同的条件，但缺少类似“对于雇主、雇主家属、雇主代理人或其他共同工作之劳工实施暴力行为，或有重大侮辱之行为”的规定，不利于用人单位维护自己的权利。

第四，我国法律制度环境仍需改善。根据樊纲等（2011）公布的法律制度环境指数，2008年我国法律制度环境指数最高的上海、浙江、北京分别达到17.14、16.25、14.23，而最低的贵州、甘肃、青海仅分别为4.27、3.99和3.54①。地区间法律环境差异大，不利于《劳动合同法》的普及，法规对民营企业劳动收入份额的正向作用也会受到限制。

三、我国工会组织制度存在的问题

我国二元经济结构中存在大量的廉价劳动力，因此没有出现打压工会组织和劳动力成本以促进工业化的现象。工会组织在我国成为重要的基层劳资关系调节组织。但是在工会组织定位、民营企业工会普及方面仍有不足。

第一，工会组织的双重定位。我国基层工会组织是自上而下组建，缺乏相对独立的运行机制②。一直以来，我国工会组织担负双重责任：一方面工会被赋予了维持企业稳定发展的责任，负责沟通劳资双方，另一方面也担负着保护员工合法权益的任务，即同时扮演维权维稳的双重角色，虽然实现了协调劳资关系、稳定企业发展的目标，但也存在定位不清、责任不明、角色模

① 樊纲，王小鲁，朱恒鹏．中国市场化指数——各地区市场化相对进程2011年报告［M］．北京：经济科学出版社，2011.

② 魏下海，董志强，金钊．工会改善了企业雇佣期限结构吗？——来自全国民营企业抽样调查的经验证据［J］．管理世界，2015（5）.

糊的问题①。Chen（2003）发现，我国工会组织对不同的劳资冲突采取不同的方式：对于工人个体合法的诉求，工会组织会代表工人尽力争取；而对于工人的集体诉求，工会组织则充当工人与企业之间的调解中介组织②。此外，通过对1811名企业工会主席的问卷调查，乔健（2008）发现，工会组织强化了会员和职工的维权功能，这一结论在基层工会建立的维权机制或是工会主席的维权意识等方面都得到了充分体现。但是，工会维权功能的强化，与其说是来自会员和职工的要求，不如说是政治稳定、社会稳定和工人阶级队伍稳定的结果③。民营企业资方在谈判中处于强势地位，员工的权益往往得不到充分保障，表现为，在我国，工会的设立虽提高了民营企业职工的工资水平，但也促进了企业以资本替代劳动，资本深化程度进一步加深，反而不利于我国民营企业劳动收入份额的提高。韩国的工会组织是由工人自发地自下而上建立的维权组织，其单一任务便是保障劳动者权益、提高劳动者待遇水平，因此也大幅提高了韩国劳动收入份额水平。

第二，民营企业工会普及率偏低。根据《中国劳动统计年鉴（2015)》与《中国统计年鉴（2015)》统计数据，我国2014年（工业化水平综合指数为84）民营企业工会组织覆盖率为16.35%，日本1964年与1965年（工业化水平综合指数均为74）的工会覆盖率分别为21.1%和21.5%④。1987年我国台湾地区（工业化水平综合指数为78）工会组织覆盖率为34.2%⑤，之后进一步提高至1991年的48.0%。此外，我国民营企业工会覆盖率也远低于全国平均水平。之前学者的研究表明，相对于国有企业而言，民营企业更不可能设

① 王永丽，郑婉玉．双重角色定位下的工会跨界职能履行及作用效果分析［J］．管理世界，2012（10）.

② CHEN F. Between the State and Labour: The Conflict of Chinese Trade Unions' Double Identity in Market Reform［J］. The China Quarterly，2003（176）：1006-1028.

③ 乔健．在国家、企业和劳工之间：工会在市场经济转型中的多重角色——对1811名企业工会主席的问卷调查［J］．当代世界与社会主义，2008（2）.

④ 资料来源：日本统计局官网（http：//www. stat. go. jp/english/data/chouki/index. htm）。此数据为工会会员占总就业人数比重。

⑤ 资料来源：《台湾统计年鉴（2013)》表3-21“工會數及會員數”。

立工会①。根据《中国劳动统计年鉴（2015）》与国家统计局数据，2014 年我国工会会员人数总计 288117898 人，占全国就业人员数的 37.3%，全国基层工会组织 2781023 个，覆盖 20.1%的法人单位，高于民营企业 16.35%的水平。因此，我国民营企业的工会覆盖率偏低，限制了其发挥对民营企业劳动收入份额的保障作用。

① 孙中伟，贺霞旭．工会建设与外来工劳动权益保护——兼论一种“稻草人机制”［J］．管理世界，2012（12）．

第八章　完善劳动保护制度的政策建议

本章通过总结前文针对各项制度对提高劳动收入份额的效应分析结果，以及我国最低工资制度、劳动法律制度和工会组织制度存在的问题，从化解发展民营经济与提高劳动收入份额的矛盾出发，提出具体的制度政策建议。

一、完善最低工资制度的政策建议

最低工资制度的建设和完善有利于提高民营企业劳动收入份额，有利于缓解发展民营经济与提高劳动收入份额的矛盾。本节分别从最低工资制度的法律层次、最低工资标准的制定机制和最低工资实施的监管措施3个方面提出以下政策建议。

（一）提高最低工资制度的法律层次

提高最低工资制度的法律层次是完善最低工资制度的基础。日本、韩国出台《最低工资法》的时间较早，1959年日本出台《最低工资法》时工业化水平综合指数为52，韩国1986年出台《最低工资法》时工业化水平综合指数为68，我国2004年出台《最低工资规定》时工业化水平综合指数为48。从工业化阶段方面看，我国最低工资制度的实施早于日本和韩国，但是截至

2020年，我国工业化水平综合指数提高到93，已基本实现工业化，但实行的最低工资制度仍是2004年的《最低工资规定》。较低的立法层次不仅导致我国《最低工资规定》的强制性较弱，也使得地方与企业缺乏监督执行最低工资标准的动力。本书第四章的实证结果与分析表明，最低工资标准的提高为民营企业劳动收入份额带来了显著的收入效应，而替代效应较低，因此有利于提高我国民营企业自身的劳动收入份额，有利于化解发展民营经济与提高劳动收入份额的矛盾。因此，将我国《最低工资规定》上升至法律层面，出台适合我国国情的最低工资法，其一，可以细化最低工资制度的有关规定；其二，可以提高企业对最低工资标准执行的重视程度；其三，可以发挥法律对最低工资标准的监管作用；其四，可以为劳动者维护自己的合法权益提供法律武器。最终将充分发挥最低工资制度对提高民营经济劳动收入份额的正向作用，有效化解发展民营经济与提高劳动收入份额的矛盾。

（二）改善最低工资标准的制定机制

改善最低工资标准的制定机制是完善最低工资制度的核心。第七章分析发现，我国在制定最低工资标准时存在标准较低、形式单一、范围狭窄等问题，在确定最低工资标准时缺乏来自劳动者的声音。因此，在提高最低工资制度的立法层次的基础上，首先需要在最低工资标准的制定过程中加入更多劳动者的声音。我国可以参考日本的“委员会法”，在发挥工会维护劳动者权益作用的基础上，选出劳动者代表，参与最低工资标准的制定。此外，深入各行业各地区进行实地调研，听取劳动者的呼声，提升我国最低工资标准的合理性。其次需扩大最低工资标准的形式与执行范围。日本在制定最低工资标准时同时考虑了行业与地区的差异，我国现行的《最低工资规定》则缺乏对行业最低工资标准的规定，忽视了同一地区不同行业的工资差异。此外，我国最低工资标准缺乏对临时工和兼职工的特殊规定，2008年实施的《劳动合同法》也只对试用期和劳动派遣作出了明确规定，同样缺乏对临时工和兼职工的规定。将最低工资标准的实施范围扩充至临时工、兼职工等工种，可有效防止企业利用工作形式的差异规避最低工资标准的执行。

（三）强化最低工资实施的监管措施

强化最低工资实施的监管措施是完善最低工资制度的保障。针对我国最低工资执行情况，需要强化对最低工资制度的执行与监管。强化最低工资制度的执行，一是可以有效促进民营企业劳动收入份额提高。第四章的实证分析表明，最低工资有利于扭转民营经济发展对劳动收入份额的不利影响，因此，改善最低工资制度的执行环境，可以进一步提高民营企业劳动收入份额。二是可以推动民营企业升级。通过政府强制实施最低工资标准，可以淘汰通过延长工人工作时间或提高工作强度的方法攫取绝对剩余价值的低工资、低技术企业，促进公平竞争。公平竞争环境下，民营企业会选择大力提高企业研发力度、促进技术进步，倒逼民营企业向产业中高端发展。第四章的实证结果同样表明，最低工资制度对技术密集型民营企业的劳动收入份额也存在显著的正向作用，因此通过强化最低工资制度实施，可以有效促进民营企业向技术密集型生产方式升级，也可以充分发挥最低工资制度对民营企业劳动收入份额的正向作用。

一是需要建立最低工资标准执行的巡查机制。我国可以参考日本的巡查机制，在每次最低工资标准调整后，指派巡视组深入基层机构和企业进行巡查，对于不及时调整工资水平的，依规定对企业和当地政府进行警告或处罚。二是加大对违反最低工资规定的处罚力度。《劳动合同法》第八十五条规定，劳动报酬低于当地最低工资标准的，应当支付其差额部分；逾期不支付的，责令用人单位按应付金额百分之五十以上百分之一百以下的标准向劳动者加付赔偿金。可以适当提高赔偿金的比重，提高企业违反最低工资规定的成本。

二、完善劳动法律制度的政策建议

《劳动合同法》的实施也显著提高了民营企业劳动收入份额，因此也需要强化《劳动合同法》的实施情况，通过对比日本、韩国与我国台湾地区工业化阶段相关规定，现从构建劳动保障法律体系、细化劳动合同规定细则、强化劳动法律监管力度3个方面提出对《劳动合同法》规定和实施方面的政策建议。

（一）构建劳动保障法律体系

构建劳动保障法律体系是完善劳动法律制度的基础。构建劳动保障法律体系，可多方位保护劳动者合法权益，有效促进劳动法律制度提高劳动收入份额的正向效应。我国目前已经形成了比较完备的劳动保障法律体系①，《最低工资规定》《女职工劳动保护特别规定》和《工伤保险条例》等规定的出台在一定程度上弥补了我国劳动保障体系的不足，但是由于未上升到法律层面，仍然无法替代有关法律的实施效果。因此，出台与最低工资、雇佣平等等相关的法律法规，可有效弥补法律规定空白，全方位、多层次地有效保障劳动者的合法权益，做到各类情况有法可依。

（二）细化劳动合同规定细则

细化劳动合同规定细则是完善劳动法律制度的核心。细化《劳动合同法》关于劳动合同种类、劳动合同内容和劳动合同终止情况的规定，可从根本上明确劳动者各类权益与解决方案，有效降低劳资冲突产生的可能性。本书第七章的分析发现，《劳动合同法》在规定劳动合同的种类、内容和终止情况时不够详细，对一年以下的短期合同、劳动者培训与福利等情况缺乏规定。因此需要在原有法律条款的基础上，增加对劳动合同各类情况的规定。通过细化《劳动合同法》各类规定，可以有效提高《劳动合同法》对民营企业劳动者权益的保护力度并扩大保护范围，缩小易爆发劳资冲突的模糊地带，充分发挥《劳动合同法》提高民营企业劳动收入份额的积极作用。

---

① 郑斌.《劳动法》实施20年来 我国已形成较完备劳动保障法律体系［N］. 经济日报，2015-02-03（3）.

（三）强化劳动法律监管力度

强化劳动法律监管力度是完善劳动法律制度的保障。构建劳动保障法律体系，细化劳动合同规定细则可从法律体系上做到各类情况有法可依。之后，通过改善我国法律制度环境，缩小地区间法律执行差异，强化《劳动合同法》的执行情况，可做到有法可依后的有法必依、执法必严、违法必究。改善我国法律制度环境，可从以下几个方面入手：一是建立《劳动合同法》实施的巡查机制。此项工作可以与最低工资标准执行巡查机制相配合，将最低工资标准的执行作为《劳动合同法》巡视的一部分，严格监测各地区法规的执行与实施情况。二是加大对违法的处罚力度，对违法行为要进行严厉处罚，尤其是在《劳动合同法》自身有利于改善民营企业劳动收入份额的情况下，更应该严格监管《劳动合同法》的实施，确保《劳动合同法》在民营企业内部的有效执行。

三、完善工会组织制度的政策建议

需要正视的是，我国工会组织制度虽然不利于提高民营企业劳动收入份额，但绝不意味着要取消工会组织制度。我国工会组织制度在保障职工基本福利、沟通劳资双方等方面具有重要的作用，取消工会组织制度的措施舍本逐末。我国工会组织制度主要存在定位不清、普及不广的缺点。本节针对这两个问题，从调整工会组织双重定位、推动工会组织制度普及、发挥工会组织监督作用 3 个方面提出完善工会组织制度的政策建议。

（一）调整工会组织双重定位

调整工会组织双重定位是完善工会组织制度的核心。强化工会的维权角色，充分发挥工会保障劳动者权益的职能，可有效激发工会组织制度化解发展民营经济与提高劳动收入份额矛盾的作用。可通过明确工会组织制度的本质职能和定位，发挥工会组织监督企业执行最低工资标准与《劳动合同法》的作用，并以此扭转工会组织对民营企业劳动收入份额的不利影响。

(二)推动工会组织制度普及

推动工会组织制度普及是完善工会组织制度的基础。在调整工会组织双重定位的基础上，还要加强工会组织在民营企业内的普及建设工作，提高工会组织普及率，以扩大工会组织的影响力，有效发挥工会组织制度的积极作用。前文分析发现，我国民营企业工会普及率低于全国工会普及的平均水平。因此民营企业的工会建设应该作为今后普及工会组织的重点目标，在加强工会组织维权职能的基础上，扩大工会在民营企业内的覆盖率，有效发挥工会组织对民营企业职工的保护效应。

(三)发挥工会组织监督作用

发挥工会组织监督作用是完善工会组织制度的补充。依照《劳动合同法》第七十八条的规定，针对用人单位违反劳动法律、法规和劳动合同、集体合同的，工会有权提出意见或者要求纠正。我国劳动法律本身就对最低工资标准的执行进行了详细规定。因此，有效发挥工会对最低工资标准与《劳动合同法》执行的监管作用，可强化最低工资制度与《劳动合同法》对民营企业劳动收入份额的积极作用，间接发挥工会组织制度提高劳动收入份额的积极影响，并可配合最低工资制度与《劳动合同法》的巡察机制，发现当地企业在保障劳动者权益方面的不足。

四、发展民营经济的政策建议

除从最低工资制度、劳动法律制度和工会组织制度 3 个方面提出政策建议之外，本书认为，促进民营企业向高端产业升级，可有效发挥最低工资制度、劳动法律制度对民营企业劳动收入份额的正向作用。本书在第四章和第五章的实证结果显示，最低工资制度和《劳动合同法》的实施对不同行业民营企业劳动收入份额的影响随着企业产业结构的优化升级呈现“U”形变化趋势，因此大力推动民营企业产业升级，可以有效发挥最低工资制度与《劳动合同法》对民营企业劳动收入份额的正向作用。我国工会组织对第三产业民营企业劳动收入份额的影响虽不显著，但为正向影响。

具体措施可以包括：一是搭建生产服务平台，推进民营企业生产与制造现代化。推进面向民营企业和中小企业的基础工艺、基础材料、基础元器件研发和系统集成以及生产、检测等专业化公共服务平台建设。二是加快民营企业生产制造与信息技术服务融合。通过鼓励运用信息技术和智能制造技术，丰富产品种类与功能，发挥民营企业灵活性优势以满足多样化、个性化消费需求。

总之，通过提高最低工资制度法律层次，改善我国最低工资标准制定机制，强化最低工资实施监管措施，构建劳动保障法律体系，细化劳动合同规定细则，强化劳动法律监管力度，调整工会组织双重定位，推动工会组织普及建设，发挥工会组织监督作用，可以打造最低工资制度、劳动法律制度与工会组织制度相结合的劳动保护政策体系，有效保障我国非公有制经济中劳动者的合法权益，从而形成共享发展、以人为本的民营经济劳动保护体系。此外，推动民营企业产业升级，可充分发挥最低工资制度和劳动法律制度对民营企业劳动收入份额的提升作用，化解发展民营经济与提高劳动收入份额的矛盾，保障发展非公有制经济对提高劳动收入份额的积极作用，从而提高我国劳动收入份额水平，实现发展民营经济与优化收入分配结构、实现共同富裕目标的同向同行。

参考文献

[1] 白重恩，钱震杰，武康平. 中国工业部门要素分配份额决定因素研究［J］. 经济研究，2008（8）.

[2] 白重恩，钱震杰. 国民收入的要素分配：统计数据背后的故事［J］. 经济研究，2009（3）.

[3] 白重恩，钱震杰. 劳动收入份额决定因素：来自中国省级面板数据的证据［J］. 世界经济，2010（12）.

[4] 白重恩，钱震杰. 谁在挤占居民的收入——中国国民收入分配格局分析［J］. 中国社会科学，2009（5）.

[5] 包群，邵敏，侯维忠. 出口改善了员工收入吗？［J］. 经济研究，2011（9）.

[6] 蔡继明. 论财富创造与财富分配的关系［J］. 经济学动态，2010（4）.

[7] 常凯，邱婕. 中国劳动关系转型与劳动法治重点——从《劳动合同法》实施三周年谈起［J］. 探索与争鸣，2011（10）.

[8] 陈登科，陈诗一. 资本劳动相对价格、替代弹性与劳动收入份额［J］. 世界经济，2018（12）.

[9] 陈东，刘金东. 劳动保护有助于缩小就业弱势群体的相对收入差距吗——以新《劳动合同法》的实施为例［J］. 财贸经济，2014（12）.

[10] 陈佳贵，等. 中国工业化进程报告——1995~2005 年中国省域工业化水平评价与研究［M］. 北京：社会科学文献出版社，2007.

[11] 陈祎，刘阳阳. 劳动合同对于进城务工人员收入影响的有效性分析［J］. 经济学（季刊），2010（2）.
[12] 陈宇峰，贵斌威，陈启清. 技术偏向与中国劳动收入份额的再观察［J］. 经济研究，2013（6）.
[13] 陈宗仕，张建君. 企业工会、地区制度环境与民营企业工资率［J］. 社会学研究，2019（4）.
[14] 程恩富，胡靖春. 论我国劳动收入份额提升的可能性、迫切性与途径［J］. 经济学动态，2010（11）.
[15] 戴天仕，徐现祥. 中国的技术进步方向［J］. 世界经济，2010（11）.
[16] 戴小勇，成力为. 出口与 FDI 对中国劳动收入份额下降的影响［J］. 世界经济研究，2014（8）.
[17] 邓睿. 工会会员身份提高了农民工的就业质量吗？——来自流动人口专题调查的证据［J］. 当代经济科学，2020（3）.
[18] 邓伟. 国有经济、政治均衡与行业间的工资差距［J］. 财贸经济，2013（7）.
[19] 邸俊鹏，韩清. 最低工资标准提升的收入效应研究［J］. 数量经济技术经济研究，2015（7）.
[20] 丁守海. 最低工资管制的就业效应分析——兼论《劳动合同法》的交互影响［J］. 中国社会科学，2010（1）.
[21] 董保华. 论劳动合同法的立法宗旨［J］. 现代法学，2007（6）.
[22] 董丰，申广军，焦阳. 去杠杆地分配效应——来自中国工业部门的证据［J］. 经济学（季刊），2020（1）.
[23] 董万好，刘兰娟，王军. 调整财政民生支出和行政管理支出对劳动报酬的影响——基于 CGE 模型的收入再分配研究［J］. 财经研究，2011（9）.
[24] 杜鹏程，刘睿雯，张烁珣. 要素成本与劳动收入份额：来自最低工资与进口关税的证据［J］. 世界经济，2022（2）.
[25] 樊纲，王小鲁，朱恒鹏. 中国市场化指数——各地区市场化相对进程 2011 年报告［M］. 北京：经济科学出版社，2011.
[26] 范从来，张中锦. 提升总体劳动收入份额过程中的结构优化问题

研究——基于产业与部门的视角［J］. 中国工业经济，2012（1）.
［27］方军雄. 劳动收入比重，真的一致下降吗？——来自中国上市公司的发现［J］. 管理世界，2011（7）.
［28］方文全. 中国劳动收入份额决定因素的实证研究：结构调整抑或财政效应？［J］. 金融研究，2011（2）.
［29］冯同庆. 工资协商的源流、适用、条件诸问题——化解劳资对立而实现协调的制度［J］. 经济社会体制比较，2010（5）.
［30］傅晓霞，吴利学. 偏性效率改进与中国要素回报份额变化［J］. 世界经济，2013（10）.
［31］耿嘉川，王杰. "新劳动法"对行业工资差异的影响——新劳动法七省微观数据［J］. 管理评论，2012（12）.
［32］龚刚，杨光. 从功能性收入看中国收入分配的不平等［J］. 中国社会科学，2010（2）.
［33］顾乃华. 我国劳动收入占比时空特征研究：基于结构分析的角度［J］. 经济学家，2010（2）.
［34］郭克莎. 我国技术密集型产业发展的趋势、作用和战略［J］. 产业经济研究，2005（5）.
［35］郭克莎. 中国工业化的进程、问题与出路［J］. 中国社会科学，2004（1）.
［36］郭玉清，姜磊. FDI 对劳动收入份额的影响：理论与中国的实证研究［J］. 经济评论，2012（5）.
［37］韩兆洲，安宁宁. 最低工资、劳动力供给和失业——基于 VAR 模型的实证研究［J］. 暨南学报（哲学社会科学版），2007（1）.
［38］何欢浪，张娟. 最低工资会提高中国企业的劳动收入份额吗？［J］. 世界经济文汇，2019（4）.
［39］黄桂田. 劳动密集型制造业：划分方法和产业规模度量——基于1993—2007 年行业数据的模糊聚类方法［C］//社会主义经济理论研究集萃——纪念新中国建国 60 周年（2009）. 全国高校社会主义经济理论与实践研讨会第 23 次会议，2009.

[40] 黄孟复. 中国民营经济史·大事记 [M]. 北京：社会科学文献出版社，2009.

[41] 黄平. 解雇成本、就业与产业转型升级——基于《劳动合同法》和来自中国上市公司的证据 [J]. 南开经济研究，2012 (3).

[42] 黄群慧. 2020 年我国已经基本实现了工业化——中国共产党百年奋斗重大成就 [J]. 经济学动态，2021 (11).

[43] 黄泰岩，等. 初次收入分配理论与经验的国际研究 [M]. 北京：经济科学出版社，2011.

[44] 黄泰岩，刘宇楷. 共同富裕的理论逻辑与价值取向 [N]. 光明日报，2021-09-14 (11).

[45] 纪雯雯，赖德胜. 工会能够维护流动人口劳动权益吗？[J]. 管理世界，2019 (2).

[46] 贾东岚. 我国最低工资制度那些事儿 [J]. 中国人力资源社会保障，2020 (8).

[47] 贾朋，都阳. 中国的最低工资制度：标准与执行 [J]. 劳动经济研究，2015 (1).

[48] 贾朋，张世伟. 最低工资标准提升的就业效应——一个基于自然实验的经验研究 [J]. 财经科学，2012 (5).

[49] 贾朋，张世伟. 最低工资标准提升的溢出效应 [J]. 统计研究，2013 (4).

[50] 蒋帆，于大川. 解雇规制对就业稳定性的影响——基于《劳动合同法》实施效果的实证研究 [J]. 劳动经济研究，2021 (6).

[51] 靳卫东，崔亚东，王秀燕. 双重职能定位下新时期工会的作用分析 [J]. 中国经济问题，2020 (1).

[52] 科迪，休斯，沃尔. 发展中国家的工业发展政策 [M]. 张虹，等，译. 北京：经济科学出版社，1990.

[53] 蓝家俊，方颖，马天平. 就业结构、刘易斯转折点与劳动收入份额：理论与经验研究 [J]. 世界经济，2019 (6).

[54] 李稻葵，刘霖林，王红领. GDP 中劳动份额演变的 U 型规律 [J]. 经济

研究，2009（1）.

[55] 李稻葵，徐翔. 二元经济中宏观经济结构与劳动收入份额研究［J］. 经济理论与经济管理，2015（6）.

[56] 李钢，沈可挺，郭朝先. 中国劳动密集型产业竞争力提升出路何在——《劳动合同法》实施后的调研［J］. 中国工业经济，2009（9）.

[57] 李光勤，曹建华，邵帅. 维权、工会与工资上涨［J］. 经济学动态，2017（5）.

[58] 李克强在第十一届夏季达沃斯论坛开幕式上的致辞（全文）［EB/OL］. 中国政府网，［2017-06-28］. http：//www. gov. cn/premier/2017-06/28/content_5206164. htm.

[59] 李明，徐建炜. 谁从中国工会会员身份中获益？［J］. 经济研究，2014（5）.

[60] 李平，郭娟娟. 外商直接投资、资本偏向型技术进步与劳动收入份额［J］. 中国科技论坛，2017（6）.

[61] 李小瑛，FREEMAN R. 新《劳动合同法》如何影响农民工的劳动权益？［J］. 劳动经济研究，2014（3）.

[62] 李怡乐，孟捷. 中国劳动力商品化程度的变动及其对劳动者报酬的影响［J］. 经济学家，2014（12）.

[63] 廖冠民，陈燕. 劳动保护、劳动密集度与经营弹性：基于2008年《劳动合同法》的实证检验［J］. 经济科学，2014（2）.

[64] 林令涛，刘海洋，逯宇铎. 国有企业改制与劳动收入份额变动之谜——基于企业效率和工资水平不平衡增长的视角［J］. 财经研究，2019（8）.

[65] 林毅夫，陈斌开. 发展战略、产业结构与收入分配［J］. 经济学（季刊），2013（4）.

[66] 刘海洋，刘峥，吴龙. 工会提高了员工福利和企业效率吗？——来自第一次全国经济普查的微观证据［J］. 产业经济研究，2013（5）.

[67] 刘苓玲，黄钢. 最低工资标准的就业效应研究——基于30个省际面板数据的实证分析［J］. 产经评论，2015（1）.

[68] 刘庆玉.《劳动合同法》对企业雇佣水平的影响——基于无固定期限劳动合同条款的研究 [J]. 中国经济问题, 2016 (5).
[69] 刘亚琳, 茅锐, 姚洋. 结构转型、金融危机与中国劳动收入份额的变化 [J]. 经济学 (季刊), 2018 (1).
[70] 刘媛媛, 刘斌. 劳动保护、成本黏性与企业应对 [J]. 经济研究, 2014 (5).
[71] 刘志恒, 王林辉. 相对增进型技术进步和我国要素收入分配——来自产业层面的证据 [J]. 财经研究, 2015 (2).
[72] 卢峰. 中国农民工工资走势 [J]. 中国社会科学, 2012 (7).
[73] 陆铭, 蒋士卿. 重构“铁三角”: 中国的劳动力市场改革、收入分配和经济增长 [J]. 管理世界, 2007 (6).
[74] 陆雪琴, 田磊. 企业规模分化与劳动收入份额 [J]. 世界经济, 2020 (9).
[75] 陆正飞, 王雄元, 张鹏. 国有企业支付了更高的职工工资吗? [J]. 经济研究, 2012 (3).
[76] 罗楚亮, 倪青山. 资本深化与劳动收入比重——基于工业企业数据的经验研究 [J]. 经济学动态, 2015 (8).
[77] 罗润东, 刘文.《劳动合同法》的理论与实际效应分析 [J]. 劳动经济评论, 2008 (1).
[78] 罗润东, 王杰. “新劳动法”的收入分配效应解析——基于山东省制造业的经验数据 [J]. 经济社会体制比较, 2009 (4).
[79] 罗小兰, 丛树海. 基于攀比效应的中国企业最低工资标准对其他工资水平的影响 [J]. 统计研究, 2009 (6).
[80] 罗燕, 韩冰. 广东省最低工资标准的就业效应研究——基于 21 个城市面板数据的实证分析 [J]. 产经评论, 2013 (4).
[81] 罗长远, 张军. 经济发展中的劳动收入占比: 基于中国产业数据的实证研究 [J]. 中国社会科学, 2009 (4).
[82] 罗长远, 张军. 劳动收入占比下降的经济学解释——基于中国省级面板数据的分析 [J]. 管理世界, 2009 (5).
[83] 马草原, 王美花. 经济波动与劳动收入份额——基于省际面板数据的分

析［J］. 财贸经济，2015（9）.

［84］马双，张劼，朱喜. 最低工资对中国就业和工资水平的影响［J］. 经济研究，2012（5）.

［85］马亚静，潘素芳，刘梦. 私营企业农民工问题与企业社会工作［J］. 中国劳动关系学院学报，2006（6）.

［86］毛章勇，江剑平. 所有制结构、劳动收入份额与居民消费率［J］. 湘潭大学学报（哲学社会科学版），2021（2）.

［87］倪骁然，朱玉杰. 劳动保护、劳动密集度与企业创新——来自 2008 年《劳动合同法》实施的证据［J］. 管理世界，2016（7）.

［88］潘红波，陈世来.《劳动合同法》、企业投资与经济增长［J］. 经济研究，2017（4）.

［89］逄锦聚. 中国共产党带领人民为共同富裕百年奋斗的理论与实践［J］. 经济学动态，2021（5）.

［90］钱纳里，等. 工业化和经济增长的比较研究［M］. 上海：三联书店，1989：71.

［91］钱晓烨，迟巍. 国民收入初次分配中劳动收入份额的地区差异［J］. 经济学动态，2011（5）.

［92］乔健. 在国家、企业和劳工之间：工会在市场经济转型中的多重角色——对 1811 名企业工会主席的问卷调查［J］. 当代世界与社会主义，2008（2）.

［93］冉万祥：民营企业的作用和贡献可以用“56789”来概括［EB/OL］. 国际在线，［2017-10-21］. http：//news. cri. cn/20171021/2563d020-f3c4-901d-4e00-3fcb2d95aeaa. html.

［94］邵敏，黄玖立. 外资与我国劳动收入份额——基于工业行业的经验研究［J］. 经济学（季刊），2010（3）.

［95］邵敏. 我国企业出口对员工收入的影响——基于企业异质性视角的经验研究［J］. 中国工业经济，2011（9）.

［96］申广军，周广肃，贾珅. 市场力量与劳动收入份额：理论和来自中国工

业部门的证据［J］. 南开经济研究，2018（4）.
［97］沈永建，范从来，陈冬华，等. 显性契约、职工维权与劳动力成本上升：《劳动合同法》的作用［J］. 中国工业经济，2017（2）.
［98］盛丹，陆毅. 国有企业改制降低了劳动者的工资议价能力吗？［J］. 金融研究，2017（1）.
［99］施新政，高文静，陆瑶，等. 资本市场配置效应与劳动收入份额——来自股权分置改革的证据［J］. 经济研究，2019（6）.
［100］苏梽芳，陈昌楠，蓝嘉俊. “营改增”与劳动收入份额：来自中国上市公司的证据［J］. 财贸经济，2021（1）.
［101］孙睿君. 我国的动态劳动需求及就业保护制度的影响：基于动态面板数据的研究［J］. 南开经济研究，2010（1）.
［102］孙兆阳，刘玉锦. 工会对企业员工工资有什么影响？——基于中国综合社会调查 2008—2015 年混合截面数据的分析［J］. 劳动经济研究，2019（4）.
［103］孙中伟，贺霞旭. 工会建设与外来工劳动权益保护——兼论一种“稻草人机制”［J］. 管理世界，2012（12）.
［104］孙中伟，舒玢玢. 最低工资标准与农民工工资——基于珠三角的实证研究［J］. 管理世界，2011（8）.
［105］汤建光，李江，庄士诚. 就业弱势群体就业问题探索［J］. 当代财经，2006（11）.
［106］唐东波，王洁华. 贸易扩张、危机与劳动收入份额下降——基于中国工业行业的实证研究［J］. 金融研究，2011（9）.
［107］唐东波. 全球化与劳动收入占比：基于劳资议价能力的分析［J］. 管理世界，2011（8）.
［108］田贵贤. 最低工资对就业的影响及其作用机制——基于建筑业面板数据的分析［J］. 财经论丛，2015（5）.
［109］田雪原. 通货膨胀、劳动力市场与工资率走势［J］. 财贸经济，2011（7）.
［110］万江滔，魏下海. 最低工资规制对企业劳动收入份额的影响——理论

分析与微观证据［J］. 财经研究，2020（7）.
［111］万向东，孙中伟. 农民工工资剪刀差及其影响因素的初步探索［J］. 中山大学学报（社会科学版），2011（3）.
［112］王班班，齐绍洲. 有偏技术进步、要素替代与中国工业能源强度［J］. 经济研究，2014（2）.
［113］王海兵，杨蕙馨. 中国民营经济改革与发展40年：回顾与展望［J］. 经济与管理研究，2018（4）.
［114］王林辉，赵景，李金城. 劳动收入份额“U形”演变规律的新解释：要素禀赋结构与技术进步方向的视角［J］. 财经研究，2015（10）.
［115］王美艳. 中国最低工资制度的设计和执行［J］. 宏观经济研究，2014（7）.
［116］王舒鸿. FDI、劳动异质性与我国劳动收入份额［J］. 财经研究，2012（4）.
［117］王宋涛，朱腾腾，燕波. 制度环境、市场分割与劳动收入份额——理论分析与基于中国工业企业的实证研究［J］. 南开经济研究，2017（3）.
［118］王晓霞，白重恩. 劳动收入份额格局及其影响因素研究进展［J］. 经济学动态，2014（3）.
［119］王雄元，黄玉菁. 外商直接投资与上市公司职工劳动收入份额：趁火打劫抑或锦上添花［J］. 中国工业经济，2017（4）.
［120］王永丽，郑婉玉. 双重角色定位下的工会跨界职能履行及作用效果分析［J］. 管理世界，2012（10）.
［121］王岳平. 中国工业结构调整与升级：理论、实证和政策［M］. 北京：中国计划出版社，2001.
［122］王展翔，龚广祥. 劳动报酬份额偏离程度分析——基于劳资议价能力的视角［J］. 经济评论，2017（1）.
［123］魏下海，董志强，黄玖立. 工会是否改善劳动收入份额？——理论分析与来自中国民营企业的经验证据［J］. 经济研究，2013（8）.
［124］魏下海，董志强，金钊. 工会改善了企业雇佣期限结构吗？——来自全国民营企业抽样调查的经验证据［J］. 管理世界，2015（5）.

[125] 魏下海，董志强，蓝嘉俊．地区性别失衡对企业劳动收入份额的影响：理论与经验研究［J］．世界经济，2017（4）．

[126] 魏下海，董志强．中国企业劳动收入份额变动分解：代际效应与年龄效应［J］．财经研究，2013（1）．

[127] 魏下海，董志强．中国企业劳动收入份额变动分解：代际效应与年龄效应——基于队列分析方法的发现［J］．财经研究，2013（1）．

[128] 文强，楚天舒．国有经济对要素收入分配的影响——“收入效应”还是“生产率效应”？［J］．中国经济问题，2019（5）．

[129] 文雁兵，陆雪琴．中国劳动收入份额变动的决定机制分析——市场竞争和制度质量的双重视角［J］．经济研究，2018（9）．

[130] 翁杰，徐圣．最低工资制度的收入分配效应研究——以中国工业部门为例［J］．中国人口科学，2015（3）．

[131] 翁杰，周礼．中国工业部门劳动收入份额的变动研究：1997～2008 年［J］．中国人口科学，2010（4）．

[132] 吴忠民．当前改善我国劳动政策的思路与对策［J］．教学与研究，2009（2）．

[133] 武义青，高钟庭．中国区域工业化研究［M］．北京：经济管理出版社，2002．

[134] 谢露露．产业集聚和工资“俱乐部”：来自地级市制造业的经验研究［J］．世界经济，2015（10）．

[135] 信卫平．国际金融危机与中国最低工资标准［J］．中国劳动关系学院学报，2010（1）．

[136] 徐吉平．我国私营企业劳动关系研究：现状、原因及对策［J］．特区经济，2010（6）．

[137] 许君如，牛文涛．改革开放三十年我国工业化阶段演进分析［J］．电子科技大学学报（社会科学版），2011（1）．

[138] 杨继东，杨其静．工会、政治关联与工资决定——基于中国企业调查数据的分析［J］．世界经济文汇，2013（2）．

[139] 杨俊，邵汉华. 资本深化、技术进步与全球化下的劳动报酬份额 [J]. 上海经济研究，2009 (9).

[140] 杨振兵，张诚. 《劳动合同法》改善了工资扭曲吗？——来自中国工业部门的证据 [J]. 产业经济研究，2015 (5).

[141] 姚先国，李敏，韩军. 工会在劳动关系中的作用——基于浙江省的实证分析 [J]. 中国劳动关系学院学报，2009 (1).

[142] 姚洋，钟宁桦. 工会是否提高了工人的福利？——来自 12 个城市的证据 [J]. 世界经济文汇，2008 (5).

[143] 叶静怡，杨洋. 最低工资标准及其执行差异：违规率与违规深度 [J]. 经济学动态，2015 (8).

[144] 叶林祥，GLINDING T H，李实，等. 中国企业对最低工资政策的遵守——基于中国六省市企业与员工匹配数据的经验研究 [J]. 经济研究，2015 (6).

[145] 叶仁荪，王光栋，王雷. 技术进步的就业效应与技术进步路线的选择——基于 1990~2005 年中国省际面板数据的分析 [J]. 数量经济技术经济研究，2008 (3).

[146] 叶晓佳，孙敬水. 分配公平、经济效率与社会稳定的协调性测度研究 [J]. 经济学家，2015 (2).

[147] 易定红，袁青川. 中国工会存在工资溢价吗——基于控制样本选择性偏差的 Blinder-Oaxaca 回归分解 [J]. 经济理论与经济管理，2015 (2).

[148] 游正林. 60 年来中国工会的三次大改革 [J]. 社会学研究，2010 (4).

[149] 余玲铮，魏下海，吴春秀. 机器人对劳动收入份额的影响研究——来自企业调查的微观证据 [J]. 中国人口科学，2019 (4).

[150] 袁鹏，朱进金. 要素市场扭曲、技术进步偏向与劳动份额变化 [J]. 经济评论，2019 (2).

[151] 袁青川. 基于倾向值匹配估计的工会工资溢价研究 [J]. 经济经纬，2015 (3).

[152] 张车伟，蔡翼飞，董倩倩. 日本“国民收入倍增计划”及其对中国的启示［J］. 经济学动态，2010（10）.

[153] 张车伟，张士斌. 中国初次收入分配格局的变动与问题——以劳动报酬占 GDP 份额为视角［J］. 中国人口科学，2010（5）.

[154] 张车伟，赵文. 中国劳动报酬份额问题——基于雇员经济与自雇经济的测算与分析［J］. 中国社会科学，2015（12）.

[155] 张车伟.《劳动合同法》将开启劳动关系的新时代［J］. 经济管理，2008（9）.

[156] 张继彤. 劳动合同法的成本效应分析［J］. 经济学家，2009（3）.

[157] 张杰，陈志远，周晓艳. 出口对劳动收入份额抑制效应研究——基于微观视角的经验证据［J］. 数量经济技术经济研究，2012（7）.

[158] 张莉，李捷瑜，徐现祥. 国际贸易、偏向型技术进步与要素收入分配［J］. 经济学（季刊），2012（1）.

[159] 张璐，徐雷. 最低工资水平对城镇正规部门劳动力就业的效应分析［J］. 首都经济贸易大学学报，2014（1）.

[160] 张培丽，姜伟. 我国居民收入占比合理性的判断标准［J］. 教学与研究，2015（6）.

[161] 张松林. 城市化进程中市场化对劳动收入占比演变的影响［J］. 中国农村经济，2015（1）.

[162] 张燕. 开放条件下后发大国的工业化模式研究［J］. 兰州学刊，2011（9）.

[163] 张志明，崔日明，代鹏. 贸易开放、《劳动合同法》实施与中国制造业用工行为——基于增加值贸易视角［J］. 国际贸易问题，2017（4）.

[164] 赵秋运，李成明，胡巧玉. 地方政府干预与劳动收入份额：基于分税制的视角［J］. 经济理论与经济管理，2017（12）.

[165] 赵秋运，魏下海，张建武. 国际贸易、工资刚性和劳动收入份额［J］. 南开经济研究，2012（4）.

[166] 赵秋运，张建武. 中国劳动收入份额的变动趋势及其驱动机制新解——基于国际贸易和最低工资的视角［J］. 金融研究，2013（12）.

[167] 赵伟，隋月红. 集聚类型、劳动力市场特征与工资—生产率差异 [J]. 经济研究，2015 (6).

[168] 郑斌.《劳动法》实施 20 年来 我国已形成较完备劳动保障法律体系 [N]. 经济日报，2015-02-03 (3).

[169] 郑志刚，邓贺斐. 法律环境差异和区域金融发展——金融发展决定因素基于我国省级面板数据的考察 [J]. 管理世界，2010 (6).

[170] 中国私营企业调查介绍 [EB/OL]. 中国社会科学网，[2016-09-14]. http://www.ssm.cass.cn/sjzy/201609/t20160914_3202846.shtml.

[171] 周明海，肖文，姚先国. 企业异质性、所有制结构与劳动收入份额 [J]. 管理世界，2010 (10).

[172] 周兴，王芳. 国有部门与非国有部门工资差异的演变与分解——基于非条件分位数回归的分解方法 [J]. 经济科学，2013 (3).

[173] 朱斌，王修晓. 制度环境、工会建设与私营企业员工待遇 [J]. 经济社会体制比较，2015 (6).

[174] ACEMOGLU D. Directed Technical Change [J]. The Review of Economic Studies, 2002, 69 (4): 781-809.

[175] ALESINA A, ZEIRA J. Technology and Labour Regulations [Z]. NBER Working Paper, 2006, No. 12581.

[176] AMABLE B, DEMMOU L, GATTI D. The Effect of Employment Protection and Product Market Regulation on Labour Market Performance: Substitution or Complementarity? [J]. Applied Economics, 2011, 43 (4-6): 449-464.

[177] BAI C E, LU J, TAO Z. The Multitask Theory of State Enterprise Reform: Empirical Evidence from China [J]. The American Economic Review, 2006, 96 (2): 353-357.

[178] BANKER R D, BYZALOV D, CHEN L T. Employment Protection Legislation, Adjustment Costs and Cross-Country Differences in Cost Behavior [J]. Journal of Accounting and Economics, 2013, 55 (1): 111-127.

[179] BENTOLINA S, SAINT-PAUL G. Explaining Movements in the Labor Share [J]. The B. E. Journal of Macroeconomics, 2003, 3 (1): 1-31.

[180] BERTOLA G. Job Security, Employment and Wages [J]. European Economic Review, 1990, 34 (4): 851-879.

[181] BLANCHFLOWER D G, OSWALD A J, GARRETT M D. Insider Power in Wage Determination [J]. Economica, 1990, 57 (226): 143-170.

[182] BOOCKMANN B, KRUMM R, NEUMANN M, et al. Turning the Switch: An Evaluation of the Minimum Wage in the German Electrical Trade Using Repeated Natural Experiment [J]. German Economic Review, 2013, 14 (3): 316-348.

[183] BOOTH A L, BRYAN M L. The Union Membership Wage-Premium Puzzle: Is There a Free Rider Problem? [J]. Industrial & Labor Relations Review, 2004, 57 (3): 402-421.

[184] BROWN C, MEDOFF J. Trade Unions in the Production Process [J]. The Journal of Political Economy, 1978, 86 (3): 355-378.

[185] BRYSON A. The Effect of Trade Unions on Wages [J]. Reflets et Perspectives de la Vie Économique, 2007, 46 (2): 33-45.

[186] BUDD J W, CHI W, WANG Y, et al. What Do Unions in a Workers' Paradise Do? Provincial-Level Evidence on Wages, Employment, Productivity, and Economic Output in China [EB/OL], [2012]. http: //ssrn.con/abstract=2019551.

[187] CARD D, KRUEGER A B. Minimum Wages and Employment: A Case Study of the Fast-Food Industry in New Jersey and Pennsylvania: Reply [J]. The American Economic Review, 2000, 90 (5): 1397-1420.

[188] CARNEIRO F G. Insider Power in Wage Determination: Evidence from Brazilian Data [J]. Review of Development Economics, 1999, 3 (2): 155-169.

[189] CARTER S. Real Wage Productivity Elasticity Across Advanced Econo-

mies, 1963-1996 [J]. Journal of Post Keynesian Economics, 2007, 29 (4): 573-600.

[190] CHEN F. Between the State and Labour: The Conflict of Chinese Trade Unions' Double Identity in Market Reform [J]. The China Quarterly, 2003 (176): 1006-1028.

[191] CINGANO F, LEONARDI M, MESSINA J, et al. The Effects of Employment Pritection Legislation and Financial Market Imperfections on Investment: Evidence from a Firm-level Panel of EU Countries [J]. Economic Policy, 2010, 25 (61): 117-163.

[192] CLEVELAND G, GUNDERSON M, HYATT D. Union Effects in Low-Wage Services: Evidence from Canadian Childcare [J]. Industrial & Labor Relations Review, 2003, 56 (2): 295-305.

[193] DECREUSE B, MAAREK P. FDI and the Labor Share in Developing Countries: A Theory and Some Evidence [J]. mpra. ub. uni-muenchen. de, 2008.

[194] DEMMOU L. The Effect of Employment Protection and Product Market Regulation on Labour Market Performance: Substitution or Complementarity? [J]. Applied Economics, 2011, 43 (4): 449-464.

[195] DOUCOULIAGOS C, LAROCHE P. What Do Unions Do to Productivity? A Meta-Analysis [J]. Industrial Relations: A Journal of Economy and Society, 2003, 42 (4): 650-691.

[196] DROUCOPOULOS V, LIANOS T P. Labor's Share and Market Power: Evidence from the Greek Manufacturing Industries [J]. Journal of Post Keynesian Economics, 1992, 15 (2): 263-280.

[197] FICHTENBAUM R. Do Unions Affect Labor's Share of Income: Evidence Using Panel Data [J]. American Journal of Economics and Sociology, 2011, 70 (3): 784-810.

[198] FICHTENBAUM R. The Impact of Unions on Labor's Share of Income: A

Time-Series Analysis [J]. Review of Political Economy, 2009, 21 (4): 567-588.

[199] FREEMAN R B, MEDOFF J L. What Do Unions Do? [M]. New York: Basic Books, 1984.

[200] FUCHS V R, KRUEGER A B, POTERBA J M. Economists' Views About Parameters, Values, and Policies: Survey Results in Labor and Public Economics [J]. Journal of Economic Literature, 1998, 36 (3):1387-1425.

[201] GE Y. What do Unions do in China? [Z]. Social Science Electronic Publishing, 2007.

[202] HICKS J R. The Theory of Wages [M]. 2nd edition. Palgrave Macmillan, 1963.

[203] HOFMAN A A. Economic Growth, Factor Shares and Income Distribution in Latin American in Twentieth Century [R]. Modern Economic Growth and Distribution in Asia, Latin American and the European Periphery: A Historical National Accounts Approach, 2001.

[204] HOLMLUND B, ZETTERBERG J. Insider Effects in Wage Determination: Evidence from Five Countries [J]. European Economic Review, 1991, 35 (5): 1009-1034.

[205] KALDOR N. The Theory of Capital [M]. London: Palgrave Macmillan, 1961.

[206] KALLEBERG A L, WALLACE M, RAFFALOVICH L E. Accounting for Labors Share: Class and Income Distribution in the Printing Industry [J]. Industrial & Labor Relations Review, 1984, 37 (3): 386-402.

[207] KAN K, LIN Y L. The Effects of Employment on the Labor Turnover: Empirical Evidence from Taiwan [J]. Economic Inquiry, 2011 (49): 398-433.

[208] KEDRA M, BOGDANIK T. The Effects of Employment Protection Legislation and Financial Market Imperfections on Investment: Evidence From a Firm-Level Panel of EU Countries [J]. Economic Policy, 2010, 25 (61): 117-163.

[209] KOENIGER W, LEONARDI M. Capital Deepening and Wage Differentials: Germany Versus US [J]. Economic Policy, 2007, 22 (49): 71-116.

[210] LAROCHE P, WECHTLER H. The Effects of Labor Unions on Workplace Performance: New Evidence from France [J]. Journal of Labor Research, 2011, 32 (2): 157-180.

[211] LEIGH A. Employment Effects of Minimum Wages: Evidence from a Quasi-Experiment [J]. Australian Economic Review, 2003, 36 (4): 361-373.

[212] LEONARDI M, PICA G. Who Pays for It? The Heterogeneous Wage Effects of Employment Protection Legislation [J]. The Economic Journal, 2013, 123 (573).

[213] LEWIS H G. Union Relative Wage Effects [Z]. Handbook of Labor Economics, 1986 (2): 1139-1181.

[214] LIU L P. Legitimacy Pressure and the Labor Contract Coverage [J]. Journal of Sun Yat-sen University, 2010, 50 (1): 151-159.

[215] LU Y, TAO Z, WANG Y. Union Effects on Performance and Employment Relations: Evidence from China [J]. China Economic Review, 2010, 21 (1): 202-210.

[216] MADDALA G S. Limited-Dependent and Qualitative Variables in Econometrics [M]. Cambridge: Cambridge University Press, 1983.

[217] MARTINS P. Dismissals for Cause: The Difference that Just Eight Paragraphs Can Make [J]. Journal of Labor Economics, 2009, 27 (2): 257-279.

[218] MCCONNELL C R, BRUE S L, MACPHERSON D A. Contemporary Labor Economics [M]. McGraw-Hill Education, 2005.

[219] MORIKAWA M. What Do Japanese Unions Do for Productivity? An Empirical Analysis Using Firm-Level Data [Z]. Research Institute of Economy, Trade and Industry (RIETI) Discussion Paper Series 08-E-027, 2008.

[220] NI J, WANG G, YAO X. Impact of Minimum Wages on Employment: Evidence from China [J]. Chinese Economy, 2011, 44 (1): 18-38.

[221] OI W. Labor as a Qussi-Fixed Factor [J]. Journal of Political Economy, 1962 (70): 538-555.

[222] PENCAVEL J, HARTSOG C. A Reconsideration of the Effects of Unionism on Relative Wages and Employment in the United States, 1920-1980 [J]. Journal of Labor Economics, 1984, 2 (2): 193-232.

[223] SIMLER N J. Unionism And Labor's Share in Manufacturing Industries [J]. The Review of Economics and Statistics, 1961, 43 (4): 369-378.

[224] SLONIMCZYK F, SKOTT P. Employment and Distribution Effects of the Minimum Wage [J]. Journal of Economic Behavior & Organization, 2012, 84 (1): 245-264.

[225] STEWART M B. The Employment Effects of the National Minimum Wage [J]. The Economic Journal, 2004, 114 (494): C110-C116.

[226] SULTAN P E. Unionism and Wage-Income Ratios: 1929-1951 [J]. The Review of Economics and Statistics, 1954, 36 (1): 67-73.

[227] WIEL K. Better Protected, Better Paid: Evidence on How Employment Protection Affects Wages [J]. Labour Economics, 2010, 17 (1): 16-26.

[228] XIAO X Y, XIANG B L. The Impact of Minimum Wage Policy on Wages and Employment in China [C]. 2009 International Conference on Information Management, Innovation Management and Industrial Engineering, 2009 (2): 102-105.

[229] YAO Y, ZHONG N. Unions and Workers' Welfare in Chinese Firms [J]. Journal of Labor Economics, 2013, 31 (3): 633-667.

[230] ZAVODNY M. Unions And the Wage-Productivity Gap [J]. Economic Review-Federal Reserve Bank of Atlanta, 1999, 84 (2): 44-53.

[231] ZHENG Y L. It's Not What is on Paper, But What is in Practice: China's New Labor Contract Law and the Enforcement Problem [J]. Washington University Global Studies Law Review, 2009 (8): 596-617.

后 记

《民营经济提高劳动收入份额的制度保障研究》一书是在我硕士论文《我国居民收入最优占比研究》和博士论文《发展私营经济对提高劳动收入占比的影响》的基础上扩展完成的，算是我已有研究的一个小结。

我于 2007 年考入山东大学物理学院，从事理论物理学的学习。在大学期间我开始对经济学产生浓厚的兴趣，自学曼昆的《经济学原理》、博迪的《金融学》等基础教材，并于大学三年级决定报考中国人民大学经济学院研究生。我在 2011 年第一次参加研究生考试，遗憾以一分之差未能通过初试，但也给予我这位跨专业、跨学校、跨地域的考生以巨大的信心。次年我成功考入中国人民大学经济学院，有幸师从张培丽教授进行政治经济学的学习研究。2014 年我顺利获得经济学硕士学位，同年以直博形式进入了博士阶段的学习，有幸师从黄泰岩教授。在黄老师的指导下，我顺利完成博士论文撰写和答辩，最终获得经济学博士学位。

在中国人民大学学习的五年是我求学过程中最美好的五年，其间我遇到了良师、益友和人生的伴侣。所以，当作为我这五年学习研究生涯的最终成果《民营经济提高劳动收入份额的制度保障研究》顺利出版之时，我的内心充满感激。感谢两位导师的悉心、耐心指导，感谢同门好友给我提供的帮助，感谢惠炜博士长期的陪伴和照顾，感谢中央民族大学经济学院提供的支持。

谨以此书献给我的妻子和我的女儿！

姜　伟

2022 年 7 月于中央民族大学